Technologischer Totalitarismus
Eine Debatte

Herausgegeben von Frank Schirrmacher

W0040648

Suhrkamp

Die hier abgedruckten Beiträge erschienen zuerst zwischen
Februar und Juli 2014 in der *Frankfurter Allgemeinen Zeitung*.
Der Text von Markus Engels wurde speziell für diesen Band verfasst.

2. Auflage 2018

Erste Auflage 2015
edition suhrkamp
Sonderdruck
© Suhrkamp Verlag Berlin 2015
Originalausgabe
Satz: Satz-Offizin Hümmer GmbH, Waldbüttelbrunn
Druck: CPI – Ebner & Spiegel, Ulm
Umschlag gestaltet nach einem Entwurf
von Willy Fleckhaus: Rolf Staudt
Printed in Germany
ISBN 978-3-518-07434-3

Inhalt

Vorwort

Die digitale Revolution verändert unsere Gesellschaft so tiefgreifend wie vermutlich keine andere Entwicklung seit der industriellen Revolution. Fast jederzeit und überall können wir Informationen abrufen und mit anderen kommunizieren. Algorithmen versprechen, die Partnersuche zu optimieren, sie lösen gigantische Finanztransaktionen aus, die ganze Volkswirtschaften ins Wanken bringen können, und kalkulieren unsere Kreditwürdigkeit. Im nächsten Schritt werden möglicherweise unsere Kühlschränke automatisch befüllt, vielleicht begegnen uns auf den Straßen bald fahrerlose Autos, auch dass unsere Gesundheitsdaten überwacht werden, ist keineswegs ausgeschlossen. Dieser radikale und rapide Wandel unserer Lebenswirklichkeit fordert unsere Gesellschaft in ihrer Gesamtheit heraus: unsere sozialen Beziehungen, unsere Art des Wirtschaftens, unsere Arbeitswelt, unsere Werte, unsere Kultur und unser Denken.

Die Digitalisierung der Welt birgt ungeahnte Chancen: mehr Transparenz und größere Partizipation, leichterer Zugang zu Wissen und Informationen, wirkungsvollere Medikamente und bessere Dienstleistungen. Wenn sie das Leben von Menschen verbessern können, gilt es, diese Innovationen auf jeden Fall zu nutzen. Zu lange jedoch haben wir die Gefahren ignoriert, die angesichts der Monopolansprüche globaler Konzerne und Massenüberwachung durch die Geheimdienste drohen. Nun wird darüber endlich auch in Europa eine grundsätzliche Debatte geführt.

Zu verdanken ist dies insbesondere Frank Schirrmacher, durch dessen tragischen und viel zu frühen Tod wir einen großen Visionär und Humanisten verloren haben. Der herausragende, der europäischen Tradition des kritischen Denkens entstammende Zeitdiagnostiker Schirrmacher hat früher als andere erkannt, vor welch fundamentale Herausforderungen uns die digitale Kultur stellt. Sein 2009 erschienenes Buch *Payback* war eine der ersten intellektuellen Auseinandersetzungen mit den Gefahren der digitalen Revolution. Schon damals brachte er es – wie immer prägnant – auf den Punkt: »Wir erleben gerade in Echtzeit, wie eine Gesellschaft die Fundamente ihres Weltbilds ändert.«

Schirrmacher hat diese hochkomplexe Thematik nicht auf Fragen der Technik oder Infrastruktur reduziert, er hat – im besten Sinne des Wortes – Technikfolgenabschätzung betrieben. Und er hat erkannt, dass wir die Debatte über die digitale Kultur als *politische* Debatte führen müssen. Daher hat er das Feuilleton der *Frankfurter Allgemeinen Zeitung* in ein Forum verwandelt, in dem Schriftstellerinnen, Wissenschaftler, Philosophen, Politikerinnen, Journalisten und Unternehmer über die Chancen und Risiken der Digitalisierung streiten konnten (die Liste der Beiträgerinnen und Beiträger am Ende dieses Buches zeigt dabei nur einen Ausschnitt jenes beeindruckenden Netzwerks, das dieser wirkmächtige Humanist über Ländergrenzen hinweg geknüpft hat). In dieser »Arena« haben mit Mathias Döpfner und Eric Schmidt zwei Konzernmanager die Klingen gekreuzt, die in Fragen der Digitalisierung sehr unterschiedliche Positionen vertreten; Joaquín Almunia hat die Position der EU-Kommission dargelegt; kritische Geister wie Evgeny Morozov, Jaron Lanier und Juli Zeh kamen ebenso zu Wort wie nationale und europäische Politikerinnen und Politiker unterschiedlichster Couleur.

Mit der ihm eigenen intellektuellen Verve gelang es Frank Schirrmacher so einmal mehr, eine große Feuilletondebatte anzustoßen, die unsere Republik bewegte. Jetzt erscheint diese Debatte auch in Buchform, und es stimmt mich nachdenklich, gleichzeitig aber auch froh, dass wir diese kritische Auseinandersetzung mit der Digitalisierung nicht auf einer schicken Onlineplattform führen, sondern in klassischen Printmedien. Zeitungen und Bücher sind als Medien des kritischen Denkens unverzichtbar, und wir müssen dafür Sorge tragen, dass sie uns erhalten bleiben.

Frank Schirrmacher hat diesen Diskurs aus der Netz-Community in die Mitte der Gesellschaft geholt. Und genau da gehört er auch hin. Aktuell werden Weichenstellungen vorgenommen, die sehr großen Einfluss darauf haben werden, in was für einer Gesellschaft wir in Zukunft leben werden. Diese Entscheidungen dürfen wir nicht allein den Nerds und Programmierern aus dem Silicon Valley überlassen. Die Folgen der Digitalisierung betreffen uns alle, und daher sind wir alle aufgerufen, uns damit auseinanderzusetzen.

Ob wir die Digitalisierung wollen oder nicht, ist heute nicht mehr die Frage – sie ist längst da, und wir können uns ihren Auswirkungen nicht entziehen. Wer sich der Digitalisierung verweigern wollte, dürfte keine E-Mails schreiben, nicht googeln, kein Navi oder Smartphone kaufen, kein Bankkonto führen, keinen Kredit beantragen und schon gar nicht fliegen. Ein Internetzugang ist in vielen Bereichen die Voraussetzung, um überhaupt an der Gesellschaft teilhaben zu können. Wir müssen uns von dem Gedanken verabschieden, dass man die technologische Revolution kollektiv aufhalten oder sich ihr individuell entziehen kann. Und von dem Irrglauben, es handele sich um so etwas wie »reinen« technischen Fortschritt ohne politische und soziale Implikationen.

Um eines klarzustellen: Ich möchte hier keine Technologiefeindlichkeit predigen. Technologie ist nie gut oder schlecht, sie eröffnet uns Optionen, hält Möglichkeiten für uns bereit. Was daraus wird, liegt an uns. Mir geht es darum, dass wir darüber nachdenken, was diese Entwicklung für unsere Gesellschaft, unsere Demokratie, unsere Arbeitswelt und unser Menschsein bedeutet; darum, dass wir eine politische Debatte darüber führen, was wir tun müssen, damit aus technologischen Innovationen auch ein gesellschaftlicher und sozialer Fortschritt wird.

Eine solche Diskussion beginnt mit kritischem Hinterfragen. Wer darf von uns warum was wissen? Welche Grenzen müssen bei der Datenspeicherung auf jeden Fall respektiert werden? Wie weit dürfen Staaten im Namen der Sicherheit gehen, und wann wird Überwachung zum Selbstzweck? Wie können wir in Zeiten kommerzieller Datenverwertung unser Recht auf informationelle Selbstbestimmung wahren, Urheberrechte schützen und sicherstellen, dass Menschen für ihre Arbeit gerecht entlohnt werden? Ab welchem Punkt riskieren wir im Namen der Effizienz unsere Bürgerrechte und die Errungenschaften der aufgeklärten Demokratie?

Auf diese und viele weitere Fragen müssen wir in den kommenden Jahren Antworten finden. Wir brauchen Regeln für die digitale Welt, Regeln, die sich an unseren Wertvorstellungen orientieren. Und eine Charta der digitalen Grundrechte, die festlegt, was erlaubt ist und was verboten. Zwei Jahrhunderte nach der industriellen Revolution steht die Politik erneut vor der Aufgabe, den technologischen Fortschritt zu humanisieren. Nur wenn uns das gelingt, werden alle von den großen Chancen profitieren, welche die Digitalisierung uns eröffnet; nur dann wird sie ihr enormes Potenzial zum Wohl der Gesellschaft entfalten.

Weil die einzelnen Nationalstaaten mit den digitalen Großmächten – ob nun Konzernen oder anderen Staaten – nicht länger auf Augenhöhe agieren, sehe ich darin eine wichtige Aufgabe für die Europäische Union. Allein mit und durch Europa können wir es schaffen, eine effiziente digitale Infrastruktur aufzubauen und die digitale Revolution zu zähmen.

Dieses Buch ist ein unverzichtbarer Beitrag zu der Debatte über eine der spannendsten, aber auch größten Herausforderungen, vor der Politik und Gesellschaft heute stehen. Wir müssen darüber diskutieren, wie wir die Demokratie sowie unsere hart erkämpften Grund- und Freiheitsrechte angesichts der technologischen und damit auch sozialen Zeitenwende verteidigen können.

Martin Schulz

Warum wir jetzt kämpfen müssen
Von Martin Schulz (6. Februar 2014)

Anfang der achtziger Jahre prognostizierte Ralf Dahrendorf in einem berühmt gewordenen Essay das bevorstehende Ende der Sozialdemokratie. Schon damals formulierte er die These, dass die politische Linke ihre historische Aufgabe erfüllt habe, weil in den OECD-Staaten die sozialdemokratischen Ziele von Freiheit, Gleichheit und Solidarität weitgehend verwirklicht seien. »Mission accomplished«, könnte man sagen, historische Mission erfüllt. Und tatsächlich: Im Vergleich zum Industrieproletariat, das im 19. Jahrhundert noch unter den Bedingungen des Manchester-Kapitalismus arbeiten musste, muten die heutigen Arbeitsbedingungen der meisten Arbeitnehmer in Europa vergleichsweise paradiesisch an: Das Verbot von Kinderarbeit, Arbeitszeiten unter vierzig Stunden in der Woche, bezahlter Urlaub, wirkungsvolle Arbeitsschutzmaßnahmen und Arbeitnehmerrechte sind weitgehend durchgesetzt. Auch im Bereich der Freiheitsrechte und beim komplizierten Grundwert der Solidarität sind wir in Europa weit gekommen. Weltweit werden wir für unser europäisches Gesellschaftsmodell bewundert. Muss sich also nach ihrem 150-jährigen Kampf die Sozialdemokratie auf ihren Ruhestand einstellen, weil sie alles erreicht hat? Ich halte diese These für falsch, weil unsere Gesellschaft nicht allein wegen, aber sicher in besonderer Weise durch die Digitalisierung und massenhafte Datenerfassung im jungen 21. Jahrhundert vor mindestens ebenso epochalen Umwälzungen steht wie unsere Urahnen vor 150 Jahren.

Der Aufstieg der Sozialdemokratie ist verbunden mit einer technischen Revolution im 19. Jahrhundert. Nach der Entwicklung der Dampfmaschine entstanden moderne Fabriken und mächtige Konzerne, »Big Player«, die wir teilweise noch heute kennen. Diese Revolution hat vielen Menschen Wohlstand gebracht und zu epochalen Veränderungen geführt. Vordergründig krempelte sie zunächst nur die damalige Arbeitswelt komplett um. Aber die neue Technologie revolutionierte die alte Gesellschaftsordnung tiefgreifender: Großstädte und neue soziale Schichten entstanden; es bildeten sich bis dahin unbekannte soziale Bewegungen und Parteien; eine neue Kunst, Philosophie und ein neues Denken kamen auf. Es war eine Zeit des Umbruchs, in der alte Werte durch neue ersetzt wurden. Diese Entwicklung verlief aber nicht nur linear in eine Richtung. Denn die Industrialisierung führte gleichzeitig zu einer Prekarisierung breiter Schichten, zu neuen Krankheiten und zu Umweltzerstörung. Als sich im Zeitalter der Industrialisierung die Maschinisierung und die mit dem Namen Henry Ford verbundene Arbeitsteilung durchsetzten, bedeutete dies eine bemerkenswerte Umkehr in der Subjekt-Objekt-Beziehung, auch wenn es bereits im vorindustriellen Zeitalter brutale Formen der Sklaverei und entwürdigenden Arbeitens gegeben hatte. Aber der Arbeiter, der an der Akkordmaschine in der Fabrikhalle stand, hatte sich den Regeln, dem Tempo, ja den Bedürfnissen der Maschine anzupassen, die seinen Arbeitsprozess und Takt unerbittlich vorgab. Selten ist diese Maschine-Mensch-Beziehung in beeindruckenderen Bildern dargestellt worden als in den zwanziger Jahren in dem legendären Film *Metropolis* von Fritz Lang. Neuer Wohlstand und neues Elend lagen – oft auch räumlich – nah beieinander. Der Wohlstand und die Freiheit der einen waren zunächst einmal die Armut und Unfreiheit der anderen. Dass dieser Prozess letztlich auf unserem Kontinent zu einem gesellschaftlichen Fortschritt führte, der Wohlstand und Freiheit für viele brachte, war das Ergebnis eines langen politischen Kampfes. Dieser Fortschritt kam nicht automatisch, war nicht das Ergebnis einer unsichtbaren Hand.

So wie die sozialen Bewegungen im späten 19. und frühen 20. Jahrhundert die entstehende Industriegesellschaft und den neuen radikalen Kapitalismus zähmen und humanisieren mussten, stellt sich heute wieder eine vergleichbare Aufgabe. Denn die Digitalisierung der Welt hat bislang nur das Potential, um Wohlstand und große Innovation hervorzubringen. Denn genauso wie damals wird durch die rasante technische Entwicklung nicht zuallererst unsere Arbeitswelt herausgefordert, sondern unsere Gesellschaft und unser Denken werden in ihrer Gesamtheit revolutioniert. Ich habe keine kulturpessimistische Sicht auf diese technologische Entwicklung. Im Gegenteil, es geht mir um ein Nachdenken darüber, wie diese atemberaubende Technik zum Nutzen der vielen und nicht der wenigen in unsere Gesellschaft integriert werden kann. Meine Frage ist, ob und wie es uns gelingt, zu einer Zivilisierung und Humanisierung dieser neuen technischen Revolution zu kommen. Denn bislang steht nicht fest, ob die neuen Entwicklungen mehr Gutes oder mehr Schlechtes bringen werden. Viele Fragen sind noch offen: Bedeutet es ein Mehr an Unabhängigkeit und Flexibilität, wenn immer mehr Menschen ihre E-Mails jederzeit auf ihrem

Smartphone lesen und wenn Vorgesetzte per elektronischem Kalender noch kurz vor dem Schlafengehen zu einer Teambesprechung am nächsten Morgen einladen?

Oder führt dies zu einer Entgrenzung von Arbeit, wodurch wir das lang erstrittene Recht auf Freizeit, ohne es zu merken, einfach aufgeben? Macht das Speichern von Bewegungsbildern und Kommunikationsdaten unsere Welt wirklich sicherer, wie das seit 9/11 behauptet wird, oder wird damit der Staat, der ein neues »Super-Grundrecht Sicherheit« schützen will, nicht vielmehr selbst zum Sicherheitsrisiko für seine Bürger? Bringt permanentes Online-Voting eine direktere Demokratie hervor, oder führt es eher zu einer Trivialisierung von komplexen Problemen? Das sind Fragen, die unsere Gesellschaft beantworten muss, wenn es nicht zu fatalen Fehlentwicklungen kommen soll. Denn es klingt zwar verführerisch, wenn ein online-überwachtes Auto automatisch bremst, sobald die Höchstgeschwindigkeit überschritten ist; oder wenn herzinfarktgefährdete Menschen im Alltag rund um die Uhr medizinisch überwacht werden, weil diese Überwachung individuelle und kollektive Vorteile zu bringen scheint.

Schon jetzt versprechen Versicherungen Beitragsermäßigungen für dieses »vernünftige Verhalten«, in einem nächsten Schritt werden von denjenigen Risikoaufschläge verlangt werden, die sich dieser »freiwilligen« Kontrolle ihres Verhaltens entziehen. Es ist absehbar, dass am Ende aus dem Risikoaufschlag ein Zwang zur Kontrolle werden wird, natürlich immer mit dem fürsorglichen Argument, dass vernünftiges Verhalten gut für den Einzelnen und billiger für die Allgemeinheit sei. Eine solche Entwicklung wird schlussendlich aber zum »am Netz hängenden Menschen« führen, der in allen Lebenssituationen überwacht wird.

Und ein weiterer bedrückender Trend zeichnet sich ab: Wenn wir Menschen durch diese Vernetzung nur noch die Summe unserer Daten sind, in unseren Gewohnheiten und Vorlieben komplett abgebildet und ausgerechnet, dann ist der gläserne Konsumbürger der neue Archetyp des Menschen. Schon heute ist es das Geschäftsmodell von Facebook und anderen, unsere emotionalen Regungen und sozialen Beziehungen in ein ökonomisches Verwertungsmodell zu überführen und unsere Daten gewinnbringend zu nutzen. Wenn die Messung unseres Augenzwinkerns oder die Beschleunigung unseres Pulses beim Ansehen bestimmter Produkte in Echtzeit in die Datenbank von multinationalen Konzernen fließen, ist der neue Mensch nur noch die Summe seiner Reflexe, und er wird biologistisch komplett determiniert. Am Ende könnte eine solche Entwicklung dazu führen, dass wir nur noch über jene Kaufangebote informiert werden, die vermeintlich zu uns passen. Und der Schritt, bis wir dann auch nur noch die politischen und kulturellen Informationen erhalten, die unseren vermuteten Interessen entsprechen, ist ein kleiner. Damit wäre dann die Vorstellung vom Menschen, der sich frei entwickeln und der es durch Bildung und harte Arbeit nach »ganz oben schaffen« kann, endgültig erledigt. Ein neuer Mensch würde entstehen: der determinierte Mensch.

Denn die »vermuteten Interessen«, die angeblichen »Präferenzen« eines Menschen, sind vielleicht gut und schön, wenn ein Online-Händler unsere Absichten vorwegnimmt und, wie wir unlängst erfahren haben, das Paket schon losschickt, ehe wir überhaupt wissen, dass wir etwas kaufen wollten. Wie steht es aber mit dieser Entschlüsselung angeblicher Absichten, wenn Menschen sich um einen Beruf, einen Kredit, eine Ausbildung bewerben? Was bedeutet es, wenn wir bald nicht nur im Büro, sondern auch im Haushalt, im Auto, überall gelesen werden und ein Abbild von uns erstellt wird, das der Bundespräsident den »digitalen Zwilling« nennt und von dem wir nicht wissen, wer ihn wie zusammensetzt. Wie aktuell diese Fragen sind, zeigte sich unlängst beim BGH-Urteil zu der Frage, ob Kreditscoring-Unternehmen wie die Schufa den Menschen mitteilen müssen, wie sie zu ihren Schlussfolgerungen kommen. Der quantifizierte Mensch wird uns künftig wie ein Schatten begleiten: zusammengesetzt aus den Signalen und Daten, die wir und alle anderen senden. Das wird, wie jeder heute schon bemerkt, dem Einzelnen durchaus enorme Vorteile bringen. Aber es wird ihn auch zum Bestandteil einer Rechnung machen. Es kann nicht sein, dass diese Rechnung ohne unsere Kenntnis, unser Zutun und unsere Interventionsmöglichkeiten gemacht wird.

Um das zu verhindern, müssen wir handeln. Denn von allein wird nichts gut werden. So wie die »unsichtbare Hand« eines sich selbst regulierenden Marktes in der Vergangenheit ein Trugschluss war, ist die heute so populäre Annahme, dass durch die Digitalisierung aller Lebensbereiche automatisch ein Mehr an Lebensqualität, Demokratie, Freiheit, Sicherheit und Effizienz erreicht werden wird, eine naive Fehleinschätzung. Denn die täglichen Berichte über völlig enthemmte Geheimdienste offenbaren ein zunehmend paranoides Staatsverständnis, und deshalb scheint die Prognose, dass es zu einem freiheitlichen Rückschritt kommen wird, wenn die Datensammelwut und die Digitalisierung aller Lebensbereiche unreguliert fortgeführt werden, wahrscheinlicher als die These, dass wir am Beginn eines neuen goldenen Zeitalters stehen.

Noch haben wir es nur mit einer alles durchdringenden Technologie, aber noch nicht mit einem totalitären politischen Willen zu tun. Doch die Verbindung von »Big Data«, also der gewaltigen Sammelleidenschaft für Daten durch Private und den Staat, und »Big Government«, also der hysterischen Überhöhung von Sicherheit, könnte in die antiliberale, antisoziale und antidemokratische Gesellschaft münden. Wenn der Bürger nur zum Wirtschaftsobjekt degradiert wird und der Staat ihn unter Generalverdacht stellt, kommt es zu einer gefährlichen Verbindung von neoliberaler und autoritärer Ideologie.

Deshalb brauchen wir eine soziale Bewegung, die den Mut hat, das Notwendige zu tun, und die die dafür notwendigen normativen und historischen Prägungen mitbringt. Wie am Ende des 19. Jahrhunderts brauchen wir eine Bewegung, die die Unverletzlichkeit der menschlichen Würde ins Zentrum ihrer Überlegungen stellt und die nicht zulässt, dass der Mensch zum bloßen Objekt degeneriert. Diese Bewegung muss ein liberales, ein demokratisches und ein soziales Staatsverständnis haben. Sie muss im Bereich der Datensammlung, -speicherung und -weitergabe rechtliche Pflöcke einschlagen, die klarstellen, dass die Privatheit eines jeden ein unveräußerliches Grundrecht ist, und einen etwaigen Missbrauch eindeutig sanktionieren. Sie muss überdies durch eine kluge Wirtschaftspolitik sicherstellen, dass wir in Europa technologischen Anschluss halten, damit wir aus der Abhängigkeit und Kontrolle der heutigen digitalen Großmächte befreit werden, unabhängig davon, ob es sich dabei um Nationalstaaten oder globale Konzerne handelt.

Ein freies Netz, ein an Grundrechten orientierter regulierter Datenmarkt und die Erinnerung daran, dass die Autonomie des Individuums unser Mensch-Sein begründet, kann eine bessere, eine neue Welt schaffen. In dieser Welt könnten die Chancen einer neuen Technologie zum Wohle aller genutzt und die Ökonomisierung aller Lebensbereiche verhindert werden. Es geht um nichts weniger als um die Verteidigung unserer Grundwerte im 21. Jahrhundert. Es geht darum, die Verdinglichung des Menschen nicht zuzulassen.

Wider digitales Wunschdenken

Von Evgeny Morozov (8. Februar 2014)

Wenn es eine neue Technologie einzuschätzen gilt, ob nun ein ausgefallenes System zur biometrischen Identifizierung oder eine App zur Prüfung unserer Gesundheit, erhalten wir in der Regel drei Reaktionen. Technopessimisten lehnen sie rundheraus ab – sie hassen Technik und alles, was sie mit sich bringt. Technooptimisten empfangen sie mit offenen Armen, weil sie den Fortschritt lieben – und wie könnte Technologie uns etwas anderes als Fortschritt bringen? Technoagnostiker schließlich verweisen darauf, dass jede Technik gut und böse sein könne. Mir erscheint der Agnostizismus die richtige Einstellung zu sein, und ich habe das Gefühl, dass auch Martin Schulz diese Haltung einnimmt.

Aber es gibt zwei Arten von Agnostizismus. Es gibt einen naiven Agnostizismus, einen Agnostizismus der Gleichwahrscheinlichkeit, der es für ebenso wahrscheinlich hält, dass eine bestimmte Technologie zu guten oder zu schlechten Zwecken eingesetzt wird. Diese Haltung erfordert offensichtlich einen ans Religiöse grenzenden Glaubenssprung. Wie ist solch eine intellektuelle Sicht möglich? Sie ist nur dann möglich, wenn wir vergessen, dass die Welt, in der diese Technologie zum Einsatz kommt – also unsere Welt –, von Ungleichheit (der Macht und des Geldes) geprägt und von Konflikten getrieben ist. Ja, in einer idealen Welt profitieren alle gleichermaßen von jeder Technologie. Aber in unserer Welt sind Nutzen und Schaden einer Technologie ungleich verteilt, und eine gerechtere Verteilung ist das wichtigste politische Projekt unserer Zeit.

Dass ein naiver Agnostizismus dieser Art sich in unseren Köpfen hat festsetzen können, resultiert aus unserem Hang, Technologie so zu behandeln, als bewegte sie sich in einem einzigartigen, autonomen Bereich und wäre gleichsam hermetisch vom schädlichen Einfluss der »Gesellschaft« oder der »Wirtschaft« abgeschlossen. Die Anhänger dieses naiven Agnostizismus leiden an einer perversen Form sozialer Amnesie. Wenn sie zur Einschätzung einer bestimmten Technologie aufgefordert werden, antworten sie mit der These, unser gesamtes – aus Geschichte, Politikwissenschaft, Ökonomie stammendes – Wissen über die Welt sei ungültig, und wir müssten unsere Analyse ganz von vorn beginnen, ohne irgendwelche Makrostrukturen zu unterstellen, ob nun Kapitalismus, Neoliberalismus oder den militärisch-industriellen Komplex.

Diese Tyrannei der Mikroperspektive schmuggelt intellektuelle Engstirnigkeit und die seichteste Form eines methodologischen Individualismus durch die Hintertür ein, so dass man uns am Ende sagt, alles hänge von unserer Entscheidung ab, wie wir eine bestimmte Technologie nutzen wollen – also von individuellen Akteuren, die jeweils ihre eigenen rationalen Ziele verfolgen, als bewegten diese Ziele sich nicht bereits in einem vorgegebenen Rahmen aus politischen, ökonomischen und Sicherheitserwägungen.

Zum Glück gibt es daneben auch den gut informierten, radikalen Agnostizismus, der es ablehnt, Technologie als etwas außerhalb der Gesellschaft Stehendes zu begreifen. Das ist die von Martin Schulz in seinem Beitrag »Warum wir jetzt kämpfen müssen« gewählte Sicht. Es ist eine Haltung, die unser vorhandenes Wissen über die Welt in den

Dienst der edlen Aufgabe einer Voraussage stellt, ob eine bestimmte Technologie sich in den Rahmen des Emanzipations- oder in den des Versklavungsprojekts einfügt. Diese Einstellung verwehrt sich selbst den Luxus der sozialen Amnesie, denn sie weiß, dass es viel Böses in der Welt gibt, dass NSA und Wall Street keine Wohltäter sind, denen man im Zweifelsfall positive Intentionen unterstellen kann, und dass die meisten Unternehmen von Profitstreben getrieben sind, die, sich selbst überlassen, nur zu gerne ihre Arbeiter wie Maschinen und die Gesellschaft insgesamt als Reservoir an kostenlosen Ressourcen behandeln würden, die es auszubeuten gilt.

Das ist die politische und ökonomische Umgebung, in die neue Technologien eingeführt werden. Es wäre naiv, wenn man meinte, diese neuen Technologien hätten nichts mit der Förderung oder Unterdrückung bestehender sozialer Zielsetzungen zu tun – denen des Staates, von Unternehmen, von sozialen Bewegungen. Wer zum Beispiel meint, ein ausgefallenes System zur biometrischen Identifizierung könne für gute und für schlechte Zwecke eingesetzt werden, und zwar mit gleicher Wahrscheinlichkeit für beide Szenarien, der gibt sich einem heimtückischen Wunschdenken hin und tut so, als wüssten wir nichts vom Expansionsstreben des Sicherheitsstaates, von der Behandlung der Migranten durch diesen Staat und von der Logik des Datensammelns, die die biometrische Industrie antreibt.

Natürlich können wir so naiv sein, wie wir wollen. Aber können wir es uns auch leisten, naiv zu sein? Warum sollten wir alles, was wir in den letzten 200 Jahren gelernt haben, bei der Analyse von Technologien auf den Müll werfen? Neue Technologien treten nicht in ein politisches

Vakuum ein, sondern in die Welt, in der wir leben, mit all ihren politischen und ökonomischen Konflikten.

Was bedeutet das für die Linke – den Hauptadressaten des Beitrags von Martin Schulz? Ihre wichtigste intellektuelle Innovation, zumindest in ihrer frühen radikalen Ausprägung im späten 19. Jahrhundert, bestand darin, dass sie lernte, wie man über Politik spricht und Politik macht, ohne dauerhafte Strukturen wie das Kapital oder – später – Rasse und Geschlecht außer Acht zu lassen. Von Anfang an ging dieses Projekt davon aus, dass unser tägliches Leben von solchen Strukturen durchdrungen ist und dass man diese Strukturen verändern muss, wenn man eine emanzipatorische Strategie entwickeln will, die den Interessen der Benachteiligten förderlich sein soll.

Die Sprache der Technologie – und seien Sie gewiss, die Technologie kommt heute mit einem schweren Diskurspaket daher und besteht keineswegs nur aus Drähten und Gadgets – hat es in den letzten fünfzig Jahren für jeden (einschließlich der Linken) schwieriger gemacht, die strukturellen Bedingungen zu identifizieren, die unser Leben bestimmen. Tatsächlich glaubten viele von uns an die – von Leuten wie Steve Jobs propagierte – Vision, wonach der Zugang zu den jüngsten Technologien des Personal Computing uns Ermächtigung und Emanzipation zu bieten vermag. »Zugang zu Tools« ist für viele Technologen in Kalifornien immer noch ein starker Slogan. Natürlich grenzte das schon immer an Idiotie. Die genannten Strukturen – vom Geld bis hin zur nationalen Sicherheit – sind niemals verschwunden; sie versteckten sich lediglich hinter der Fassade der »Digitalisierung«.

Die Aufgabe der Linken – und Martin Schulz hat diese Aufgabe vorausschauend beschrieben – sollte es sein aufzuzeigen, inwiefern die jüngsten Technologien, die man uns als politische Instrumente der Selbstermächtigung, des Konsums oder des Kampfs gegen den Terrorismus verkauft, in Wirklichkeit zur Stabilisierung und Festigung dieser Strukturen beitragen. Zugleich muss die Linke ein alternatives Programm formulieren, das darlegt, wie Technologien der Kommunikation und Selbstorganisation die Arbeit sozialer Bewegungen – und hoffentlich auch neuer, neu erfundener politischer Parteien – erleichtern können, die diese Strukturen in Frage stellen und verändern.

Welche Mission Ralf Dahrendorf auch erfüllt haben mag, sie kann immer noch sehr leicht scheitern, wenn unsere sozialen Institutionen, von Versicherungsgesellschaften über Banken bis hin zu Sicherheitsdiensten, in Terabytes an Daten ertrinken – von Bürgern generierte Daten, die für Güter und Dienstleistungen lieber mit Daten als mit Geld bezahlen. Wenn wir nicht die richtige Brille haben, um Formen der Ausbeutung und Kontrolle zu erkennen, heißt das nicht, dass wir nicht ausgebeutet und kontrolliert würden. Vielleicht bedeutet es ja nur, dass wir nicht die richtige Brille haben.

Historisch hat die Linke sich als fähig erwiesen, einige der Übel, unter denen die Gesellschaft leidet, zu diagnostizieren und sogar zu beheben. Heute muss sie lernen, diese Fähigkeit einzusetzen, um die zahlreichen Schichten technologischer Mystifizierung zu durchdringen, die Silicon Valley der öffentlichen Debatte aufgezwungen hat. Es gibt immer noch zahlreiche Übel, und wenn wir die technologische Infrastruktur Google und Facebook und ihresgleichen überlassen, werden wir die Plattformen für die Veränderung der Situation verlieren.

Das Letzte, was wir wollten, wäre solch eine neue, intellektuell neu erfundene, mit neuer Zielstrebigkeit ausgestattete Linke, die jedoch ihre Ziele gar nicht verfolgen könnte, weil alle Kommunikationsplattformen sich in den privaten Händen von Technomonopolisten und ihren Lobbyisten befänden.

Aus dem Englischen von Michael Bischoff

Schützt den Datenkörper!
Von Juli Zeh (11. Februar 2014)

Er klingt wie der einsame Rufer in der Wüste: Martin Schulz, Präsident des Europäischen Parlaments, bekennt sich zu einer Verteidigung der persönlichen Freiheit im Informationszeitalter. In einem grundlegenden Essay warnt er vor »technologischem Totalitarismus« und fordert eine ernsthafte Auseinandersetzung mit dem digitalen Epochenwandel. Daran wäre im Grunde nichts Überraschendes; Schulz beschäftigt sich schon länger mit dem Thema. Aber Schulz ist ein deutscher Politiker, und deutsche Politiker meiden das Thema Datenschutz üblicherweise wie der Teufel das Weihwasser. Während in Medien und Gesellschaft spätestens seit den Enthüllungen von Edward Snowden ein unausgesetzter Diskurs über die Implikationen von Big Data geführt wird, hüllt sich die deutsche Politik in verstocktes Schweigen.

Das Hauptproblem des Datenschutzes besteht darin, dass sich die meisten Politiker und Bürger nach wie vor wenig darunter vorstellen können. »Datenschutz« klingt, als wären Daten seltene Tiere, die vor dem Aussterben bewahrt werden müssen. Oder kleine, bösartige Parasiten, gegen die es den Menschen zu verteidigen gilt. Der sperrige Terminus stellt indes nicht nur ein PR-Problem dar. Unklare Begriffe verweisen auf unklare Vorstellungen. Letztere sind direkte Folge einer seit Jahren verschleppten Diskussion über die digitale Revolution.

Das Konzept der Menschenwürde gerät im wuchernden Goldrausch der Datenausbeutung zusehends unter die Räder. Schon beginnen Menschen zu fragen, was denn an systematischer Massenüberwachung überhaupt schlimm sein soll. Aus Hilflosigkeit gegenüber den rasanten Entwicklungen wird die Privatsphäre zum Anachronismus erklärt. Diese Haltung bedeutet nicht weniger als den Verzicht auf persönliche Autonomie. Wer seine Daten der freien Nutzung überantworten will, macht seine Identität und damit letztlich die Kontrolle darüber, wer er ist und wie er sein Leben führt, zum Objekt im freien Spiel der Kräfte. Er muss naiv darauf vertrauen, dass alle Beteiligten, egal, ob staatliche Institutionen, Wirtschaftskonzerne, Kollegen oder Nachbarn, stets nur sein Bestes im Sinn haben.

Dabei liegen die Gefahren allumfassender Beobachtung auf der Hand. Wer von allen Seiten angestarrt wird, geht jeder Chance verlustig, sich frei zu entwickeln. Wissen ist Macht, und Wissen über einen Menschen bedeutet Macht über diesen Menschen. Aus dem Vorliegen von Informationen folgen Messbarkeit, Vergleichbarkeit, Regulierbarkeit und Erpressbarkeit. Wer gezwungen ist, die mit jeder Lebensregung erzeugten Daten permanent preiszugeben, kann nicht mehr allein entscheiden, was er isst, liest oder kauft, wie schnell er fährt, wie viel er arbeitet und wohin er reist. Seine Welt verengt sich auf ein Spektrum aus vorsortierten Möglichkeiten. Er erhält Angebote, die vermeintlich zu ihm passen; Informationen, die vermeintlich seinen Interessen entsprechen; Handlungsoptionen, die von mächtigen Akteuren als besonders effizient, besonders sicher oder besonders profitabel eingestuft wurden.

In einem solchen System sind die Folgen des eigenen

Verhaltens nicht mehr absehbar. Wir wissen nicht, welche E-Mail, welche Kaufentscheidung oder welches Freizeitvergnügen zu einer Herabstufung unserer Kreditwürdigkeit, zur Ablehnung einer Beförderung oder zum Einreiseverbot in die Vereinigten Staaten führen. Aus dieser tiefgehenden Verunsicherung folgt ein Zwang zur »Normalität«, wenn nicht zur bestmöglichen Performance in allen Lebensbereichen. »Bestmöglich« bedeutet dabei, die Erwartungen der Informationsmächtigen intuitiv zu erfassen und nach besten Kräften zu erfüllen. »Ich habe nichts zu verbergen« ist somit ein Synonym für »Ich tue, was man von mir verlangt« und damit eine Bankrotterklärung für die Idee des selbstbestimmten Individuums.

In einer solchen Lage erzeugt ein Politiker wie der ehemalige Innenminister Friedrich unfreiwillige Komik, wenn er die Bürger anlässlich der NSA-Überwachung zur Selbstverteidigung aufruft – wer nicht ausgespäht werden wolle, müsse eben auf Facebook verzichten. Unter den Bedingungen des Kommunikationszeitalters ist das ein völlig unmöglicher Satz. Wer seine digitale Identität selbst schützen soll, dürfte keine sozialen Medien, E-Mail-Dienste oder Suchmaschinen benutzen. Telefonieren ginge schon gar nicht. Vom Kauf eines Smartphones, eines Navigationssystems oder eines neuen Autos mit integriertem GPS wäre dringend abzuraten. Ein Bürger im Zustand digitaler Selbstverteidigung müsste in seiner Wohnung auf Rauchmelder und Alarmanlagen mit Bewegungssensoren verzichten. Er sollte weder Bahn fahren noch fliegen und demnächst auch nicht mehr zum Arzt gehen. Eine ordnungsgemäße Registrierung bei den Meldebehörden wäre kontraproduktiv, erst recht die Führung eines Bankkontos oder die Aufnahme eines Kredits. Die Ausübung eines durchschnittlichen Jobs mit überwachtem Computerarbeitsplatz käme ebenfalls nicht in Frage. Ein solcher Bürger müsste öffentliche Plätze wegen der Videoüberwachung meiden und dürfte weder im Internet noch in großen Supermarktketten einkaufen.

Die Liste verbotener Tätigkeiten ließe sich endlos fortsetzen. Am Ende stünde ein aus sämtlichen gesellschaftlichen und wirtschaftlichen Kreisläufen herausgedrängter Mensch. Man muss nicht näher begründen, warum eine solche Lebensform weder in persönlicher noch in volkswirtschaftlicher Hinsicht wünschenswert erscheint. Vor allem aber ist sie heutzutage schlichtweg undurchführbar. Digitale Selbstverteidigung käme einer realen Selbstauslöschung gleich. Ebenso gut hätte man einem Arbeiter im Manchester-Kapitalismus des 19. Jahrhunderts erzählen können, wenn ihm die Kollateralschäden der industriellen Revolution nicht passten, solle er doch auf seinen Job im Kohlebau verzichten.

Bemerkenswert an der Einlassung von Martin Schulz ist, dass er die Parallele zwischen industrieller und digitaler Revolution ohne Scheu vor historischen Vergleichen anerkennt und daraus eine Handlungsverpflichtung für die Politik ableitet. Technischer Fortschritt ist nicht per se gut oder schlecht, sondern erst einmal eine Tatsache, die der Gestaltung bedarf. Lässt man den Dingen ihren Lauf, kommt es zu gewaltigen Akkumulationen von Macht, die zu Lasten des Einzelnen und letztlich zu Lasten des Gemeinwesens gehen. Martin Schulz hebt hervor, dass Sozialgesetzgebung und Umweltschutz, die beiden großen Ausgleichsbewegungen zum industrialisierten Kapitalismus, nicht vom Himmel gefallen, sondern Ergebnis eines jahrzehntelangen politischen Kampfes sind. Auch das Kommunikationszeitalter braucht Begleitung durch einen politischen Prozess.

Dazu reicht es nicht, sich bei Obama über das Abhören von Angela Merkels Handy zu beschweren. Es reicht nicht, darüber zu streiten, wer die neue »Netzpartei« wird. Wenn Peter Altmaier per Twitter verkündet, dass Twitter die moderne Form von Demokratie sei, verdeutlicht er aufs Anschaulichste, warum sich die deutsche Politik bis heute nicht in der Lage zeigt, auf Big Data zu reagieren. Es fehlt an einer umfassenden Auseinandersetzung mit dem Problem. Ein amerikanischer Privatkonzern wie Twitter kann kein neues Organ der Demokratie sein, und demokratisch ist auch nicht die Kommunikation an sich, sondern der Schutz ihrer Freiheit.

Für sich genommen, bilden weder Twitter und Google noch die NSA den Kern des Problems. Militär, Geheimdienste und Privatkonzerne bedienen sich allesamt derselben Technologien. Ziel des entfesselten Spiels ist eine algorithmische Einhegung des Menschen, welche die Berechenbarkeit von menschlichem Verhalten zur Folge hat.

Die Frage, wie wir mit diesen Technologien umgehen wollen, ist nicht weniger profund als jene nach dem Einsatz von Präimplantationsdiagnostik oder bestimmten Waffensystemen. Es geht um die Klärung ethischer Konflikte, um die Renovierung unseres Wertesystems im Angesicht neuer Bedingungen. Ist es mit der Idee vom freien Individuum vereinbar, zukünftige Entscheidungen eines Menschen errechnen zu wollen? Welche Dilemmata folgen aus der Durchleuchtung einer Identität? Muss ein Unschuldiger vorsorglich eingesperrt werden, wenn ein Algorithmus voraussagt, dass die betreffende Person in absehbarer Zeit kriminell werden wird? Auf welchen Grundlagen sollen

Rechtssystem und gesellschaftliches Zusammenleben in Zukunft stehen? Hängen wir weiterhin der Freiheit des Einzelnen an oder wollen wir tatsächlich ein »Supergrundrecht Sicherheit«?

Falls am Ende einer politischen Debatte das Ergebnis stünde, dass wir auch im digitalen Zeitalter am Konzept des selbstbestimmten Individuums festhalten wollen, dass wir also nicht bereit sind, dieses Prinzip anderen legitimen Zielen wie Sicherheit oder Alltagsbequemlichkeit unterzuordnen, würde der politische Aufgabenkatalog im Handumdrehen Kontur gewinnen. Im Kern würde es darum gehen, der digitalen Identität ein vergleichbares Schutzniveau zuzubilligen wie der körperlichen Unversehrtheit oder der Unverletzlichkeit von Privateigentum. Mit den nötigen parlamentarischen Mehrheiten könnte sowohl auf europäischer wie auf nationaler Ebene ein klar formuliertes digitales Grundrecht geschaffen werden, welches personenbezogene Daten unter die alleinige Verfügungsgewalt des Einzelnen stellt. Von privater Seite wären Zugriffe auf die digitale Identität dann nur mit Einverständnis des Betroffenen möglich, während staatliche Eingriffe auf die engen Grenzen notwendiger Strafverfolgungsmaßnahmen zu beschränken wären. Widerrechtliche Übergriffe müssten moralisch und strafrechtlich in vergleichbarer Weise beantwortet werden wie eine Körperverletzung oder der Diebstahl einer Sache.

Gelegentlich wird vorgebracht, das Volk habe sich doch längst mit dem Verlust der Privatsphäre arrangiert oder diesen durch freizügig-gleichgültigen Umgang mit den eigenen Daten sogar selbst verschuldet. Der Bürger wolle es nicht anders, als digital ausgebeutet zu werden. Für eine kollektive Verhaltensänderung im Umgang mit Digitalität sei es zu spät, der Bürger werde immer bereit sein, für einen Zuwachs an Bequemlichkeit oder auch nur ein paar Rabattpunkte seine privaten Daten zur Verfügung zu stellen.

Diese resignative Sicht verkennt zum einen, dass ein Umdenken im großen Stil längst begonnen hat. Seit den Snowden-Enthüllungen mobilisiert sich die Zivilgesellschaft in einer Weise, die vor einem Jahr niemand für möglich gehalten hätte. Zum anderen ist gesamtgesellschaftliches Bewusstsein meist nicht Ursache, sondern Folge einer politischen Bewegung. Die Gewöhnung an Ausbeutungsverhältnisse ist gerade ein zentraler Teil des jeweiligen Problems. Solange Züchtigung und Hinrichtung offizielle Sanktionsmittel sind, wird auch gesellschaftlich kein Bewusstsein für körperliche Unversehrtheit entstehen. Erst die Arbeiterbewegung hat soziales und die Umweltbewegung ökologisches Bewusstsein hervorgebracht. Im Rahmen der digitalen Revolution muss Bewusstsein dafür entstehen, dass Angriffe auf den digitalen Zwilling gegen den Menschen selbst gerichtet sind.

Damit dies möglich ist, muss eine echte Rechtsposition erst einmal geschaffen werden. Nichts ist dem Menschen so natürlich wie die Einzäunung eines Stück Landes und die Aufstellung eines Schilds, auf dem »meins« geschrieben steht. Jeden Versuch, ohne sein Einverständnis in diese Sphäre vorzudringen, wird er als Respektlosigkeit empfinden und mit Empörung zurückweisen. Voraussetzung dafür ist aber die rechtliche Anerkennung von Zaun und Schild. Erst eine Einzäunung und Beschilderung der digitalen Privatsphäre wird dazu führen, dass Menschen ihren Datenkörper – ebenso wie den biologischen oder wie ihr Sacheigentum – als Teil einer Gesamtidentität empfinden.

Es ist seit Jahren in Mode, die normative Kraft des Faktischen zu fürchten oder zu besingen und darüber die normative Kraft des Normativen zu vergessen. Dabei ist offensichtlich, dass uns nicht nur ein ausdrückliches digitales Grundrecht, sondern auch und gerade ein digitaler Code civil fehlen. Das deutsche Bürgerliche Gesetzbuch besteht aus mehr als zweitausend Paragraphen, die sich größtenteils mit den rechtlichen Beziehungen zwischen Menschen und Sachen beschäftigen. Auf Daten sind diese Regelungen nicht übertragbar – wie wollte man einen Datensatz verpachten oder vermieten? Während andere unkörperliche Gegenstände wie Forderungen schon lange nach klaren Regeln am Geschäftsverkehr teilnehmen, gibt es im digitalen Bereich nicht einmal Begriffe, um die vielfältigen wirtschaftlichen und rechtlichen Beziehungen zu beschreiben. Solange ein Loch in unserer Rechtsordnung klafft, brauchen wir uns über mangelndes Rechtsbewusstsein in der Bevölkerung nicht zu wundern.

Mit einem fortschrittsfeindlichen Umerziehungsprogramm zu digitaler Abstinenz hat das ebenso wenig zu tun wie mit einer angestrebten Verregelung des Internets. Die von Profiteuren der Ungesetzlichkeit behauptete Befürchtung, das Beenden eines außergesetzlichen Zustands könne die Ökonomie behindern, hat sich in der jüngeren Zivilisationsgeschichte immer wieder als falsch erwiesen. So wie der freie Handel nicht trotz, sondern wegen der Existenz von Privateigentum funktioniert, wird sich auch der digitale Wirtschaftsverkehr in einem auf Privatzugehörigkeit basierenden System am gesündesten entwickeln. Letztlich geht es darum, jene Rechtssicherheit herzustellen, die in unseren Breitengraden eine unvergleichliche Erfolgsgeschichte genießt.

Klar ist, dass sich der notwendige Diskurs sowie mögliche rechtliche Maßnahmen nur parteiübergreifend realisieren lassen. Ähnlich wie soziale Fürsorge und Umweltschutz muss auch der digitale Identitätsschutz ein Querschnittsthema werden, bei dem über die Grundannahmen Einigkeit besteht, während man über Einzelheiten trefflich streiten kann. Martin Schulz skizziert in seinem Beitrag, dass sich beim Datenschutz sozialdemokratische, bürgerlich-liberale und wirtschaftsorientierte Ansätze keineswegs antagonistisch gegenüberstehen. Die Zeichen für einen großangelegten gemeinschaftlichen Lösungsversuch stehen gut – nun müssen sie von den Parteien nur noch erkannt werden.

Auf europäischer Ebene ist man der deutschen Politik in diesem Punkt bereits einen Schritt voraus. Man wird die Einlassungen von Martin Schulz als Regierungserklärung des möglichen neuen Kommissionspräsidenten lesen und vor allem in Lobbyisten-Kreisen entsprechend bewerten. Es bleibt zu hoffen, dass dieses Fanal aus Brüssel nicht ungehört verhallt, sondern auch in der politischen Szene Berlins endlich umfangreiche Erwiderung und Fortentwicklung erfährt. Die ersten zwanzig Jahre der digitalen Ära haben wir bereits politisch verschlafen. Es ist allerhöchste Zeit, das Thema auf die Agenda unserer Zukunftsfähigkeit zu setzen. Mit jedem vergehenden Tag des 21. Jahrhunderts wird es unhaltbarer, dass nur Journalisten, Schriftsteller und Blogger über eine der wichtigsten Fragen unserer Epoche sprechen.

Die neuen Massenausforschungswaffen
Von Shoshana Zuboff (13. Februar 2014)

Ich hielt den Atem an, seit der *Guardian* am 5. Juni 2013 seinen ersten Snowden-Bericht veröffentlichte und die massenhafte Sammlung von Telefondaten durch die NSA enthüllte. Seit ich den Artikel des Präsidenten des Europäischen Parlaments Martin Schulz las, kann ich wieder – zumindest ein wenig – durchatmen. Schulz schreibt, die Herausforderung für die Sozialdemokratie in diesem Jahrhundert bestehe darin, zu einer »Zivilisierung und Humanisierung« der neuen technologischen Revolution zu gelangen und dabei an der »Unverletzlichkeit der menschlichen Würde« in einer neuen Welt festzuhalten.

Die Herausforderung liegt darin, dass die technologische Revolution, wie wir dank Edward Snowden wissen, abermals den Traum der perfekten Kontrolle usurpiert hat. Man benutzt Technologie als trojanisches Pferd eines bislang noch kaum verstandenen Joint Ventures zwischen staatlichen und privaten Institutionen, das eine beispiellose Macht über die Information gewährleistet. Dieser Machtblock operiert jenseits der Kontrolle durch uns als Bürger und Konsumenten. Ich bezeichne ihn als militärisch-informationellen Komplex, weil er seine Macht aus der Produktion und dem Einsatz neuer, wie ich es nennen möchte, »Massenausforschungswaffen« bezieht, die aus Daten und dem technischen Apparat zu deren Erwerb, Analyse und Speicherung bestehen. Diese Konzentration der Macht über Daten steckt hinter dem »Zwang zur Kontrolle« und der »antiliberalen, antisozialen und antidemokrati-schen« Dynamik, von der Schulz sprach.

Für mich ist das ein Déjà-vu-Erlebnis. 1988, als der Google-Gründer Larry Page 15 Jahre alt und das Wort »Internet« noch zehn Jahre von seiner allgemeinen Bekanntheit entfernt war, veröffentlichte ich *In the Age of the Smart Machine*. Das Buch basierte auf einer zehnjährigen Feldforschung an neuen Computerarbeitsplätzen. Ich beobachtete in allen Gruppen dasselbe Muster: Computersysteme, die eine Fülle neuer Lernmöglichkeiten eröffneten, wurden für die Zwecke einer unwiderstehlichen Sehnsucht nach Sicherheit und Kontrolle usurpiert. Bald setzten Manager diese Systeme ein, um Verhalten und Leistung der Beschäftigten stärker zu überwachen. »Die Automatisierung«, schrieb ich damals, »schien eine magnetische, eine verführerische Kraft auszuüben, die versprach, einen Traum von perfekter Kontrolle Wirklichkeit werden zu lassen.«

Zu diesem Traum gehört das Bild von »Menschen, die einer intelligenten Maschine dienen. Aber im Schatten des Traums verlieren Menschen die Erfahrung, kritisch zu urteilen [...], es besser zu wissen, Dinge in Frage zu stellen und nein zu sagen.« Mir wurde klar, dass nur zielstrebige Führung, eindeutige Strategien und institutionalisierte Werte diese Entwicklung verändern konnten. Heute stehen ganze Gesellschaften vor demselben Dilemma.

Die technologische Revolution, die mit so vielen Freiheits- und Ermächtigungsversprechen begann, ist zu einem kollektiven faustischen Albtraum geworden. Wer von uns möchte tatsächlich ohne die Informationen und Verbindungen leben, die uns die Technologie ermöglicht? Aber wer hätte geahnt, dass dies auf Kosten demokratischer Prinzipien, persönlicher Kontrolle und sozialen Vertrauens gehen würde? Wir brauchen politische Führer, die erkennen, was bei diesem epochalen Übergang zu einer »Informationszivilisation« auf dem Spiel steht. Der militärisch-informationelle Komplex wirft heute einen Schatten auf alle Erneuerungsbemühungen, und deshalb müssen wir beginnen, uns damit ernsthaft zu befassen.

Präsident Obamas im Januar gehaltene Rede zur staatlichen Überwachung war für all jene eine Enttäuschung, die das dringende Erfordernis eines Wandels erkennen. Jetzt richten sich die Augen der Welt auf Europa. Wir stehen erst am Anfang der Bemühungen, das zurückzugewinnen, was der militärisch-informationelle Komplex im Bereich des Staates, der Wirtschaft und der Freiheit usurpiert hat. Deshalb sehe ich in Martin Schulz' Vision mehr als einen Aufruf an das deutsche Volk und die Europäische Gemeinschaft.

Denken wir zurück an das Jahr 1961, an Präsident Eisenhowers Abschiedsrede an das amerikanische Volk. Die amerikanische Gesellschaft werde von einem »militärisch-industriellen Komplex« bedroht, warnte er. Nur eine »wachsame und kenntnisreiche Bürgerschaft« könne den Fortbestand von »Sicherheit und Freiheit« garantieren. Fünf Jahre später entwickelte der Ökonom John Kenneth Galbraith in seinem Buch *Die moderne Industriegesellschaft* das Konzept der »Technostruktur«. »Die Macht«, schrieb er, »ist an eine neue Produktionsfunktion übergegangen, an Menschen mit vielfältigem technischem Wissen, technischer Erfahrung und sonstigen Fähigkeiten, die für Technik und Planung in der modernen Industrie unerlässlich sind.«

Wenden wir uns den achtziger Jahren zu, als uns eine

hoch gebildete, tatkräftige und freiheitlich gesinnte Gruppe von Softwareentwicklern und Ingenieuren das Internet bescherte. Das neue Kommunikationsmedium sollte eine horizontale, bürokratiefreie Kommunikation schaffen.

Trotz verheißungsvoller Anfänge sind nahezu alle Kommunikationsdaten – unsere Daten – in Theorie und Praxis heute militarisiert worden. Das zeigen die Snowden-Dokumente. Zuerst kam es zu einem Rüstungswettlauf mit den »Terroristen«. Dann folgten fieberhafte Bemühungen um die Entwicklung der ausgeklügeltsten Waffen. Der einzige Unterschied zum vergangenen Jahrhundert liegt darin, dass die Waffen heute aus Daten und den Techniken ihrer Analyse und Kontrolle bestehen. Die NSA und andere Geheimdienste haben unsere Daten im »Krieg gegen den Terror« zu Waffen gemacht. Ein britischer Agent schrieb schon 2008 in einem Bericht: »Wer Google Maps auf einem Smartphone nutzt, unterstützt damit ein GCHQ-System.« Ein britischer Analytiker beschrieb die Abschöpfung der Smartphone-Daten als »mobile Invasion«. Es findet sich in der Geschichte kaum etwas oder vielleicht gar nichts, das sich mit der gegenwärtigen Gefahr einer ungehemmten, den Blicken der Öffentlichkeit entzogenen Konzentration der Informationsmacht in weltweitem Maßstab vergleichen ließe.

Die großen Internetunternehmen spielen eine wesentliche Rolle in diesem Bild. Die *New York Times* berichtete über ein Strategiepapier der NSA aus dem Jahr 2012, in dem das Ziel formuliert wurde, »durch die Nutzung globaler Geschäftstrends in den Daten- und Kommunikationsdienstleistungen neue Zugangs-, Sammlungs- und Auswertungsmethoden zu entwickeln«. Dieses Vorgehen ist Teil der umfassenden Strategie, die Fähigkeiten der NSA auf die Höhe des »Informationszeitalters« zu bringen. Silicon Valley sollte dabei ein Verbündeter, eine Zielscheibe oder beides zugleich sein.

Als Google, Facebook und andere sich in die Knechtschaft eines engen, auf Werbeeinnahmen basierenden Geschäftsmodells begaben, wurde deutlich, dass sie kaum Hemmungen haben, unsere Privatsphäre zu verletzen, unseren Anspruch auf Selbstbestimmung zu ignorieren und unser Vertrauen zu missbrauchen. Die auf Gleichberechtigung ausgerichtete Dynamik dieser Netzwerke wich einer neuen Form von Imperialismus, bei der die Unternehmen einseitig unsere Daten kontrollieren und immer weitere Dimensionen unseres Online-Verhaltens und unserer persönlichen Identität kolonisieren.

Der Harvard-Juraprofessor Jonathan Zittrain warnte 2008, die Zunahme der von den Herstellern kontrollierten »ans Internet angebundenen« Informationsgeräte öffne der Überwachung Tür und Tor, weil sie Daten an die Hersteller übermitteln, zu denen sich Strafverfolgungsbehörden und Regulatoren Zugang verschaffen können. Solche ans Internet angebundenen Geräte erwiesen sich als Übungsgelände für eine neue Generation gewagter Praktiken, die auf Mobiltelefon-Apps basieren. In Großbritannien gab Barclay's Pläne bekannt, Daten wie Fotos, Tonaufzeichnungen, Kommentare in sozialen Medien und Standortdaten von Mobiltelefon-Apps zu verkaufen. Andere neue Allianzen zielen darauf, unser Verhalten zu formen oder zu sanktionieren. Viele Apps, die dem Nutzer zugutekommen sollen wie Gesundheitsüberwachung und Standorterkennung, haben zu lukrativen Geschäftspartnerschaften geführt. Es könnte Ihnen passieren, dass Ihre Blutdruckwerte an Ihre Bank oder Ihre Versicherung gehen und dort zur Bewertung Ihrer Kreditwürdigkeit oder Ihrer Versicherungsrisiken benutzt werden.

Die Datenströme von Mobiltelefon-Apps und Spielen werden in mittlerweile veröffentlichten Geheimdokumenten als wertvolle Aufklärungsquellen bezeichnet. Das eine Milliarde Mal heruntergeladene Videospiel »Angry Birds« wird als besonders nützliche Quelle herausgestellt, weil die Entwickler Einfallstore für das Eindringen von Trackingprogrammen eingebaut haben, die neben den üblichen demografischen Daten auch Informationen über politische Einstellungen, die sexuelle Orientierung und andere Aspekte des persönlichen Verhaltens liefern.

Die Dokumente zum Prism-Programm zeigten, dass die NSA sich über Server von Apple, Google und anderen Unternehmen Zugang zu Nutzerdaten verschafft. Die NSA hat »Millionen von Dollar gezahlt, um die Kosten auszugleichen, die großen Internetfirmen« durch dieses Programm entstehen. Laut den Enthüllungen arbeitete Microsoft eng mit der NSA zusammen und verschaffte Zugänge zu verschlüsselten E-Mail-Streams und Skype-Telefongesprächen. Wie andere Firmen betont auch Microsoft, man habe damit nur den Anforderungen staatlicher Stellen entsprochen. Wie die *New York Times* Anfang Juni berichtete, »sträubten« sich manche Silicon-Valley-Firmen gegen die Anforderungen der NSA, während andere sich »willfähriger« verhielten, darunter Google, Microsoft, Yahoo, Facebook, AOL und Apple. Laut der *New York Times* belegen die Dokumente, »wie eng staatliche Stellen und Technologieunternehmen zusammenarbeiten und wie tief ihre geheimen Transaktionen reichen [...]. In mindestens zwei Fällen, nämlich bei Google und Facebook, diskutierte man über den Plan, gesonderte sichere Portale

einzubauen […], in einigen Fällen auf Firmenservern«.
Gleichfalls laut der *New York Times* besitzen Angestellte
mancher Technologiefirmen die Nationale Sicherheits-
zulassung. In anderen Fällen installierten NSA-Agenten
ihre eigene Software auf Firmenservern und blieben über
Wochen zur Überwachung der Systeme in diesen Unternehmen.

Am 5. September veröffentlichte der *Guardian* Dokumente zum SIGINT-Programm der NSA, in denen es hieß,
dass die NSA »sich aktiv an amerikanischen und auslän-
dischen IT-Firmen beteiligt, um verdeckt oder offen Einfluss auf die Gestaltung der kommerziellen Produkte zu
nehmen«. Das Dokument versichert den Lesern: »Für
die Konsumenten und sonstigen Gegner bleibt die Sicherheit der Systeme jedoch intakt. So werden interessante
Systeme innerhalb der immer stärker integrierten und si-
cherheitsfokussierten weltweiten Kommunikationsumge-
bung erfolgreich genutzt […] durch Investitionen in Un-
ternehmenspartnerschaften und die Bereitstellung neuer
Zugänge zu Geheimdienstquellen.«

Im NSA-Jargon sind »Konsumenten« eine Untergruppe
einer umfassenden, als »Gegner« bezeichneten Kategorie –
eine erfrischende Klarheit. Bei den großen Technologieunternehmen war der Konsument als Kugel und Zielscheibe
gebräuchliche Praxis. Schon 2009 legte Eric Schmidt, damals CEO von Google, eine arrogante Gleichgültigkeit gegenüber Besorgnissen hinsichtlich des Schutzes der Privatsphäre an den Tag, als er erklärte: »Wenn es Dinge gibt, von
denen Sie nicht wollen, dass irgendjemand etwas darüber
erfährt, dann sollten Sie so etwas nicht tun. Tatsächlich
bewahren Suchmaschinen einschließlich Google diese Daten eine Zeit lang auf. In den USA unterliegen wir alle den

Bestimmungen des Patriot Act. Es ist möglich, dass diese Daten den Behörden zugänglich gemacht werden.« Im Rückblick belegen Schmidts Worte, dass die Verbindung zwischen privater und staatlicher Macht bereits weit fortgeschritten war, dass selbst Suchanfragen Kandidaten für eine Überprüfung waren und – von größter Tragweite – dass zumindest Schmidt all das für ganz selbstverständlich hielt. Die Identität des militärisch-informationellen Komplexes nahm Gestalt an.

Vieles wissen wir aber nicht, und es gibt mehr Fragen als Antworten. Wir brauchen mehr Information über die Schnittstellen zwischen Technologieunternehmen, Telekommunikationsfirmen und Geheimdiensten. Wir müssen mehr wissen über die Unterschiede zwischen den Technologiefirmen bei der Entwicklung ihrer Politik, ihrer Praktiken und ihrer Formen der Zusammenarbeit. Dennoch entsteht aus diesen Dokumenten ein Bild der durchgeführten, auf Versuch und Irrtum basierenden Erfindung eines neuen militärisch-informationellen Komplexes, dessen Macht und Reichweite alles übersteigt, was Eisenhower sich hätte vorstellen können.

Wie sein Gegenstück aus dem 20. Jahrhundert behauptet auch dieser neue Komplex, er sei eine notwendige Reaktion auf unabweisbare »Erfordernisse« der Technologie, des Marktes und der Sicherheit. Es sei die Technologie, die uns verwundbar mache und uns diese Maßnahmen aufzwinge, sagt man uns. Es sei das Verhalten unserer Feinde, das uns zwinge, in dieser Weise zu reagieren, behaupten die Geheimdienste. Nur so könnten sie genügend Einnahmen erzielen, um uns ihre Dienstleistungen zur Verfügung zu stellen, sagen die großen Technologie- und Internetfirmen. Führungskräfte von Technologieunternehmen und

Verantwortliche der NSA teilen eine seltsam hilflose Unschuld.

Ich sage nein. Wir befinden uns hier im Reich der Politik und nicht der Notwendigkeit. Die wachsende Konzentration der Informationsmacht ist keine unvermeidliche Folge ökonomischer und technischer Kräfte. Die Macht versteckt sich hinter der Technologie, um sich wie in einem trojanischen Pferd bei uns einschleichen zu können. Aus der antiken Geschichte wissen wir, wenn es erst durch das Tor gelangt ist, müssen wir es hinter die Grenzen unseres Lebens zurücktreiben. Aber anders als damals ist das Pferd heute unsichtbar. Hinter dem neuen militärisch-informationellen Komplex stecken menschliche Entscheidungen. Die der Technologieunternehmen resultieren aus verengten ökonomischen Zielsetzungen und ihren eigenen gebieterischen Interessen. Die Geheimdienste und insbesondere die NSA sind von einem sich selbst erhaltenden und seinem Wesen nach nicht überprüfbaren manischen Glauben getrieben, dass es möglich sei, jegliches Geschehen durch »Informationsüberlegenheit« zu kontrollieren. An alledem ist nichts Unvermeidliches außer dem Willen zur Macht. Beide Seiten dieses Komplexes konvergieren wegen ihres gemeinsamen Interesses an der Macht über die Information an der Schnittstelle zu unserem Leben. Beide entwickeln sich ohne jede Kontrolle durch demokratische Instanzen oder die legitimen Ansprüche der Konsumenten und der individuellen Selbstbestimmung. Die Geheimhaltung ist von wesentlicher Bedeutung für diese Usurpation der Wirtschaft und des Staates, die eine »wachsame und kenntnisreiche Bürgerschaft« unmöglich macht. Unsere Unwissenheit ist ein Segen für sie.

Womit sollten wir uns wappnen? Es handelt sich um etwas Persönliches. Das trojanische Pferd lebt in unseren Telefongesprächen und Google-Suchen. Es grast still in unseren Fitness-Apps und läuft bei unseren samstäglichen Besorgungen neben uns her. Selbst der oberflächlichste Leser von Orwells *1984* weiß, was die Forschung hinsichtlich des Verhaltens von Menschen unter Überwachung bestätigt. Wenn die Menschen wissen, dass sie beobachtet werden, neigen sie sowohl bewusst als auch unbewusst dazu, den Erwartungen des Beobachters zu entsprechen. Als Erstes verschwinden die »Gesichtsverbrechen«. (Ich bin mir durchaus bewusst, dass ich meinen Gesichtsausdruck unter Kontrolle halte, wenn ich durch die Sicherheitsschleuse am Flughafen gehe.) Als Nächstes verschwinden die »Gedankenverbrechen«. (Haben Sie schon einmal gestutzt und über gewisse Ausdrücke nachgedacht, bevor Sie bei Google eine Suchanfrage eingeben oder eine E-Mail-Betreffzeile formulieren?) Diese Selbstzensur ist eine lebenslange Freiheitsstrafe. Nichts Neues kann geschehen, wenn wir erst einmal unsere Gedanken zensieren.

Überwachung und Willfährigkeit haben auch Auswirkungen auf unseren Körper. Studien belegen den Zusammenhang zwischen dem Gefühl persönlicher Herrschaft und Kontrolle auf der einen, Gesundheit und Lebensdauer auf der anderen Seite. Allzu viel Unterwerfung und Willfährigkeit führen ganz buchstäblich zu Stress, Krankheit und frühem Tod.

Die hässliche Politik der Konzentration und Kontrolle der Information lässt sich nur durch eine neue politische Reaktion eindämmen. Wir können und müssen uns zurückholen, was man uns genommen hat. Das ist die notwendige »soziale Bewegung«, der Martin Schulz seine Stimme leiht. Wir müssen auf einem alternativen Weg in die Zukunft bestehen, einem Weg, der Staat und Wirtschaft auf Prinzipien demokratischer Teilhabe, einen rationalen Kapitalismus und den legitimen Anspruch auf individuelle Selbstbestimmung verpflichtet.

Vor einem Jahrhundert, so erinnert uns Schulz, wappneten sich unsere Großeltern, unsere Urgroßeltern und unsere Ururgroßeltern für die Konfrontation mit einer neuen industriellen Macht, die in ihren Zielen und Methoden keine Rücksicht auf sie nahm. Sie wussten, womit sie sich wappnen mussten: mit Treue zu ihren Familien und Arbeitskollegen, mit ihrem Hunger und ihrem schmerzenden Körper, ihrer Sehnsucht nach einem besseren Leben, ihrer entschiedenen Forderung nach sozialer Gerechtigkeit, ihrer Entschlossenheit, solidarisch ihre Stimme zu erheben.

Heute ist es an der Zeit, dass wir uns wappnen. Auch wir haben einen epochalen Kampf mit einer großen Macht zu bestehen, aber unsere Rüstung ist eine andere. Womit sollten wir uns wappnen? Ich schlage vor, mit unserem Engagement für die Weiterentwicklung der Demokratie und nicht deren Abbau. Wir wappnen uns mit dem Wissen, dass gegenseitiges Vertrauen, Transparenz, demokratische Kontrolle, gemeinsame Verantwortung und schöpferischer Erfindungsgeist unsere größte Hoffnung für die Zukunft miteinander verbundener Menschen auf einem notleidenden Planeten darstellen. Wir wappnen uns mit unserem Recht auf persönliche Selbstbestimmung; dem Recht, selbst zu entscheiden, wie wir leben wollen; dem Recht, wirklich zu leben. Wir wappnen uns mit dem Wunsch nach einer dynamischen Wirtschaft, in der Wohlstand aus einem vertrauenswürdigen, mit unseren Interessen übereinstimmenden Handel und aus einer Gesellschaft erwächst, an der wir alle zu unserem Nutzen teilhaben können. Wir wappnen uns mit der Furcht vor einer Zukunft, die in Stagnation, Unterwerfung und einem schrecklichen Kampf um knappe Ressourcen enden könnte. Legen wir diese Rüstung an!

Aus dem Englischen von Michael Bischoff

Volksherrschaft ist keine Menüleiste
Von Michael Ignatieff (15. Februar 2014)

In allen Demokratien wird leidenschaftlich darüber diskutiert, ob gewählte Regierungen den Wirbelsturm des technologischen Wandels in den Griff bekommen. Die Demokratie ist bedroht, wenn technologische Revolution bedeutet, dass die Politik keinen Einfluss mehr auf die Beschäftigungsverhältnisse hat. Sie ist auch in Gefahr, wenn digitale Technologie totale Überwachung ermöglicht.

Wenn selbst der Google-Chef Eric Schmidt vermutet, dass wir den »Wettlauf zwischen Mensch und Computer« möglicherweise nicht gewinnen werden, sollten alle Demokraten besorgt sein. Der frühere amerikanische Finanzminister Lawrence Summers merkte kürzlich an, dass die neuen Technologien zwar befreiend sein können, der Staat aber die negativen Folgen abmildern und für eine gerechte Verteilung der Vorteile sorgen müsse. Das Problem sei, dass es »den Gladstone, den Teddy Roosevelt oder den Bismarck des digitalen Zeitalters« noch nicht gebe.

Diese viktorianischen Giganten haben uns einiges zu sagen. Sie waren zu einer Zeit an der Macht, als ihre Gesellschaften durch Telegraph, Telefon, elektrisches Licht und Verbrennungsmotor transformiert wurden. Jeder versuchte, die Wucht der Veränderungen aufzufangen und für eine gerechte Verteilung des wachsenden Wohlstands zu sorgen. Bei William Gladstone waren es die allgemeine Schulbildung und das Wahlrecht für Arbeiter, bei Bismarck die Sozialversicherungsgesetze. Bei Roosevelt war es das komplette fortschrittliche Projekt: von Antitrustgesetzen und festgelegten Frachttarifen bis zum Naturschutz.

Alle drei Männer waren an der Macht, als große Mengen öffentlicher Gelder in Wissenschaft und Forschung flossen. Zu ihrer Zeit begann der Staat, das Fundament einer modernen Wissensgesellschaft zu legen. Als Patrizier kamen die drei Männer aus Familien, die von der industriellen Revolution bedroht wurden, doch sie nahmen die Herausforderung an, statt sie zu bekämpfen. Sie riefen die Menschen auf, trotz aller Verunsicherung keine Angst vor der Zukunft zu haben.

Sie waren tatkräftige, einflussreiche Politiker, deren Wort Gehör fand. Aber sie nutzten ihre Macht nicht aus, um ihre Wähler zum Kampf gegen die »kreative Zerstörung« zu mobilisieren, die dem Kapitalismus eigen ist. Sie hatten verstanden, dass politische Führung in Zeiten technologischen Wandels den Schwachen der Gesellschaft helfen und sich auf breiten Rückhalt stützen muss. Die Lehre daraus für moderne Demokraten ist klar: Sie sollten sich den Kräften des Wandels nicht widersetzen, sondern Ungleichheit bekämpfen, die Schwachen einbeziehen und die Macht der neuen Technologie-Barone begrenzen.

Bei jeder technologischen Revolution muss die Macht derjenigen beschränkt werden, die von ihr profitieren. Jeder Innovator strebt nach einer Monopolstellung. Deshalb setzten sich Teddy Roosevelt und andere fortschrittliche Politiker nachdrücklich dafür ein, Kartelle im Energie- und Transportsektor zu brechen. Für sie, aber auch für die Liberalen des 19. Jahrhunderts wie Gladstone, war freier Wettbewerb mehr als nur ein wirtschaftliches Ziel. Unbedingt wollten sie an einer pluralistischen Demokratie festhalten, in der die politische Macht der vielen ein Gegengewicht zur wirtschaftlichen Macht der wenigen bildete.

Im 21. Jahrhundert besteht die wahre Herausforderung der Demokratie darin, den Wettbewerb zu stärken, der wirtschaftliche Innovation ermöglicht und demokratische Freiheit schützt. Die liberalen Viktorianer hatten recht: Wenn mächtige Monopole das Problem sind, dann ist ein lebendiger, uneingeschränkter und fortschrittlicher Wettbewerb die Lösung.

Die Viktorianer schufen den modernen Staat, um den Markt im Namen der Demokratie zu zähmen, aber sie wollten einen Nachtwächterstaat, keinen Leviathan. Dank der neuen digitalen Technologien hat der Staat nun ein Überwachungsinstrumentarium, das unsere Privatsphäre und unsere Freiheit bedroht. Was die neuen Technologien ermöglichen, werden Staaten auch praktizieren. Es wird nicht leicht sein, dafür zu sorgen, dass diese Instrumente ausschließlich im Dienste der Demokratie eingesetzt werden. Jeden einzelnen Schnüffler durch einen Richter überwachen zu lassen, würde den Behördenapparat nur noch mehr aufblähen. Wenn Insider ungestraft Staatsgeheimnisse an die Öffentlichkeit bringen können, haben wir am Ende nur noch mehr Paranoia, Geheimhaltung und Überwachung.

Die Viktorianer hätten darauf hingewiesen, dass es eine Lösung gebe: die repräsentative Demokratie. Aber das verlangt Bürger, die darauf vertrauen, dass ihre Vertreter der Regierung genau auf die Finger schauen. Die Viktorianer schufen die moderne Demokratie, damit alle von den Veränderungen profitieren konnten. Sie waren überzeugt, dass Volksvertreter, entsprechend autorisiert und mit den nötigen Informationen versehen, die Macht des modernen Staates würden eindämmen können.

Das ist noch immer ein sinnvolles Ideal, aber es gibt viel zu tun, bis unsere demokratischen Institutionen für diese Aufgabe bereit sind. Unsere Parlamente müssen Vertrauen und Handlungsfähigkeit zurückgewinnen. Und dann können wir anfangen, die unerlässliche Überzeugung der Viktorianer wieder mit Leben zu erfüllen – damit die Demokratie die Technologien zähmen kann, die unser Leben so grundlegend verändern.

Aus dem Englischen von Matthias Fienbork

Auf dem Weg zum Weltüberwachungsmarkt
Von Gerhart Baum (20. Februar 2014)

Martin Schulz hat einen bemerkenswerten Artikel geschrieben. Er greift die Diskussion auf, die sich seit länge-
rem mit der IT-Revolution verbindet. Bemerkenswert ist,
dass sich ein Spitzenpolitiker äußert und dass er nicht nur
analysiert, sondern aus der Lage Zielvorstellungen für politische Entscheidungen entwickelt. Er hat damit das Thema in die Debatte eingeführt, sozusagen einen Stein ins
Wasser geworfen.

Bisher ist das aber erst der halbe Weg. Der Analyse der
gesellschaftlichen Veränderungen müssen konkrete politische Forderungen und Vorschläge für Strategien folgen.
Das erwartet die Öffentlichkeit von der Politik. Europa
ist jetzt am Zug. Es müssen Entscheidungen getroffen werden, zum Beispiel zur Reform des Datenschutzrechts. Ich
erwarte, dass die Bundesregierung nicht wie bisher durch
das federführende Bundesinnenministerium den Prozess
blockiert, sondern sich an die Spitze der Bewegung setzt.
Mit einer EU-Verordnung wird es auch möglich sein, die
amerikanischen Online-Giganten, wenn sie Daten in Europa von Privaten abschöpfen und missbräuchlich verwenden, zur Rechenschaft zu ziehen. Die EU-Mitgliedstaaten
müssen auch gegenüber den Vereinigten Staaten eine ein-
heitliche Position finden.

Wie definiert Europa das Verhältnis von Freiheit, Sicherheit und wirtschaftlichen Interessen im digitalen Zeitalter? Mit Blick insbesondere auf das Vereinigte Könige-

reich kann man nur den Schluss ziehen, dass Europa von einer einheitlichen Haltung noch weit entfernt ist. Der Handlungsbedarf erschöpft sich aber nicht im Schutz unserer Daten, sondern durchzieht alle Politikfelder und wirft grundlegende ethische Fragen auf. Zu Recht hat Juli Zeh an dieser Stelle einen digitalen Code civil gefordert. Man hätte sich gewünscht, dass die Veränderungen unserer Gesellschaft – um nichts weniger geht es – schon im Bundestagswahlkampf eine Rolle gespielt und in der Koalitionsvereinbarung Niederschlag gefunden hätten – da gibt es nur Teilstücke.

Im Grunde mussten die Verantwortlichen in der Bundesregierung wissen, dass die Überwachung durch die NSA erhebliche Auswirkungen auf EU-Bürger hat. Die Gesetze waren bekannt, und Medienäußerungen früherer Direktoren der amerikanischen Nachrichtendienste legen nahe, dass sie spätestens nach 2001 gegenüber ihren Verbündeten »mit offenen Karten gespielt haben«, auch wenn nicht jedes Detail bekannt war. Es ist ein Armutszeugnis für vorausschauende Politik, dass erst Angriffe auf das Handy von Frau Merkel Politik und Öffentlichkeit mobilisierten. Noch verstörender ist es aber, dass die Enthüllungen von Edward Snowden in anderen Mitgliedstaaten der EU, etwa in Großbritannien, fast vollkommen ohne Resonanz bleiben.

Wir müssen davon ausgehen, dass die Digitalisierung ein Jahrhundertthema ist und alle Politikbereiche durchdringt, und zwar so intensiv, dass wir das heute in letzter Konsequenz noch gar nicht wahrnehmen. Es ist ein Querschnittsthema nationaler und internationaler Politik. Es geht um die Datensouveränität, die Europa zum Teil schon verloren hat. Wir sind gegen Angriffe auf unsere Grundrechte nicht zureichend geschützt. Ein Staat, der das nicht kann oder nicht will, verzichtet auf Teile seiner Souveränität. So weit sind wir schon gekommen.

Es ist keine offene Frage, was der 11. September bewirkt hat. Die Antwort steht fest. Wir sind auf dem Weg in einen Weltüberwachungsstaat. Viele der eingeleiteten Maßnahmen leisten keinen wirksamen Beitrag zur Bekämpfung des Terrorismus, beschädigen unsere Werte, ohne dass wir die langfristigen Folgen überblicken. Das nahezu blinde Vertrauen auf die Sammlung großer Datenmengen und ihre automatisierte Auswertung verstellt den Blick auf Ursachen und Zusammenhänge. Vor dem 11. September wussten die Sicherheitsbehörden der Amerikaner vieles, brachten es aber nicht zusammen.

Man darf nicht unterschätzen, wie stark die rasante technische Entwicklung die Arbeitswelt herausfordert. Man lese nur die kürzlich erschienene Untersuchung *Arbeitsfrei* von Constanze Kurz und Frank Rieger. Ihr Fazit: Die Arbeitswelt verändert sich tiefgreifend. Arbeit und Freizeit werden entgrenzt. Jetzt wird auch das Denken automatisiert. Viele geistige Tätigkeiten werden durch Algorithmen abgelöst. Erfahrung, Wissen und Intuition werden durch Software nachgebildet. Also: Ein neuer Gesellschaftsvertrag zwischen Mensch und Maschine ist fällig.

Martin Schulz erwähnt in einem anderen Zusammenhang Ralf Dahrendorf, den großen liberalen Vordenker, der auch mich als jungen Politiker stark geprägt hat. Dahrendorf – er ist 2009 verstorben – hat 2006 eine Teilantwort zu den Auswüchsen des Überwachungsstaates gegeben, da er feststellt: »Über lange Zeit, oft über viele Jahrhunderte, erkämpfte und verteidigte Rechte stehen plötzlich zur Disposition. Ist Habeas Corpus noch das unantastbare Grundprinzip der Herrschaft des Rechts? Fast protestlos werden sie eingeschränkt. Es gibt extreme Beispiele für den fast unbemerkten Verlust an liberalen Grundwerten. Sogar die Folter wird nicht nur verwendet, sondern von manchen in der einstmals freien Welt gerechtfertigt.« Dahrendorf warnt vor einer neuen Gegenaufklärung, mit der die Verfassung der Freiheit ernsthaft gefährdet wird.

Gemeinsam mit Werner Maihofer und Karl-Hermann Flach ist Dahrendorf einer der intellektuellen Väter des Freiburger Programms von 1971. Unabhängig von den konkreten Forderungen versuchte das Freiburger Programm, eine Antwort auf die Veränderungen der modernen Industriegesellschaft zu geben und die Bürger zu emanzipieren (»Vom Industrie-Untertan zum Industrie-Bürger«). Wie 1971 stehen wir vor gesellschaftlichen Veränderungen, deren Potential wir erst erfassen müssen; letztlich muss die Politik aber mit einem gesamtgesellschaftlichen Konzept antworten. Wir müssen unsere Werte Schritt für Schritt auf die digitale Welt übertragen – auch in der Wirtschafts-, Sozial-, Bildungs-, Außen- und Sicherheitspolitik, wo dies nicht so auf der Hand liegt wie beim Datenschutz. Derart grundlegende Überlegungen fallen der Politik heute unter dem Druck tagespolitischer Ereignisse noch schwerer als früher, sind aber unumgänglich.

Eines aber ist für mich ganz sicher: Wenn Parteien auf dieses Freiheitsthema setzen, dann brauchen sie Verbündete. Verbündete, die darin nicht ein Rand- oder Nebenthema sehen, sondern eine der wichtigsten Herausforderungen der nächsten Jahrzehnte. Es geht nicht um »das Internet«, das »Digital Natives« nutzen; es geht um den Alltag eines Großteils aller Menschen unserer Gesellschaft, unsere Lebensweise und grundlegende Wertvorstellungen. In den siebziger Jahren hat die Zusammenarbeit zwischen Sozialdemokraten und Liberalen ein großes Potential bei der Demokratisierung der Bundesrepublik entfaltet, weil sie den gesellschaftlichen Veränderungen offen gegenüberstanden und versucht haben, neue, zeitgemäße Antworten zu finden. Der liberale und der sozialdemokratische Ansatz haben sich dabei gut ergänzt. Hierfür sehe ich auch jetzt Potential, denn eine liberale Handschrift ist dringend erforderlich. Die digitalen Märkte geben Anlass zu ordnungspolitischer Sorge. Die »Datenmärkte« werden häufig von einzelnen Unternehmen wie Google oder Facebook beherrscht. Auf der anderen Seite kann und sollte der Staat keine zu starke Rolle übernehmen. Trotz aller Enthüllungen über die NSA darf man nicht vergessen, dass das Internet weltweit für die Menschen einen früher unvorstellbaren Freiheitsgewinn gebracht hat. Es liegt nun in der Hand der verantwortlichen Politiker wie Martin Schulz und Christian Lindner auszuloten, wie weit die sozialliberalen Gemeinsamkeiten bei diesem Freiheitsthema heute reichen. Auch Christian Lindner hat gezeigt, dass er um die Herausforderungen der digitalen Revolution weiß. Auch wenn eine solche Strategie angesichts des Verschwindens der FDP aus dem Bundestag unrealistisch erscheinen mag: Die Liberalen werden im Spiel bleiben.

Die Europäische Gemeinschaft hat bei der Bändigung der Datenmärkte eine Schlüsselfunktion. Der Schutz der Privatheit ist ein europäisches Thema, eigentlich sogar ein globales. Es gibt zwei Dokumente, die sich kürzlich mit der Lage befasst haben: zum einen die an das Europäische Parlament gerichtete Analyse des ehemaligen Privacy Officers von Microsoft, Caspar Bowden, über »Die Überwachungsprogramme der USA und ihre Auswirkung auf die Grundrechte der EU-Bürger«. Darin wird festgestellt, dass die Überwachungstätigkeit in erster Linie nicht auf amerikanische Bürger, sondern auf den Rest der Welt gerichtet ist. Bowden zeichnet nach, wie die EU durch politische Entscheidungen Gefahr läuft, die Souveränität über ihre Daten zu verlieren. Es wäre sehr nützlich, wenn uns die Europapolitiker ihre Einstellung zu dieser Analyse mitteilen würden. Das gilt auch für den Mitte Januar veröffentlichten Untersuchungsbericht einer von dem britischen Parlamentarier Claude Moraes geleiteten Untersuchungskommission des Europäischen Parlaments. Die Moraes-Kommission hat unter anderem vorgeschlagen, die Safe-Harbour-Entscheidung über den Datenverkehr zwischen der EU und Amerika auszusetzen. Damit sollen Daten, die in die Vereinigten Staaten übermittelt werden, vergleichbaren Schutz wie in Europa erfahren. Empirische Studien zeigen schon lange, dass dies in der Praxis nicht der Fall ist.

Die EU hat sich von den großen amerikanischen Unternehmen überfahren lassen. Der Kündigungsaufforderung der Moraes-Kommission hat sich das EU-Parlament soeben angeschlossen. Anders die Kommission, die den Safe-Harbour-Mechanismus mit den Vereinigten Staaten ausgehandelt hatte: Sie hält trotzdem an ihm fest und hofft auf Verhandlungen mit Amerika.

Auf den Prüfstand gehört auch das sogenannte Swift-Abkommen, mit dem Bankdaten übermittelt werden. Außerdem muss die EU in der Wettbewerbspolitik etwas unternehmen, um die immer stärker werdende Marktmacht vor allem amerikanischer Firmen zu begrenzen und um weltweite Marktverzerrungen zu bekämpfen. In dem aktuellen Verfahren gegen Google wegen der Diskriminierung bestimmter Anbieter bei der Anzeige von Suchergebnissen hat die Kommission nicht die europäischen Interessen vertreten.

Ich warne vor der Illusion, dass man mit einem sogenannten »No-Spy-Abkommen« wirksamen Schutz erlangen kann. Für die Amerikaner ist Terrorismusbekämpfung nach wie vor Krieg. Und sie betreiben nicht mehr nur Spionage im hergebrachten Sinne – also durch Ausforschung politischer Entscheidungen anderer Staaten. Heute geht es ihnen um die flächendeckende Überwachung der Kommunikation einer großen Zahl von Menschen, unter Einbeziehung ihrer Computersysteme. In unserem Land ist das verboten oder durch Verfassungsgerichtsurteile an sehr enge Voraussetzungen geknüpft, über die sich die Vereinigten Staaten einfach hinwegsetzen.

Nicht zuletzt: Von entscheidender Bedeutung für die Wehrhaftigkeit der EU ist die Datenschutz-Grundverordnung, die vor zwei Jahren von der Kommission vorgelegt worden ist. Nach Beratung einer Unzahl von Änderungsanträgen und trotz starken Lobby-Einflusses ist es dem Europäischen Parlament gelungen, einen sehr guten Kompromiss zu finden. Gefordert sind nun die Regierungen der Mitgliedstaaten, allen voran Deutschland, das immer eine Vorreiterrolle im Datenschutz eingenommen hat.[1]

Die Dimension dieser weltweiten Entwicklung, die auch das Völkerrecht betrifft – zum ersten Mal hat sich die UN-Generalversammlung mit diesem Thema befasst –, wird es notwendig machen, zukünftig Koalitionsmöglich-

---

1 Der Europäische Rat hat sich bislang (Stand Februar 2015) nicht auf eine Position zu der vom EU-Parlament verabschiedeten Verordnung verständigt (Anmerkung des Verlags).

keiten daran zu messen, ob die Partner bereit und willens sind, sich dieser Herausforderung zu stellen. Ich stimme Martin Schulz ausdrücklich zu, wenn er eine Bürgerbewegung fordert. Er spricht von einer »sozialen Bewegung«, die ein »liberales, demokratisches und ein soziales Staatsverständnis« haben muss. Die datenverarbeitende Wirtschaft sollte ein Interesse am Datenschutz als einer vertrauensbildenden Maßnahme haben und nicht den Fehler wiederholen, den Teile der Wirtschaft bei der Einführung des Umweltschutzes machten, indem sie den Wettbewerbsvorteil der Maßnahmen verkannten. Ich weise immer wieder darauf hin, dass sich die Umweltbewegung in der Anfangszeit auch mit der Unterstützung der Bevölkerung schwergetan hat. Der Bundespräsident hat in seiner Rede zum 3. Oktober 2013 auf diese Parallele hingewiesen.

Schulz hat eine Debatte eröffnet, die bisher keine prominente Rolle gespielt hat. Die Parteien sollten unüberhörbar konkret Stellung zur digitalen Zukunft beziehen. Es muss letztlich weltweit ein Weg gefunden werden, die großen Vorteile des digitalen Zeitalters zu nutzen, ohne die freiheitliche Substanz unserer Gesellschaft zu gefährden. Europa trägt dafür besondere Verantwortung.

Das Armband der Neelie Kroes
Von Frank Schirrmacher (1. März 2014)

Ein aktuelles Youtube-Video zeigt eine Ansprache der EU-Kommissarin Neelie Kroes, den Auftritt einer Politikerin, der noch vor wenigen Jahren unvorstellbar schien. Eine der mächtigsten Frauen Europas wendet sich dort im Stile einer Neujahrsansprache an das Publikum, doch nicht, was sie sagt, ist elektrisierend, sondern was sie tut: Nach wenigen Sekunden ihrer Rede über »Gesundheit in der Brieftasche« zeigt sie auf ihr Handgelenk, an dem sie eines der neuen elektronischen Armbänder trägt, die Bewegung, Fitness und andere körperliche Funktionen messen. Fast ausschließlich spricht sie über die gewiss unbestreitbaren Vorteile eines solchen Armbands in Zeiten des demografischen Alterns und defekter Gesundheitssysteme. Geprägt von den einlullenden Incentive-Rhetoriken der Moderne, merkt der Zuschauer gar nicht mehr, dass die gesamte Ansprache technokratisch, nicht mehr politisch ist. Man kommt gar nicht auf den Gedanken, dass sich Politik nicht in der Beschreibung und Benutzung eines Steuerungssystems erschöpft – dafür gibt es Ingenieure –, sondern Fragen nach gesellschaftlichen Folgen stellen und auch beantworten muss.

Werden solche Systeme eine neue Gesundheitsökonomie einleiten? Werden wir neue Metriken dafür entwickeln, bei wem sich Behandlung lohnt und bei wem nicht? Gibt es individuelle Strafen für falsche Lebensführung? Ist ihr schönes Armband nicht der Schlussstein der Quantifizierbarkeit des Einzelnen, der sich nun in nichts mehr vom Modell des *homo oeconomicus* unterscheidet: eines Wesens, das ausschließlich einer Effizienz- und Kontrolllogik gehorcht?

Abgesehen von der wesentlichen, dramatischen Wortmeldung von Martin Schulz, der in dieser Zeitung eine brisante Debatte eingeleitet hat, an der bemerkenswerterweise auch Gerhart Baum teilnahm, sind gerade marktorientierte politische Parteien, deren Stunde jetzt eigentlich schlagen müsste, offenbar gar nicht mehr in der Lage zu erkennen, dass sich die Voraussetzungen ihrer gesellschaftlichen Existenzbedingungen radikal zu verändern beginnen. Das zeigt am deutlichsten das Schweigen der Liberalen. Wenn nicht schon das Entstehen beispielloser Datenmonopole im Silicon Valley, so hätte spätestens der Fall Snowden sie darüber belehren müssen, dass Märkte und Gesellschaften zunehmend zentralen Steuerungslogiken unterworfen werden, die im fundamentalen Widerspruch zu den Ideen des Liberalismus stehen. Hayeks gegen die Planwirtschaft gerichteter Satz beispielsweise, dass es in Märkten keinen gebe, der das vollständige Wissen habe, weshalb die Selbstorganisation von Märkten das Wissen gleichsam indirekt produziere, beginnt zu zerfallen. Das absolute Wissen ist heute Unternehmenszweck von imperialen Digitalmonopolen und der NSA.

Die Frage, die sich stellt, lautet: Wollen wir eine Politik, die Betriebsanleitungen vorliest, oder eine, die sie in demokratischen Kommunikationsverfahren verfasst? Wollen wir, dass Normen durch selbstregulierte technische Systeme gleichsam instinkthaft eingeübt werden – und genau das passiert gerade – oder dass sie reflektiert und diskutiert werden?

Die neuen Überwachungs- und Informationsmärkte sind nicht spontan entstanden. Sie wurden bewusst geschaffen. Das Abgreifen von Daten in Echtzeit und ihre Umwandlung in Kontroll- und Planungssysteme ist kein Fall-out-Produkt von Technologien, die für ganz anderes gedacht waren, sondern ihre Aufgabe. Womit wir heute zu tun haben, ist das Ergebnis von »Big Science«, einem ursprünglich militärisch inspirierten Format, das Verluste und Gewinne berechnet, strategische Vorhersagen trifft und Befehlsketten stabilisiert. Schon vor einem halben Menschenalter hat Jürgen Habermas prognostiziert, was geschieht, wenn diese Systeme zivilgesellschaftlich organisiert und von wenigen Zentraleinheiten gesteuert werden. Soziales Verhalten, so Habermas in einem der Aufsätze in *Theorie und Praxis*, würde »sich eigentümlich aufspalten: nämlich in das zweckrationale Handeln der Wenigen, die die geregelten Systeme einrichten und technische Störungen beheben, einerseits; in das adaptive Verhalten der Vielen, die in die Routinen der geregelten Systeme eingeplant sind, andererseits«. Diese wenigen Sätze beschreiben exakt den Stand der Dinge 2014 und kennzeichnen, wie man die Snowden-Affäre und die Datensammelwut der Giganten lesen muss: als neue, nur politisch zu lösende Differenz zwischen den Vermögenden und den Habenichtsen der digitalen Moderne.

Um zu verstehen, wie weit und tief die digitale Agenda reicht, genügt ein Blick zurück in den konstitutiven Augenblick der Meta-Politisierung der westlichen Industriegesellschaften. Das Jahr 1968 ist sprichwörtlich dafür geworden. Heute sollten wir aber zwischen zwei Dingen unterscheiden: dem, was in den damaligen gesellschaftlichen Debatten eine Debatte zwischen Verfechtern einer

kommunistischen und einer kapitalistischen Gesellschafts-
ordnung gewesen ist; damit haben sich Generationen von
Exegeten befasst; um dem interessanteren Aspekt, was
damals, als Antwort auf planwirtschaftliche Modelle des
Kommunismus, als exklusiver Gesellschaftsentwurf des
Westens vorausgedacht wurde.

Auch das erfährt man bei Habermas. Im Sommer 1968,
inmitten der Studentenproteste, veröffentlicht er eine Fest-
schrift für den Guru der Revolte, den Philosophen Herbert
Marcuse. Der Text mit dem Titel »Technik und Wissenschaft als ›Ideologie‹« ist eine scharfe Abgrenzung gegen
die Technik-Apokalypsen von Kulturpessimisten wie Martin Heidegger oder Arnold Gehlen. Erregend aber wird
dieser ein halbes Jahrhundert alte Text durch eine Phantasie – Habermas nennt sie an anderer Stelle eine »Fiktion« –,
der sich der junge Philosoph zuwendet. Er kennt die damaligen Debatten der Kybernetiker und der frühen Compu-
ter-Ingenieure und ihre Utopie einer durch selbstregulie-
rende Systeme geplanten und gesteuerten Gesellschaft.

Habermas beschreibt die Phantasien technisch-opera-
tiver Gesellschaften und bemerkt: »In Zukunft wird sich
das Repertoire der Steuerungstechniken erheblich erweitern. Auf Hermann Kahns Liste der in den nächsten 33 Jahren wahrscheinlichen technischen Erfindungen entdecke
ich unter den ersten 50 Titeln eine große Zahl von Techniken der Verhaltenskontrolle und der Persönlichkeitsver-
änderung«; Habermas nennt unter anderem neue und alles
durchdringende Techniken zur Überwachung, ständigen
Beobachtung und Kontrolle von Individuen und Organisationen; neue und zuverlässige erzieherische und werbliche Techniken, um menschliches Verhalten zu beeinflussen – privat und öffentlich; die praktische Anwendung

unmittelbarer elektronischer Kommunikation, die mit dem Gehirn operiert; neue und relativ effiziente Techniken der Aufstandsbekämpfung.

Damals schreibt Habermas: »Eine Prognose dieser Art ist äußerst kontrovers.« Er macht auch keinen Hehl daraus, dass er vermutet, dass es sich um Science-Fiction handelt, einen »kybernetischen Wunschtraum«. Wäre es aber keine Science-Fiction – immerhin wären diese Techniken nur Bestandteile des großen, offenkundig gewollten neuen Gesellschaftsprogramms der damaligen Zeit –, dann würde eine Gesellschaft heraufziehen, die Normen nicht mehr durch Sprache und Reflexion verinnerlicht: Sie würden unmittelbar durch »selbstregulierte Sub-Systeme des Mensch-Maschine-Typus« in den Menschen und die Gesellschaft integriert werden. Wem das zu abstrakt ist, der denke an das Armband der Neelie Kroes: Es wirkt normativ ohne langfristige Reflexion über Gesundheit, Effizienz oder Krankheit.

An Habermas' Text kann man auch mit unbewaffnetem Auge erkennen, dass es nur die ganz dünne Linie zwischen Wirklichkeit und Fiktion ist, die den Denker einigermaßen beruhigte. Ein halbes Jahrhundert nach seiner Liste ist alles eingetreten, wovon er sprach. »Sehnerv« (»Optic Nerve«) nennt der britische Geheimdienst ein System, das Webcams infiltriert und die ahnungslosen User überwacht. Das Kontrollregime umfasst, wie bekannt, längst schon den Bewegungsapparat (Mobilitätsprofile) und das Gehör (Mikrofone in Handys). Zuletzt ist enthüllt worden, dass die Briten eine Grammatik zur Zersetzung von menschlicher Reputation in sozialen Netzwerken implementiert und womöglich auch eingesetzt haben. Damit ist amtlich, dass ein Homunkulus entstanden ist, der alle elementaren Bestandteile menschlichen Handelns, vom Sinnesapparat bis zur Sprache, reproduzieren und über eine zentrale Steuereinheit auswerten und verändern kann. Er kann sehen, hören, fühlen, gehen und sprechen.

So wichtig es ist, die besondere institutionelle Macht von Geheimdiensten und des Staates zu betonen, so wichtig ist die Erkenntnis, dass sie selbst nur Bestandteil der globalen und zentralisierten Überwachungsmärkte ist. Es geht nicht darum, dass jemand in Wohnungen einbricht und Mikrofone und Kameras anbringt. Wäre es das, könnten wir eine Debatte über Technologie führen. Wie bei Waffensystemen könnten wir bestimmte Geräte verbieten, stigmatisieren oder durch Sperrverträge in ihrer Proliferation beschränken. Da wir aber über Steuerungstechniken reden, die soziales und ökonomisches Handeln organisieren und sogar ersetzen, ist eine Debatte, die sich auf eine »digitale Agenda« beschränkt, ungefähr so, als würde man die Demokratie anhand des Wahlprogramms der Parteien erklären wollen.

Die Intervention von Hans Magnus Enzensberger, Zeit- und Gedanken-Genosse von Habermas, die wir auf dieser Seite als seine Reaktion auf Martin Schulz' politische Intervention drucken, empfiehlt in gewisser Verzweiflung eine Demonstration persönlicher Freiheit, die leider wenigen, vielleicht kaum jemandem möglich ist. Wer traut sich schon, sein Smartphone stillzulegen? Die Erfolgskriterien der Maschine – effizient, sauber, schnell, ökonomisch günstig soll sie sein – sind nicht nur für die nachwachsende Generation zu den Erfolgskriterien ihres ganzen Lebens geworden.

Überwachung des gesamten Lebens und aller Märkte ist – beginnend mit Habermas' Prognose aus dem Jahr

1968 – normativ für unsere Gesellschaft geworden, ob wir das Smartphone wegwerfen oder nicht. Es ist eine Logik – und darauf wies der eminente Wissenschaftstheoretiker Peter Galison schon vor Jahren hin –, die durch eine neue Mathematik von Information und Kommunikation nicht nur Überwachung und Kontrolle ausübt, sondern die, das ist ihr Erbe aus den militärischen Anfängen, stets einen Opponenten benötigt, einen Gegner: Das kann der Konkurrent auf Märkten sein, aber auch der verdächtige Bürger oder der rasante Autofahrer.

Die Umformung einer Gesellschaft kann man nicht den Ingenieuren überlassen, nicht den Industriegiganten und schon gar nicht den Geheimdiensten, die angeblich Risiken in selbstregulierten Systemen ausschließen wollen. Wohin das führt, hat man gesehen. Jenseits des Opportunismus von Teilen der Politik – noch unlängst schrieb ein einflussreicher Politiker, die amerikanische Aktiengesellschaft Twitter sei die »schärfste Waffe der Demokratie« –, die sich bei Wahlen ein paar junge Wähler holen wollen, beginnt sich zum Glück ein neuer Diskurs zu entwickeln, der von Vorwürfen der Moderne- und Technikfeindlichkeit nicht mehr zu berühren ist. Darum kann man schon heute eine Prognose wagen: Künftig werden nur noch solche Systeme das Vertrauen der Bürger und der Konsumenten genießen, an deren entscheidender Stelle ein identifizierbarer und verantwortlicher Mensch sitzt. Doch das wird nicht von allein kommen. Der Trend geht klar in die Richtung jener organisierten und entmündigenden Verantwortungslosigkeit, die jeder erfährt, der sich mit einem Anliegen an Amazon oder Facebook wenden möchte.

Jürgen Habermas befürchtete die Ablösung des autoritären Staates durch die »manipulativen Zwänge eines technisch-operativen Staates«. Er konnte nicht ahnen, dass es zwischen diesem und den Maschinen, die wir minütlich benutzen, zu dramatischen Verschmelzungen kommt.

Wehrt Euch!

Von Hans Magnus Enzensberger (1. März 2014)

Für Leute, die keine Nerds, Hacker oder Kryptographen sind und die Besseres zu tun haben, als sich stündlich mit den Fallgruben der Digitalisierung zu befassen, gibt es zehn einfache Regeln, wie sie sich ihrer Ausbeutung und Überwachung widersetzen können:

1

Wer ein Mobiltelefon besitzt, werfe es weg. Es hat ein Leben vor diesem Gerät gegeben, und die Spezies wird auch weiter existieren, wenn es wieder verschwunden ist. Der abergläubischen Verehrung, die ihm zuteilwird, sollte man nichts abgewinnen. Smart sind nicht diese Geräte oder diejenigen, die sie benutzen, sondern die, die sie uns anpreisen, um unermessliche Reichtümer anzuhäufen und gewöhnliche Menschen zu kontrollieren.

2

Wer immer einem ein kostenloses Angebot macht, ist verdächtig. Man sollte unbedingt alles ausschlagen, was sich als Schnäppchen, Prämie oder Gratisgeschenk ausgibt. Das ist immer gelogen. Der Betrogene zahlt mit seinem Privatleben, mit seinen Daten und oft genug mit seinem Geld.

3

Online-Banking ist ein Segen, aber nur für Geheimdienste und für Kriminelle.

4

Regierungen und Industrien möchten das Bargeld abschaffen. Ein gesetzliches Zahlungsmittel, das jeder einlösen kann, soll es nicht mehr geben. Münzen und Scheine sind Banken, Händlern, Sicherheitsbehörden und Finanzämtern lästig. Plastikkarten sind nicht nur billiger herzustellen. Sie sind auch unseren Aufpassern lieber, denn sie erlauben es, jede beliebige Transaktion zurückzuverfolgen. Deshalb tut jeder gut daran, Kredit-, Debit- und Kundenkarten zu meiden. Diese ständigen Begleiter sind lästig und gefährlich.

5

Dem Aberwitz, alle denkbaren Gebrauchsgegenstände, von der Zahnbürste bis zum Fernseher, vom Auto bis zum Kühlschrank über das Internet zu vernetzen, ist nur mit einem totalen Boykott zu begegnen. An den Datenschutz den mindesten Gedanken zu wenden fällt ihren Herstellern nicht im Traum ein. Das einzige Körperteil, an dem sie verwundbar sind, ist ihr Konto. Sie sind nur durch die Pleite zu belehren.

6

Ähnliches gilt für die Politiker. Alles, was man gegen ihr Tun und Lassen einwendet, ignorieren sie. Den Finanzmärkten begegnen sie unterwürfig, und gegen das Treiben der Geheimdienste vorzugehen wagen sie nicht. Interessiert sind sie jedoch daran, wiedergewählt zu werden. Solange das Wahlrecht noch existiert, sollte man ihnen die Stimme verweigern, wenn sie die digitale Enteignung dulden, statt gegen sie vorzugehen.

7

E-Mail, zu Deutsch: Strompost, ist schön, schnell und kostenlos. Also Vorsicht! Wer eine vertrauliche Botschaft hat oder nicht überwacht werden möchte, nehme eine Postkarte und einen Bleistift zur Hand. Handschrift ist von Automaten schwer zu lesen. Niemand vermutet auf einer Ansichtskarte, die 45 Cent kostet, wichtige Nachrichten. Man braucht also nicht zu einem toten Briefkasten zu greifen, wie er in altmodischen Spionageromanen vorkommt.

8

Waren oder Dienstleistungen via Internet sollte man meiden. Anbieter wie Amazon, Ebay und so weiter speichern alle Daten und belästigen ihre Kunden mit Reklamemüll. Anonymer Einkauf ist besser. Einzelne Adressen, die man gut kennt, können als Ausnahmen durchgehen.

9

Die großen Internetkonzerne finanzieren sich, ebenso wie das sogenannte Privatfernsehen, hauptsächlich durch Reklame. Damit stehlen sie ihren Kunden Zeit und Aufmerksamkeit. Wer einen, in welcher Form auch immer, andauernd anbrüllt oder belästigt, den sollte man abstrafen. Auf alle Angebote, die auf diese Weise vermarktet werden, zu verzichten ist empfehlenswert, ebenso wie Sender, die einen durch Werbung terrorisieren, ein für alle Mal abzuschalten. Das ist nicht nur aus hygienischen Gründen rat-

sam. Bekanntlich arbeiten besonders amerikanische Großkonzerne eng mit den Geheimdiensten zusammen, um
möglichst jede menschliche Regung auszuspähen und zu
kontrollieren.

10

Netzwerke wie Facebook nennen sich »sozial«, obwohl
sie ihren Ehrgeiz daransetzen, ihre Kundschaft so asozial
wie möglich zu behandeln. Wer solche Freunde haben will,
dem ist nicht zu helfen. Wer bereits das Unglück hat, einem solchen Unternehmen anzugehören, der ergreife so
schnell wie möglich die Flucht. Das ist gar nicht so einfach.
Was ein Krake einmal erbeutet hat, gibt er nie wieder freiwillig her.

Mit diesen simplen Maßnahmen kann das politische Problem, vor das die Gesellschaft gestellt ist, natürlich nicht
gelöst werden. Angesichts der Passivität und der Unter-
würfigkeit der hierzulande regierenden Parteien ist es bemerkenswert, wenn sich ein namhafter Politiker überhaupt einmal dazu äußert. Er heißt Martin Schulz und
ist nicht nur Präsident des Europäischen Parlaments, sondern sogar Sozialdemokrat. Weder er noch seine Partei
haben sich bisher mit Einsprüchen gegen den Sicherheits-
und Kontrollwahn hervorgetan. Alle einschlägigen Übergriffe, gleichgültig, ob sie aus dem Ausland kommen oder
deutscher Wertarbeit zu verdanken sind, wurden bisher
durchgewinkt. Daten speichern, Abhören, Abwiegeln –
das sind die üblichen Verfahren.

Der Schlaf der Vernunft wird bis zu dem Tag anhalten,
an dem eine Mehrheit der Einwohner unseres Landes am
eigenen Leib erfährt, was ihnen widerfahren ist. Vielleicht

werden sie sich dann die Augen reiben und fragen, warum sie die Zeit, zu der Gegenwehr noch möglich gewesen wäre, verschlafen haben.

Eine Machtfrage, keine Sachfrage
Von Christian Lindner (6. März 2014)

Das Mobiltelefon wegwerfen – das empfiehlt uns Hans Magnus Enzensberger. Der Versuch, an der Digitalisierung des Lebens schlicht nicht mehr teilzunehmen, ist ebenso elegant wie naiv: eine Satire. Der nordrhein-westfälische Justizminister Thomas Kutschaty, ein Sozialdemokrat, hat sich unlängst mit Online-Banking befasst. In der Konsequenz, so ließ er wissen, nutze er es nicht mehr. Punkt. Bundesaußenminister Frank-Walter Steinmeier ist derweil nach Washington gereist, um für ein Anti-Spionage-Abkommen zu werben. Sein Ergebnis ist ein Arbeitskreis, in dem der Dissens mit den Vereinigten Staaten verwaltet werden soll. Boykott, Resignation oder Unterwerfung – das alles überzeugt nicht angesichts des fundamentalen Wandels unseres Lebens durch die Omnipräsenz digitaler Medien. Nötig sind offensive Antworten, um das zivilisatorische Potential dieser Technologien zu nutzen.

Vernetzung, Online-Kommunikation und die Bewirtschaftung von Daten eröffnen uns schließlich einen Horizont, der Komfort im Alltag und soziale Teilhabe, aber auch Innovation, Effizienz und damit Wohlstand verspricht. Diese großartigen Chancen nicht nutzen zu wollen wäre töricht. Ohne Zweifel sind mit ihnen aber auch Risiken verbunden. Sie hat der Präsident des Europäischen Parlaments, Martin Schulz, jüngst in dieser Zeitung treffend mit seinem Alarmwort vom »technologischen Totalitarismus« pointiert. Die Einladung auch an Liberale, gemeinsam mit Sozialdemokraten über diese Fragen nachzudenken, ist angekommen. Allerdings kann man Martin Schulz nur wünschen, dass die Distanz zwischen seinen Entscheidungen als Parlamentarier und seiner wachen Problemsensibilität zukünftig geringer wird. Denn im Informationszeitalter, dessen Beginn wir gerade erleben, überschreitet das technisch Mögliche schnell das politisch und moralisch Gebotene: von der Gefährdung geistigen Eigentums durch Wirtschaftsspionage und der staatlichen Überwachung über die Lenkung von freien Entscheidungen durch die Macht der Statistik bis hin zur Verletzbarkeit kritischer Infrastruktur durch Cyber-Angriffe. Der Preis des Fortschritts könnten irreversible Einschränkungen unserer persönlichen Freiheit sein. Dazu darf es nicht kommen.

Insbesondere wer Überwachung und den Verlust seiner Privatsphäre fürchten muss, wird sein Verhalten und seine Kommunikation ändern. Vor einigen Jahren schon warnte der damalige Google-Chef Eric Schmidt: »Wenn es Dinge gibt, von denen Sie nicht wollen, dass irgendjemand etwas darüber erfährt, dann sollten Sie so etwas nicht tun.« Selbstzensur ist aber die empfindlichste Form der Freiheitseinschränkung. Und besteht nicht die Gefahr, dass irgendwann nach statistischen Korrelationen entschieden wird, ob wir einen Arbeitsvertrag, einen Immobilienkredit oder eine Versicherung abschließen können? An den computerisierten Kapitalmärkten hat der Autopilot bereits übernommen. Die politische Aufgabe der Gegenwart ist es daher, dem digitalen Wandel einen Rahmen zu geben. Es geht nicht darum, dem Staat Handlungsmöglichkeiten oder der Wirtschaft Wachstumschancen zu nehmen. Die

Gestaltung der Digitalisierung darf sich aber nicht im Ehrgeiz des Bundesministers für digitale Infrastruktur erschöpfen, den letzten Einsiedlerhof im Allgäu mit einem Breitbandzugang zu versorgen. Denn Regeln werden benötigt: Fehlen sie, könnten sich Big Government und Big Business gegen individuelle Freiheit und gegen den freien Wettbewerb am Markt wenden. Informationsgesellschaft und -ökonomie sind deshalb Herausforderungen liberaler Ordnungspolitik.

Erstens tut eine Selbstbeschränkung staatlichen Zugriffs not: Der Rechtsstaat ist dem Schutz von Freiheit und Privatheit verpflichtet. Das Grundgesetz und die UN-Menschenrechtscharta garantieren sie. Die Bundesregierung sollte daher die bereits von ihrer Vorgängerin eingeleitete Initiative aufgreifen, den UN-Pakt über bürgerliche und politische Rechte um den Schutz der Privatsphäre im digitalen Zeitalter zu ergänzen. Wenn Deutschland in diesen Fragen prägend wirken will, sollte es freilich zunächst selbst diesen Maßstäben gerecht werden – und die anlasslose Vorratsdatenspeicherung ad acta legen.

Wir haben zudem gelernt, dass die Vereinigten Staaten das technisch Machbare zugleich für legitim halten. Das ist keine Sachfrage, die Frank-Walter Steinmeier im Cyber-Dialog zerkauen kann – es ist eine Machtfrage. Darauf haben sich Deutschland und Europa einzustellen. Das Europäische Parlament hat daher bereits zu Recht gefordert, Vereinbarungen zum Austausch von Daten zu suspendieren. Auch die EU-Kommission muss ihre Entscheidung überdenken, dass Unternehmen personenbezogene Daten in die Vereinigten Staaten übermitteln dürfen, wenn sie ein mit Europa vergleichbares Niveau des Datenschutzes zusichern (»Safe Harbour«). Auf eine unsentimentale Interessenwahrnehmung der Obama-Administration könnte Europa also selbstbewusst reagieren. Im Zusammenhang mit dem prinzipiell zu begrüßenden transatlantischen Freihandelsabkommen dürfen Datensicherheit und der Schutz geistigen Eigentums nicht verschwiegen, sie sollten vielmehr als wichtige Ressourcen und ökonomische Interessen parallel verhandelt werden. Eine Verständigung mit den Vereinigten Staaten wäre auch die entscheidende Voraussetzung dafür, später überhaupt mit Akteuren wie China in einen Dialog über Cyberwarfare und Wirtschaftsspionage eintreten zu können.

Zweitens benötigt der Datenmarkt eine rechtsstaatliche Ordnung: Unsere Daten sind unser Eigentum. Über sie müssen wir individuell Auskunft verlangen und verfügen können. Der Eigentumsschutz ist die klassische Aufgabe des liberalen Rechtsstaats, die im digitalen Zeitalter neu buchstabiert werden muss. Die Waffengleichheit zwischen Nutzer und Anbieter ist zu sichern. Ein erster Meilenstein wäre diesbezüglich die europäische Datenschutz-Grundverordnung. Sie würde in diesen Fragen das gemeinsame europäische Handeln stärken, unter anderem das Recht handhabbarer machen und zugleich der Europäischen Kommission die Festsetzung von Strafzahlungen erlauben, die bei Verstößen gegen den Datenschutz auch Multimilliarden-Konzerne wie Google disziplinieren könnten. Allen klugen Texten von Martin Schulz zum Trotz: Die SPD toleriert schweigend, dass Deutschland auf Betreiben der Union die Verabschiedung dieses zentralen Projekts verzögert und blockiert. Dabei wäre hier erst der Anfang zu sehen, um den »Datenkapitalismus«, von dem auch Sigmar Gabriel in dieser Zeitung im Zusammenhang mit dem NSA-Skandal geschrieben hat, marktwirtschaftlichen Regeln zu unterwerfen. Man mag den wirtschaftlichen Erfolg, die Innovationskraft und die Produkte von Unternehmen wie Google schätzen – Ludwig Erhard würde fragen, ob derart dominante Unternehmen nicht Konkurrenz verdrängen und Marktbedingungen diktieren. Nicht nur Banken benötigen öffentliche Aufsicht, wenn sie systemrelevant sind – auch kommerzielle Datenbanken. Der besonderen Aufmerksamkeit der Kartellbehörden sind die Internet- und Datengiganten jedenfalls zu empfehlen.

Drittens muss Europa seine Chance zur Innovation nutzen: Einst war die Antwort auf die Dominanz von Boeing Airbus. SDI und Microsoft setzte Europa das Esprit-Programm entgegen. Die europäische Satellitennavigation Galileo ist die Alternative zu GPS. Wo ist heute eine angemessene Initiative als Reaktion auf NSA und Google? Eine Europäische Kommission, die Kapazitäten für die vielzitierten Olivenölkännchen auf Restauranttischen hat, aber kein Projekt zur Herstellung der digitalen Autonomie Europas verfolgt, beschädigt ihre Autorität. Vom Quanten-Computer über das Ziel der globalen Marktführerschaft für Datensicherheit – am besten mit offenen und damit weltweit attraktiven Standards – bis beispielsweise zum vertrauenswürdigen Cloud-Computing gibt es viele lohnenswerte Möglichkeiten. Sie eröffnen Wachstumschancen – und leisten zugleich einen Beitrag zur notwendigen digitalen Emanzipation der Europäer. Worauf nur wartet Brüssel?

Ein gefährlicher Pakt
Von Ranga Yogeshwar (18. März 2014)

Die schützenden Wände unserer Privatsphäre sind feucht geworden. Schimmelflecken werden sichtbar, doch die ersten Reparaturversuche versagen kläglich: »No-Spy-Abkommen«, Delegationen in Washington, Kommissionen im Bundestag, Obamas Reden, Merkels Appelle: Es hilft nichts, das Problem ist weiterhin virulent, und immer mehr dunkle Flecken tauchen auf – überall.

Das demokratische Gebäude nimmt Schaden, und die Quelle des Übels lässt sich nicht abstellen. Die Daten fließen munter weiter – von uns an sie: Bankdaten, Einkaufspräferenzen, Ortsangaben. Die wohl erstaunlichste und erschreckendste Erkenntnis seit dem letzten Sommer ist unsere Unbekümmertheit: Wir wissen, dass sie unsere privatesten Dinge speichern und auswerten, aber wir ändern nichts und posten und chatten hemmungslos weiter. Warum ist das so?

Vielleicht fehlt derzeit das sichtbare Beispiel, das sichtbare Opfer dieser Datendestillation. Jemand, der seinen Job verliert, oder jemand, der unschuldig im Gefängnis sitzt. Anders als bei Gestapo und Stasi werden wir nicht Zeugen, wie unser Nachbar frühmorgens aus dem Bett geklingelt und verhaftet wird. Keine Gefangenen, keine Folteropfer, keine Verletzten, und so ziehen wir alle einen fatalen Schluss: Das digitale Tier ist lieb und tut keinem etwas! Warum also Angst haben?

Talkshows, Leitartikel, Podiumsdiskussionen und Appelle jedweder Art schaffen es nicht, das gesellschaftliche Bewusstsein zu ändern – im Gegenteil. Die digitale Alltagserfahrung ist ungemein praktisch: die App zum Auffinden des Restaurants, der schnelle und bequeme Online-Laden und das vibrierende Smartphone mit der nächsten Whatsapp-Mitteilung. Es ist so komfortabel und wunderbar einfach.

Immanuel Kant hatte in seiner Definition der Aufklärung auf das eigene Denken hingewiesen – das »sapere aude«. Der Großmeister hatte im selben Atemzug vor dem Gift unserer Bequemlichkeit gewarnt: »Faulheit und Feigheit sind die Ursachen, warum ein so großer Teil der Menschen […] gerne zeitlebens unmündig bleiben; und warum es anderen so leicht wird, sich zu deren Vormündern aufzuwerfen. Es ist so bequem, unmündig zu sein.« Seine Gedanken hallen nach, doch im anbrechenden digitalen Zeitalter droht aus der Unmündigkeit eine vollständige selbstgewählte Entmündigung zu werden.

Um diese Verschärfung zu begreifen, muss man die Auswirkungen mehrerer Entwicklungen in ihrer synergetischen Kraft verstehen:

Zunächst steht da der immense technische Fortschritt. Heutige Mobiltelefone besitzen die Speicherkapazität ganzer Rechenzentren meiner Studienzeit, die Datenverarbeitung unserer Desktops übertrifft die Leistung der besten Supercomputer im Kalten Krieg um ein Millionenfaches. Die Integrationstechnik stößt mit Nanosensoren in neue Dimensionen, und die zunehmende Vernetzung aller Apparate verstärkt das große Gewitter des Fortschritts. All das ist gleichermaßen faszinierend und unfassbar, selbst für Eingeweihte, und dabei nimmt die Entwicklung gerade erst Fahrt auf.

Betrachtet man die Konzepte im Detail, dann offenbaren sich fundamentale Veränderungen in der Art und Weise, wie wir denken. Dazu ein kurzer Exkurs in die Informationstechnik. Frühere Programmiersprachen verliefen noch nach stur imperativen Ansätzen: Befehl und Gehorsam. Master and slave. Die Codes waren linear und in sich geschlossen, gefangen in einem abgekapselten Teil unserer Realität. Es gab eine fast monarchistische Grundstruktur. Im Zentrum die »Central Processing Unit«, umgeben von ihren Sklaven. Doch dann kamen Mikroprozessoren und Internet und stürzten die zentralistischen Weltbilder der Informationswissenschaft. Die Sklaverei wurde abgeschafft, und eine intelligente Vielfalt entstand.

Heutige Software ist ein Gemisch aus zahlreichen nebeneinander laufenden Streams und Ereignissen, die wiederum andere Ereignisse auslösen. Die Welt wird dabei häufig mit »objektorientiertem« Code abgebildet, und, für alte Programmierer gewöhnungsbedürftig, moderne Software ist erschreckend offen und ungebunden. Bibliotheken und Klassen werden von überall importiert, Methoden auf fremden Systemen abgerufen und geladene Skripte abgefeuert im guten Glauben, dass sie auch das leisten können, was sie versprechen. Kaum ein Laie macht sich ein Bild davon, wie immens der Anteil des »Vertrauens« beim heutigen Programmieren ist. Man steckt vielfach Einzelteile zusammen, ohne wirklich zu wissen, was innerhalb der Softwareschnipsel alles abläuft. Das Verhalten moderner Softwaresysteme ist dabei derartig komplex geworden, dass ein profundes Austesten immer schwerer wird.

Im »Weltbild« dieser Programme leben unzählige »Objekte« – virtuelle Akteure mit Eigenschaften, die Aufträge erledigen, ihren Zustand verändern und sich mit anderen

Objekten austauschen. Die veränderten Paradigmen und Gedankenmodelle der Softwarebranche haben schon längst unsere reale Welt infiziert. Als ich vor etwa dreißig Jahren in einem Vortrag Alan Kay, den Vater der objektorientierten Programmierung, hörte, klangen seine Visionen noch kühn und abstrakt: »Alles ist ein Objekt!« Inzwischen feiern wir das »Internet der Dinge«, und unbemerkt beginnen die Computersysteme damit, auch uns Menschen, unser Zuhause, unser Verhalten und unsere Biografien als Objekte zu behandeln: Sie wenden Methoden an, um unsere Attribute zu lesen und zu verändern, sie bilden uns ab als digitales Profil, und, ohne es zu merken, beginnen wir damit, ihren Kategorien zu entsprechen.

Glauben Sie nicht? Ich sage nur: Antifaltencremes! Die Titelbilder vieler Zeitschriften sind digital nachbearbeitet. Die hübschen Frauen sind Avatare, denn durch digitale Bildbearbeitung wurden ihre Falten geglättet, Sommersprossen entfernt und Augenlider aufgehellt. Am Ende sieht dann alles »schön« aus, und wir, die wir in der Wirklichkeit zurückbleiben müssen, werden mit diesen provokant perfekten Artefakten konfrontiert. Die Konsequenz: Wir versuchen dem vorgelegten Ideal zu entsprechen, glätten unsere Falten, straffen unsere Haut und beginnen, unseren Körper zu formen. Die »ästhetische Medizin« boomt, und das »Body-shaping« erfasst immer jüngere Menschen. Wenn Sie immer noch zweifeln, dann schauen Sie sich die Zähne der Politiker vor vierzig Jahren an. Damit würde heute niemand mehr eine Wahl gewinnen! Die digitale Welt ist schön und fordert die reale Schwester heraus. Computer und Mensch – wer programmiert am Ende wen?

Wir haben uns da auf ein faszinierendes Spiel eingelassen: Zunächst ist es eine ergreifende Erfahrung, denn sie verleiht dem Programmierer das Gefühl größter Freiheit und Macht. Wir können auf völlig neue Weise unsere Welt gestalten und erfinden, wenn wir nur die Spielregeln dieser Denkart übernehmen. Wir müssen die rationale Reduktion und Abstraktion erlauben. Die feinen individuellen Unterschiede, Auslegungen, Zufälle, Launen und Vorlieben, eben genau das, was uns so menschlich macht, werden ignoriert, damit wir in das digitale Raster berechenbarer Größen passen. Wir akzeptieren stillschweigend, dass der Mensch auf die Summe seiner messbaren Attribute reduziert wird, eben zu einem digitalen Objekt wird. Und genau hier verläuft der faustische Pakt: Wir erhalten Macht, wenn wir dafür einen Teil von uns selbst opfern.

Das Motiv all dieser Modellierungen ist ein ökonomisches Kalkül, und damit sind wir beim zweiten Motor dieser synergetischen Entwicklung.

Die Ökonomie profitiert auf immense Weise von diesem Wandel, denn die Welt digitaler Transparenz, Messbarkeit und Vergleiche ist der ideale Nährboden für das perfekte Business-Modell. Wer hier die Regeln beherrscht, wird mächtiger als jeder andere, denn für den Zweiten gibt es bald keine Existenzberechtigung mehr. The winner takes it all. Die digitale Denkart reduziert unsere Welt auf messbare Objekte, und die ökonomische Gesinnung verpasst jedem Objekt ein Preisschild. Dieser Pakt zwischen Ökonomie und digitalem Denken akzeptiert keine Grenzen, denn aus allem kann man ein Business-Modell machen. Selbst mit »Liebe ist kein Zufall« wirbt ein Online-Partnerportal. Wenn Menschen zu kalkulierbaren Objekten werden, dann kann man diese Objekte auch sortieren und miteinander kombinieren: »Digitale, arrangierte Heirat – so habe ich deine Mutter kennengelernt, doch dann kam ein Update, und wir haben uns getrennt …!«

Im Gegensatz zu Europa verfolgen die Vereinigten Staaten eine konsequente Strategie, und fast täglich erreichen uns Meldungen neuer vereinnahmter Kolonien: Google hat zum Beispiel vor wenigen Wochen das kleine Thermostat-Unternehmen Nest Lab gekauft – für Insider ist diese Akquise logisch: Google wird demnächst an ihre Tür klopfen, die Lichtschalter austauschen und an ihrer Heizung drehen. Der Datenriese wird bei Ihnen einziehen mit bunten Apps und energiesparenden Smartpads. Sie selbst werden ihm die Tür weit aufreißen und ihn hereinlassen, wie einst die Eingeborenen die portugiesischen Seeleute begrüßten. Damals staunten die Schiffschronisten über den freundlichen Empfang, den die Eingeborenen den Fremden bereiteten, über ihre Offenheit und ihren Mangel an Besitzdenken. Frauen liefen nackt herum, denn sie hatten »nichts zu verbergen«. Auf den neuen Glasperlen steht der Spruch: »Weil er Ihr Leben so bequem macht«, und auch heute glauben viele, dass sie nichts zu verbergen haben.

Noch stehen wir am Anfang dieser globalen Übernahme, und spätestens seit letztem Sommer, seitdem der Whistleblower Edward Snowden der Welt diesen Masterplan offenbarte, sollte jedem von uns die ungeheure Dimension deutlich sein. Doch was hat Deutschland, was hat Europa zu entgegnen? Nichts! Wo bleiben die europäischen Reaktionen auf den NSA-Skandal, wo das spürbare Sich-Widersetzen gegen diese fulminante Verletzung unserer Grundrechte? Die amerikanische Hochnäsigkeit wird achselzuckend akzeptiert. Und die gutgläubige Hoffnung auf ein »No-Spy-Abkommen« dokumentiert die beängstigende Ignoranz unserer Politik. Ein Blick in die amerikanische Gesetzgebung reicht aus: Caspar Bowden, ehemaliger Privacy-Experte bei Microsoft, sezierte die Organe des Foreign Intelligence Surveillance Act (FISA). Er verfasste daraus ein offizielles Briefing für die EU: Nach amerikanischem Recht ist die massive Ausspähung privater Daten von nichtamerikanischen Bürgern zulässig und rechtlich erlaubt. Die Vorschriften in Section 702 des FISA Amendment Act von 2008 sind ein Freibrief für das Sammeln aller Daten von Nichtamerikanern.

Eine präzise Analyse der geltenden Rechtssituation in den Vereinigten Staaten, noch vor den Enthüllungen Snowdens, hätte bei jedem EU-Datenschützer Alarm auslösen müssen. Doch keiner dieser Beamten hat seine Hausaufgaben gemacht. Als die Bundeskanzlerin im vergangenen Jahr erklärte: »In Deutschland gilt deutsches Recht«, wurde offensichtlich, dass unsere Volksvertreter die im Grundgesetz verankerten Persönlichkeitsrechte von uns Bürgern auf fahrlässige Weise missachten. In Frankreich wurde Google-Chef Eric Schmidt von Präsident Hollande wie ein Staatsgast empfangen.

Martin Schulz unterstreicht in seinem bemerkenswerten Aufsatz, dass es eine soziale Bewegung braucht, damit wir aus der Abhängigkeit und Kontrolle der heutigen digitalen Großmächte befreit werden, unabhängig davon, ob es sich dabei um Nationalstaaten oder globale Konzerne handelt. Schulz hat recht, und bei ihrer Suche nach einer Neuorientierung müsste die FDP hellhörig werden.

Das verdeckte Potential des Internets liegt nicht zwingend in der Stärkung von Großkonzernen und Geheimdiensten, sondern in der Entfaltung des Bürgers. Hier schlummert eine epochale Chance für die Demokratie, und an manchen Beispielen erkennt man bereits, wohin der Weg führen könnte. Wenn wir Bürger die Fesseln des stillen Konsumentendaseins ablegen, unsere eigene Kreativität entfalten und bündeln, dann wäre jeder Konzern in seiner Macht empfindlich eingeschränkt.

Der Open-Source-Gedanke ist ein direkter Angriff auf ein ökonomisches Denken, welches bislang nur Minderheiten zu den Gewinnern des Fortschritts macht. In der Softwarebranche etabliert sich allmählich eine alternative Kultur des Teilens: Unzählige offene Apps, Programme und Betriebssysteme schießen wie Pilze aus dem Boden. Ironischerweise zeigen auch hier die Vereinigten Staaten, wie es gehen könnte. Im vorigen Jahr formierte sich dort eine breite Initiative mit dem Namen code.org. Jeder Bürger sollte demnach seine Passivität abstreifen und die Sprache des 21. Jahrhunderts erlernen, also selbst programmieren lernen.

Zwanzig Millionen Menschen nahmen am einstündigen Schnupperkurs teil. 500 000 von ihnen setzten den Kurs mit den ausführlichen Online-Tutorials fort. Infolge dieser Kampagne wurde in fünf amerikanischen Bundesstaaten an mehr als hundert Highschools der Informatikunterricht eingeführt oder grundlegend neu konzipiert.

Auch hierzulande gärt es. Die Sharing Economy, bei der das Offenlegen und Teilen im Fokus steht, nimmt Fahrt auf. Crowdfunding und Crowdsourcing sind auf dem Vormarsch. Internetplattformen, bei denen jeder sich einbringen und neuen Ideen zu ihrer Realisierung verhelfen kann, verbuchen ein massives Wachstum. Kein Investmentbanker, keine Geheimniskrämerei wie bei neuen Industrieprodukten, keine kapitalistische Gewinnmaximierung auf Kosten anderer. Hier spielt das Volk, also jeder von uns, seine Macht aus, und die einende Funktion des Netzes stellt selbst Großkonzerne in den Schatten. Immer mehr junge Menschen setzen auf das Prinzip »Nutzen statt besitzen« und machen dem klassischen Konsumgedanken einen Strich durch die Rechnung. Selbst der Neukauf von Autos verbucht in den letzten Jahren in der Gruppe junger Menschen spürbare Rückgänge, denn Carsharing-Angebote verändern den Markt.

Die neuen Produkte setzen nicht Gewinnmaximierung an die erste Stelle, sondern ethische Normen und faire Entlohnung. In den Medien kaum beachtet, boomen kostenlose Lernplattformen, Repair-Cafés und Austauschbörsen. Selbst auf dem hart umkämpften Mobilfunkmarkt entstand im vergangenen Jahr über die Vernetzung der vielen das »Fairphone«. Der Erfolg dieses Produktes, bei dem die einzelnen Rohstoffe und detaillierten Herstellungsprozesse offengelegt werden, ist beträchtlich.

Der Designer Dave Hakkens sorgte sich um den wachsenden Berg an Elektronikschrott und präsentierte die Idee eines modularen Handys – phonebloks: Statt alle paar Jahre das neue Modell eines Smartphones zu erwerben, schlug er ein cleveres Modulsystem vor, bei dem sich Batterie, Display oder Prozessor einzeln austauschen lassen. Sein Konzeptvorschlag erreichte im Netz mehr als 360 Millionen Menschen, und die überwältigende Zahl von Unterstützern ließ aus seiner Idee ein Produkt werden.

Die Fließrichtung der Wirtschaft vom Produkt zum Konsumenten hat sich über Nacht umgekehrt und macht plötzlich die Industrie zum Dienstleister des informierten Kunden. An vielen Stellen zeigen sich erste feine Risse im Fundament unserer ökonomischen Struktur. Spinnt man diesen Gedanken weiter, entspringt daraus eine echte New Economy. Das Internet würde zum Geburtshelfer einer demokratischeren Welt. Dieser Weg wäre unsere Antwort auf ein System des Misstrauens, des Ausspionierens und der Verselbständigung globaler Finanzsysteme. Vertrauen, Offenheit und Fairness sind auf Dauer der zivilisiertere und ökonomisch günstigere Weg, jedoch bedarf es hierfür einer globalen Einsicht. Verspricht dieser Ansatz Realität zu werden, oder begraben wir diese Vorstellungen als reine Utopie?

Der jetzige Kurs würde in seiner Entwicklung eine digitale Hochrüstung zur Folge haben und eine Welt von Firewalls, Kontrollen und Cyberkrieg zwischen Europa, den Vereinigten Staaten und China bedeuten. Ich meine, wir sollten Mut beweisen und den besseren Weg wagen. Erinnern wir uns: Die nukleare Hochrüstung erreichte im Kalten Krieg derart perverse Ausmaße, und die Explosion der Kosten beendete schließlich die Spirale des gegenseitigen Overkills. Heute gibt es einen globalen Konsens, dass Atombomben keine reale Option sind. Die Arsenale der Mächtigen schwellen ab.

Aus heutiger Sicht hätten wir uns dieses nukleare Spiel schenken können, und jede Nation hätte wohl davon profitiert, wenn wir etwas früher begriffen hätten. Vielleicht sollten wir uns von klugen Ökonomen die langfristigen Kosten des digitalen Misstrauens vorrechnen lassen. Unser Bewusstsein muss sich ändern, und genau dafür müssen wir jetzt kämpfen.

Wer schützt die Clickworker?
Von Christiane Benner (19. März 2014)

Big Data erleben wir nicht nur täglich, sondern auch haut-
nah. Unternehmen sammeln personenbezogene Daten über
uns und verkaufen die Informationen, die sie aus ihnen gewinnen. Einen wirksamen Schutz davor gibt es nicht, auch
keine demokratische Kontrolle. Edward Snowden hat die
Verbindungen zwischen Internetfirmen, Geheimdiensten
und Behörden offengelegt. Der vielfache Missbrauch droht
die positiven, fortschrittlichen Elemente des Internets zu
zerstören.

Die zwei Seiten von Digitalisierung und Vernetzung
wurden erst kürzlich wieder deutlich: Die Übernahme
von Whatsapp durch Facebook bedeutet einerseits weitere Konzentration und Vermarktung personenbezogener,
privater Informationen; auf der anderen Seite gelangen Bilder und Berichte, wie über das System der Regierung Ja-
nukowitsch in der Ukraine, durch das Internet an die weltweite Öffentlichkeit. Die Reaktionen auf den Text von
Martin Schulz befassen sich mit der Rolle der Geheimdienste, mit wirtschaftlichen Interessen der Internetkonzerne, mit den Rechten von Konsumenten und Nutzern.
Von einem war bislang aber kaum die Rede: von den Auswirkungen der Digitalisierung auf die Unternehmen und
die Arbeitswelt. Dabei werden Wirtschaft und Gesellschaft nahezu totalitär von ihr erfasst. Die Veränderungen
wirken massiv auf Beschäftigte. Es muss darum gehen, diese Verknüpfungen von Wirtschaft und Gesellschaft in ih-

rer Ganzheit zu erfassen, um endlich Konsequenzen ziehen zu können.

Licht und Schatten der Digitalisierung zeigen sich gerade in der Industrie, wo Werte durch die Produktion physischer Gegenstände entstehen. Die deutsche Industrie arbeitet daran, zum Leitmarkt für digitalisierte Fertigung zu werden. Es geht um die Vernetzung von Maschinen, Menschen und Gegenständen durch cyberphysische Systeme (CPS), in Deutschland diskutiert unter dem Stichwort »Industrie 4.0«. Nach der computerintegrierten Fertigung, die in den achtziger Jahren Einzug gehalten hat, stehen die Fabriken an der Schwelle der nächsten Automatisierungswelle. Das wirtschaftliche Potential der »smarten Fabrik« liegt auf der Hand: Sie wird unermesslich flexibel auf Kundenwünsche reagieren können, selbst kleinste Stückzahlen werden rentabel. Sie wird weder Ausfälle noch Störungen kennen. Sie produziert vollständig transparent und ebnet den Weg für optimale Entscheidungen. Es wird neue Formen der Zusammenarbeit zwischen Kunden, Zulieferern und Dienstleistern geben. Sie verbraucht weniger Ressourcen und lässt neue Geschäftsmodelle, neue Unternehmen, mehr Wertschöpfung, mehr Wachstum und Wohlstand entstehen. Das gilt zumindest bei idealtypischer Betrachtung.

Und die Risiken? Obwohl selbst Befürworter mit gewaltigen Umbrüchen rechnen, fehlt eine Beschäftigung mit der Schattenseite der Digitalisierung. Der Münchner Kreis, ein Expertengremium aus Wirtschaft und Wissenschaft, schätzt, dass die Digitalisierung viele Arbeitsplätze im mittleren Qualifikations- und Entgeltsegment überflüssig machen wird. Damit ist die größte Gruppe der heutigen Arbeitnehmer gemeint. Das Fraunhofer Institut für Arbeitswirtschaft und Organisation zeigt sich zwar optimistischer, schaut allerdings weniger weit in die Zukunft: Auf absehbare Zeit werde menschliche Arbeit Teil der Produktion bleiben.

Die Gewerkschaften werden das Abwägen der Potentiale und Gefahren der »vierten industriellen Revolution« und der Digitalisierung aller Lebensbereiche nicht der Wirtschaft und auch nicht der technischen Wissenschaft überlassen. Wir sehen uns stattdessen als Gestalter der gravierenden Umbrüche. Was bedeutet »Industrie 4.0« tatsächlich für Beschäftigte? Die Unternehmen wollen möglichst viel Geld verdienen. Dass dabei gleichberechtigt die Interessen einer demokratischen, auf sozialen Ausgleich bedachten Gesellschaft und von Beschäftigten berücksichtigt werden, dafür müssen wir sorgen.

Die intelligente Fabrik, aber auch das smarte Büro verlangen und verarbeiten Unmengen von Informationen. Gerade auch über die Menschen, die dort arbeiten. Schon heute sind laufende Prozesse der Informationsverarbeitung nicht mehr aus der Arbeitswelt wegzudenken. Daten werden erfasst und verknüpft, beispielsweise in Form von Customer-Relationship-Systemen oder in Software für das Human Capital Management. Das lückenlose Tracking von Bewegungen, Tätigkeiten und Leistung ist technisch machbar, wirtschaftlich wahrscheinlich sinnvoll, aber politisch und ethisch sehr oft inakzeptabel. Nur: Wer setzt die Grenzen?

In mitbestimmten Unternehmen fechten Betriebsräte und Gewerkschaften diesen Kampf heute fast täglich aus. Betriebsräte haben zwar Mitbestimmungsrechte bei der Einführung von sogenannten technischen Überwachungseinrichtungen. Diese Rechte hinken aber der technischen

Entwicklung beträchtlich hinterher. Für das Bundesdatenschutzgesetz (BDSG), das den Umgang mit Daten von Bürgern und Beschäftigten regelt, und für das Betriebsverfassungsgesetz gilt, dass die Gesetze dringend einer Überarbeitung bedürfen. Zudem muss auch endlich ein Arbeitnehmerdatenschutzgesetz verabschiedet werden, das die spezifische Abhängigkeit der Beschäftigten im Arbeitsverhältnis anerkennt und berücksichtigt.

Hinzu kommt die Notwendigkeit von Arbeitnehmerschutzregelungen auf europäischer Ebene. Denn nur international wird sich ein wirksamer Schutz erreichen lassen. Zu den Forderungen gegen die Auswüchse des Datenhungers zählen auch technische Mittel, etwa das automatische Löschen von Informationen nach bestimmten Zeiträumen.

Snowdens Enthüllungen zeigen auch, dass niemand vor Industriespionage sicher sein kann. Mangelnde Datensicherheit stellt die Wachstums- und Geschäftsmodelle derzeit stark in Frage. Immer mehr Kunden von IT-Dienstleistern legen deshalb Wert auf eine deutsche Cloud, in der die hiesigen Sicherheitsstandards gewahrt bleiben. Allerdings ist es fraglich, ob Kapselung und Lokalisierung tatsächlich einen besseren Schutz bieten.

Crowdworking-Plattformen wie »Mechanical Turk« oder »Clickworker« werfen weitere Fragen auf. Es handelt sich dabei um Marktplätze für Arbeit im Internet, die allesamt durch eine große Machtasymmetrie zwischen Auftraggebern und Crowdworkern gekennzeichnet sind. Der durchschnittliche Stundenlohn bei »Mechanical Turk« liegt bei 1,25 Dollar und damit weit unter dem amerikanischen Mindestlohn. Dazu kommen Probleme neuer Entgeltmodelle. Eine Aufgabe kann von mehreren Crowdworkern gleichzeitig übernommen werden. Bezahlt wird aber nur, wer zuerst eine Lösung einreicht, die die Anforderungen des Crowdsourcers erfüllt. Schon heute sind für sechzig Prozent der »Turker« die Einnahmen auf der Plattform die wichtigste Einnahmequelle. Die Anzahl akzeptierter oder abgelehnter Ergebnisse der Crowdworker ist für die Auftraggeber sichtbar, dagegen gibt es für das Verhalten der Auftraggeber, zum Beispiel für ihre Zahlungs- und Kommunikationsmoral, keinerlei Reputationssystem.

Die Beweggründe für Menschen, sich solchen oder ähnlichen Arbeitsbedingungen zu fügen, sind unterschiedlich. Manche haben keine Wahl, andere arbeiten dort nur nebenbei oder schätzen die Flexibilität solcher Arbeitsverhältnisse oder den einfachen Zugang zu Arbeit. Die Weltbank hat Milliarden für Investitionen in Smart Devices für Menschen in den Ländern des Südens freigegeben, damit mehr Menschen an der digitalen Arbeit teilhaben können. Wenn sich Crowdworking weiter ausdehnt, müssen sich die Machtverhältnisse zugunsten der Crowdworker verändern. Wir brauchen aber auch dort faire Arbeitsbedingungen und ein Mindesteinkommen, damit es nicht zu einer Amazonisierung der Arbeitswelt kommt.

Wir stehen an einem Scheideweg. Die Chancen der Digitalisierung drohen zunichtegemacht zu werden. Das Vertrauen ins Internet kehrt nur zurück, wenn sich alle wichtigen Akteure dazu verpflichten, das digitale Zeitalter fortschrittlich und sozial zu gestalten. Folgende Maßnahmen wären wichtige Schritte zu einem Internet der Menschen: ein gesellschaftliches Bündnis für eine freiheitliche, sozial gerechte Digitalisierung; ein verbindliches Leitbild für gute digitale Arbeit auf Basis einer soliden Technikfolgenabschätzung, mehr Mitbestimmungsrechte der Betriebsräte beim Datenschutz und für die Sicherung von Beschäftigung; dazu der Erhalt und der Ausbau der in Europa und Deutschland geltenden Standards, zum Beispiel beim Datenschutz, insbesondere auch im Arbeitsverhältnis.

Hinzu kommen über Europa hinausreichende internationale Forderungen: Bei Verhandlungen, wie denen über das transatlantische Freihandelsabkommen, müssen Standards endlich eingehalten werden. Es ist überfällig, dass beispielsweise Amerika endlich Grundnormen des Arbeitslebens, wie sie in den Abkommen der Internationalen Arbeitsorganisation niedergelegt sind, akzeptiert und unterzeichnet. Es müssen nicht nur für Beschäftigte, sondern auch für Selbständige wie Crowdworker Mindestarbeitsbedingungen gelten. Mit neuen Zertifizierungsverfahren sollte Software klassifiziert werden, um zwischen »datenschutzrechtlich unbedenklich« und »datenschutzrechtlich unzulässig« unterscheiden zu können. Selbst Hochschulen benötigen mehr Möglichkeiten für die kritische Reflexion der Digitalisierung ihrer Arbeitswelt. Es ist grundsätzlich notwendig, Berichtspflichten für Unternehmen hinsichtlich ihres Arbeitnehmerdatenschutzes und des Schutzes der Persönlichkeitsrechte durchzusetzen. Niemand will das Internet abschalten. Aber wir wollen es zurückhaben und die Potentiale für die Entwicklung und den Erhalt einer freien, demokratischen und gerechten Gesellschaft nutzen.

Ich bin nicht naiv, und Europa darf es auch nicht sein
Von Neelie Kroes (24. März 2014)

Als ich in der Öffentlichkeit mein schwarzes Armband zeigte, mit dem ich auf elektronischem Weg meine täglichen Übungen überwache, hatte ich keine Ahnung, dass es Frank Schirrmacher zu der Behauptung veranlassen würde, die Europäische Kommission sei naiv gegenüber der digitalen Revolution und blind gegenüber deren Folgen für unser soziales und industrielles Gefüge. Ich bin ganz anderer Meinung. Ein einheitlicher Telekommunikationsmarkt, eine Politik der digitalen Revolution und Innovationen sind unsere Chance, das europäische Sozialmodell zu retten. Ich sehe sehr wohl die Gefahr, dass die Technologie Recht und Demokratie überholt, und ich bin stolz, mit 72 Jahren das Potential digitaler Innovation zu erkennen und am Aufbau jenes »digitalen Europa« mitzuwirken, das Kanzlerin Merkel gerne sähe.

Im digitalen Zeitalter stehen wir vor einem Dilemma. Wir wissen, dass die Technologie voranschreiten muss und dass wir jeden Tag die Vorzüge und die Produktivität neuer Geräte und Dienstleistungen genießen, aber in unserem Herzen bleiben Fragen.

Europa hat weder Wirtschaft mit niedrigen Kosten noch Kultur mit hoher Risikobereitschaft. So sind wir denn ängstlich und verwundbar angesichts gigantischer amerikanischer Innovatoren und unermüdlicher asiatischer Fabriken. Wir wissen auch, dass unser Leben vor dem Internet schön war. Wo aber sind Romantik und Luxus in einem auf Pixeln gründenden Leben? Warum die Verschmelzung von öffentlichem und privatem Leben und die plötzlich akzeptierte Anwesenheit von Mobiltelefonen am Esstisch? Kann es richtig sein, dass wir neben unseren digitalen Geräten schlafen, als wären wir mit ihnen verheiratet? Wie viele Millionen fragen sich heute, ob ihr intimstes Denken und Tun ausspioniert wird?

Auch ich habe meine Ängste. Ich denke, unsere technischen Fähigkeiten haben sich schneller entwickelt, als Gesetzgebung und Demokratie mithalten können. Ich glaube, dass die jüngsten Spionageskandale das Band zwischen Technologie und Demokratie durchtrennt haben. Außerdem sehe ich gefährliche Parallelen zwischen der nicht durch Wahlen legitimierten und niemandem verantwortlichen Macht der Banker vor 2008 und der Macht unserer heutigen Technologie- und Sicherheitsgemeinschaften.

In gewisser Weise sind Snowdens Enthüllungen die Lehman-Pleite des Internets, und dies sollte uns zu intensivem Nachdenken veranlassen. Aber der Fall Snowden ist nicht mit der Bankenrettung vergleichbar, an der ich 2008 und 2009 als Europäische Wettbewerbskommissarin beteiligt war. Es stimmt zwar, das wichtigste Element, das in diesem Sturm verloren ging, ist das Vertrauen, und die Politiker müssen rasch und entschlossen handeln, um es wiederherzustellen. Aber die Bewertung von Identität und die Definition von Souveränität oder die Schaffung unüberwindlicher Sicherheitssysteme sind sehr viel schwieriger als die Festsetzung eines Zinssatzes oder der Verkauf einer Bank. Und welche gesellschaftlichen und wirtschaftlichen Chancen entgehen uns, wenn wir nur auf die Risiken einer Technologie schauen?

Aus meiner täglichen Arbeit mit Unternehmern und

Forschern kenne ich auch die Wunder der digitalen Welt. Ja, ich kann nicht endlose Telefongespräche im Flugzeug führen und verhandle lieber von Angesicht zu Angesicht als über einen Bildschirm, und dennoch bin ich im Hinblick auf die digitale Technologie weiterhin optimistisch. Wenn ich als eine 72-jährige Frau, die in vierzig Jahren öffentlichen Lebens ständig überwacht und gehackt worden ist, eine digitale Botschafterin sein kann, dann kann zweifellos jeder an diesem Transformationsprozess teilnehmen.

ICT und Telekommunikation haben als Branchen ihren eigenen Wert, doch ihre eigentliche Bedeutung liegt in ihrem Beitrag zur übrigen Wirtschaft. Als Quelle von mehr als der Hälfte des Produktivitätszuwachses sichern sie Wettbewerbsfähigkeit und sorgen dafür, dass die Internetökonomie heute mehr zum Wachstum beiträgt als jeder andere Wirtschaftszweig.

Man denke nur an die Automobilindustrie, die eine so überragende Bedeutung für die gemeinsame Identität, den wirtschaftlichen Erfolg und das alltägliche Leben der Deutschen besitzt. Audi, BMW und Mercedes-Benz sind Pioniere auf dem Gebiet der autonomen Fahrzeuge, der Elektroautos und damit zusammenhängender Dienste. Sie sind heute gleichermaßen Softwarefirmen und Autohersteller: von der Lenkung über die Bremsen und GPS bis hin zum Digitalradio und zum mit Fördermitteln der EU entwickelten eCall-Notrufsystem. Wir brauchen Menschen, die in den Fabriken und Laboratorien dieser Firmen arbeiten können. Wir müssen sicherstellen, dass ihre Produkte überall funktionieren – wir können keine Autos gebrauchen, die an Landesgrenzen ihren Motor abstellen müssen, und wir wollen nicht, dass im EU-Ausland Roaming-Gebühren gezahlt werden müssen.

Eine richtige Politik auf diesen Gebieten kann den Grundstein für eine gute digitale industrielle Wirtschaftspolitik legen, die die industrielle Eigenständigkeit Europas schützt und voranbringt und unsere Weltmarktführung auf Gebieten wie Photonik, Elektronik, Automobiltechnik, intelligenten Systemen und Robotik sichert. Wenn unsere digitale Politik dagegen von Rückzug und Protektionismus geprägt ist, wird die gesamte industrielle Branche darunter leiden, und die Europäer werden bald nur noch Konsumenten sein, eingezwängt zwischen der Hardware aus Asien und der Software und den Internetdiensten aus Amerika.

Wir müssen diesen selbstverursachten wirtschaftlichen Schaden vermeiden und die Stärke haben, sowohl kreativ zu sein als auch den Konsum anzukurbeln. Das beginnt beim Abbau der Hemmnisse, die 28 nationale Märkte darstellen. Aber der eigentliche Grund für eine aktive Beteiligung an der digitalen Revolution ist nicht die Industrie, sondern die Tatsache, dass die digitale Technologie wesentliche Bedeutung für die Erhaltung des europäischen Modells sozialer Sicherheit besitzt.

Die Bevölkerung Europas altert, und das Arbeitskräftepotential Deutschlands schrumpft. Wir sind Opfer unseres eigenen Erfolgs: relativ hohe Löhne, eine hochwertige Gesundheitsversorgung; Ansprüche auf ein starkes Netz sozialer Sicherheit. Diese Siege haben ihren Preis. Und diesen Preis müssen wir zahlen, weil wir zum ersten Mal in einem echten globalen Wettbewerb mit Dutzenden von Volkswirtschaften stehen, die sich von den Beschränkungen des Kommunismus, des Kolonialismus und des Handelsprotektionismus befreit haben. In dieses Gedränge stürzt sich unsere junge Generation, in der Millionen ohne Arbeit und

Hoffnung sind, obwohl sie einen höheren Bildungsstand besitzen als jede Alterskohorte vor ihnen.

Wie kann die europäische Industrie in diesem Umfeld überleben? Wie werden wir Millionen von Menschen ein würdiges Dasein sichern, die bald schon hundert Jahre alt werden, und welche Arbeitsplätze wird es für die neue Generation geben?

Wir müssen uns mit der Tatsache aussöhnen, dass diese Fragen nicht beantwortet werden können, wenn wir uns nicht vollständig auf die digitale Technologie einlassen. Man denke an die Industrieroboter, die einige Arbeitsplätze kosten, aber auch die Möglichkeit eröffnen werden, Arbeitsplätze aus China zurückzuholen und die Industrie in Europa am Leben zu erhalten. Wir sollten offen sein für die Chancen, die Big Data bei richtigem Umgang für ein besseres Funktionieren unserer Gemeinschaften bietet, statt den Big Brother einzuladen, in unsere Privatsphäre einzudringen.

Diese Aussöhnung kann weder ich noch irgendjemand sonst in Brüssel verordnen. Ein Europa, das nicht auf dem Konsens der Menschen basiert, ist zum Scheitern verurteilt. Doch als Beschützerin der gemeinsamen europäischen Interessen hat die Europäische Kommission mehrere Rollen beim Übergang Europas ins digitale Zeitalter zu spielen.

Zunächst einmal muss sie dafür sorgen, dass Europa weltweit nicht in die zweite Liga abrutscht. Einstmals schufen wir den weltweiten Mobilfunkstandard 2G GSM, aber wir wurden selbstzufrieden und brachten nie die Aufgabe zu Ende, unseren einheitlichen Markt zu sichern. Unsere Staaten besorgten sich kurzfristig Geld, indem sie den Unternehmen Gebühren für 3G- und 4G-Lizenzen abpressten, verloren dadurch aber langfristig Mehrwertsteuereinnahmen und sorgten dafür, dass den Unternehmen das Kapital für weitere Investitionen fehlte, worunter auch unsere Gerätehersteller zu leiden hatten. Europa kann es sich nicht leisten, noch einmal solch einen Fehler zu machen.

Um das sicherzustellen, muss die Europäische Kommission Regeln für ein einheitliches Spielfeld setzen und dieses Spielfeld auch aufbauen: den einheitlichen Markt. Wir müssen ein System unterstützen, das Akteure für dieses Spielfeld schafft: durch Bildung und Forschung. Und wir dürfen nicht vergessen, dass die Kommission zwar gelegentlich Arzt, Trainer oder Cheer Squad, aber niemals selbst Spieler auf dem Spielfeld sein kann. Wir sind nicht der Torjäger oder der Held. Das ist Aufgabe der Privatindustrie und nationaler Politiker. Die Europäische Union sollte tun, was andere nicht tun können und was getan werden muss.

Da bleibt immer noch viel zu tun. Man denke etwa an den symbolischen Sieg der Abschaffung der Roaminggebühren, die nächste Woche vom Europäischen Parlament beschlossen werden dürfte.[1] Niemand außer der EU konnte dieses Marktversagen beheben. Es bedurfte einer großen und koordinierten Anstrengung, um den gemeinsamen Willen europäischer Unternehmen und Konsumenten zum Ausdruck zu bringen – einer Stimme, die in 28 nationalen Debatten kein Gehör gefunden hätte, weil dort stets die Interessen einiger weniger Telekommunikationsunternehmen siegen.

Ganz ähnlich ist es bei der »Netzneutralität« – der Mög-

---

[1] Im April 2014 stimmte das EU-Parlament für ein generelles Verbot von Roaminggebühren zum 15. Dezember 2015. Ob dieser Termin eingehalten wird, ist derzeit (Stand Februar 2015) nicht absehbar, weil der Europäische Rat noch nicht zu einer Einigung gelangt ist (Anm. d.V.).

lichkeit, im Internet Zugang zu jedem legalen Inhalt zu haben, den man sich wünscht. Dieses Recht wird erst real, wenn es gesetzlich festgelegt ist und für alle 500 Millionen Europäer gilt. Man könnte auch sagen, nur die Europäische Union sei in der Lage, eine starke gemeinsame Antwort auf die jüngsten Überwachungsskandale zu geben. In einer idealen Welt wäre das sicher richtig. Aber solch eine Welt gibt es nicht, und der Preis dafür wäre weniger Freiheit für die Nationalstaaten. Das werden jedoch die nationalen Regierungen einschließlich der deutschen und die meisten Bürger nicht akzeptieren. Zu den Folgen dieser Realität gehört eine begrenzte Handlungsfähigkeit hinsichtlich der massenhaften Ausforschung durch ausländische und einheimische Geheimdienste.

Geht Europa innerhalb seiner Möglichkeiten den richtigen Weg? Ich denke, wir gehen in die richtige Richtung; manchmal stürmen wir und manchmal humpeln wir voran. Unsere langfristige digitale Planung ist einzigartig. Wir haben das weltweit größte Forschungsprogramm und fördern die bedeutsamste Forschung der Welt – von der Hirnforschung bis zur Entwicklung des nächsten Wundermaterials: Graphen. Wir werden die Weltmarktführung im Bereich des Mobilfunks durch die globalen Mobilfunkstandards der fünften Generation zurückgewinnen und die Vereinigten Staaten bis 2020 in der Chipproduktion überholen.

Wir sind auch Weltmeister des Wandels an unseren schwächsten Fronten wie dem Mangel an digitalen Qualifikationen in allen Altersgruppen, der bald dafür sorgen wird, dass eine Million Arbeitsplätze mit digitalen Qualifikationsanforderungen unbesetzt bleiben werden, obwohl 26 Millionen Menschen Arbeit suchen. Ich kann diese Qualifikationen nicht verordnen oder diese Menschen in Arbeit bringen – aber bis zu meinem letzten Atemzug werde ich mich für mehr Respekt vor Unternehmertum einsetzen und mit jedem zusammenarbeiten, der bereit ist, die Investition in diese Zukunftsqualifikationen zu erhöhen.

Entscheidend ist auch, dass die Europäische Kommission bereit ist, digitale Fragen einer Realitätsprüfung zu unterziehen. So ist es politisch nicht opportun, Bürgern und Politikern gleichermaßen zu sagen: Die Besonderheit der digitalen Welt liegt gerade darin, dass alles mit allem vernetzt ist, so dass man digitale Probleme nicht jeweils für sich behandeln kann. Deshalb schlägt die Kommission weitreichende Regulierungen für einen einheitlichen Telekommunikationsmarkt vor und nicht nur zum Beispiel die Abschaffung der Roaminggebühren.

Aber was soll als Nächstes geschehen? Die allumfassende Vernetzung führt uns wieder zum leidigen Problem der Daten. Das Internet wird heute von Daten angetrieben. Milliarden von Sensoren tauschen Daten miteinander aus, Milliarden von Menschen geben ihre Daten preis, um Informationen, Spiele und soziale Netzwerke nutzen zu können, ohne Geld dafür zahlen zu müssen.

Die Verarbeitung von Daten eröffnet uns zwar die Möglichkeit, effizienter zu arbeiten, den Menschen mehr von dem zu geben, was sie sich wünschen, und uns selbst in einer Weise wahrzunehmen, wie dies zuvor nicht möglich war, aber wir müssen noch das richtige Gleichgewicht finden. Allzu viele Menschen agieren hier noch mit geschlossenen Augen. Sie halten das Internet für eine kostenlose Einrichtung, obwohl das unmöglich der Fall sein kann. Für jede Dienstleistung, jeden Inhalt im Internet hat jemand mit seinem Geld oder seiner Zeit gezahlt. Und Benützer müssen dafür entweder mit ihrem Geld oder mit ihren Daten zahlen.

Es ist unbefriedigend, wenn Bürger und Aktivistengruppen von Politikern noch härtere Maßnahmen zum Schutz der Privatsphäre fordern, während sie selbst durch ihr Verhalten zeigen, dass sie diesen Schutz nicht wirklich ernst nehmen. In einer Studie des Fraunhofer-Instituts in Deutschland sagten 95 Prozent der Befragten den Forschern, sie überlegten sich ernsthaft, wem sie ihre Daten überließen, aber achtzig Prozent derselben Befragten waren in einem Laborexperiment bereit, ihre persönlichen Daten für fünf Euro zu verkaufen, und fünfzig Prozent der Deutschen behaupten, sie läsen die ellenlangen Vertragsbedingungen der im Internet abgeschlossenen Verträge, obwohl der gesunde Menschenverstand sagt, dass es in Wirklichkeit kaum mehr als ein Prozent sein dürften.

Angesichts einer so gewaltigen Kluft zwischen Wahrnehmung und Wirklichkeit im Datenschutz liegt die einzig nachhaltige Lösung in besseren Sicherheitsprodukten, einer besseren Absicherung der Eingangstüre. Sonst werden die Menschen weiterhin blind ihre Daten herausgeben, und man wird es Geheimdiensten und Unternehmen weiterhin allzu leicht machen, Daten auszuspähen oder für ihre Zwecke zu nutzen.

Deshalb sollten wir in solch eine sicherere Zukunft investieren. Wir sollten die Sicherheit in den nächsten zehn Jahren zu einem Wettbewerbsvorteil Europas machen. Amerikanische Unternehmen können dabei unsere Verbündeten sein – achtzig bis neunzig ihrer Kunden leben außerhalb der Vereinigten Staaten. Sie haben ebenso wenig Interesse wie Sie und ich an einer Ausspähung durch die NSA. Die Europäische Kommission investiert Hunderte

Millionen Euro in die Forschung auf Gebieten wie der Smartcard oder der Kryptografie. Mehrere neue Gesetze werden die Sicherheit grenzüberschreitender Transaktionen erhöhen; sie werden Unternehmen mit kritischen Dienstleistungen und kritischer Infrastruktur zwingen, Datenlecks – sowohl an die Betroffenen als auch an nationale Behörden – zu melden; und sie werden Unternehmen, die Ihre Daten nicht ausreichend schützen, mit Strafen belegen.

Wenn wir die digitale Welt in ihrer Vielschichtigkeit erkennen, können wir die Wirtschaft von morgen aufbauen und gestalten, statt uns mit der von gestern durchzuwursteln. Wir müssen uns einen vernetzten, offenen und sicheren Kontinent zum Ziel setzen.

»Vernetzt« heißt Verfügbarkeit schneller Netze sowohl unterwegs als auch zu Hause. Nur eine Grundverbindung zu besitzen reicht nicht aus, um diese neue Form von Konnektivität zu verwirklichen.

»Offen« heißt ein Internet, das weiterhin eine für alle Menschen offene Ressource darstellt, ein Internet ohne Mauern, das von allen gemeinsam gelenkt wird. Ein von Staaten betriebenes oder zerstückeltes und vom Staat bei Bedarf abschaltbares Internet wäre ein Zerrbild, das alles verriete, woran die Gründer des Internets und des World Wide Web geglaubt haben.

»Sicher« bedeutet weit mehr als Begrenzung staatlicher Überwachung. Die Deutsche Telekom registriert täglich 800 000 Angriffe auf ihr Netz. Solch ein Datenroulette, ob persönlich oder nicht, darf es in Zukunft nicht mehr geben.

Diese Vision ist ein Versprechen an die Menschen in Europa und nimmt die digitale Welt in das weiterhin gültige Versprechen einer Europäischen Union als einer Gemeinschaft auf, die nicht durch historische Vermächtnisse, geografische Grenzen oder bürokratische Barrieren behindert wird.

Technologie, Recht, Grundrechte und ökonomische Chancen müssen sich wechselseitig unterstützen. Und wir alle müssen uns gegenseitig unterstützen, weil die digitale Welt nun einmal da ist und wir uns nicht von ihr abwenden können.

Aus dem Englischen von Michael Bischoff

Daten, die das Leben kosten
Von Sascha Lobo (2. April 2014)

Wie kann man ernsthaft einen neuen Internetoptimismus fordern, der doch wieder enttäuscht würde? Oder, schlimmer: sich womöglich nochmals als naiv erwiese? Die Antwort: Der Preis erneuter Enttäuschung ist gering, es gibt keine sinnvolle Alternative zu einem neuen Netzoptimismus. Zu einem, der Kritik ernst nimmt und integriert, statt mit Spott zu reagieren oder gar nicht. Sein Ziel bestünde darin, die digitale Vernetzung der Gesellschaft zu menschenwürdigen Bedingungen voranzutreiben, ohne wesentliche Werte der Aufklärung in einem Klosett in Langley hinunterspülen zu lassen.

Der Schlüsselsatz aus Martin Schulz' kämpferischem Debattenbeitrag zur digitalen Vernetzung in dieser Zeitung lautet: »Wenn der Bürger nur zum Wirtschaftsobjekt degradiert wird und der Staat ihn unter Generalverdacht stellt, kommt es zu einer gefährlichen Verbindung von neoliberaler und autoritärer Ideologie.« Das ist nachvollziehbar, neoliberal und autoritär, die Singapurisierung Europas kann niemand wollen. Weil aber das Vage die Debatte zur digitalen Sphäre vergiftet, ist es für das Verständnis des kommenden Kampfes essentiell, der konkreten Gefahr nachzuspüren, statt sie diffus zu beschwören. Am besten beginnt man bei der radikalsten Konsequenz der Datensammlung: der gezielten Tötung.

Seit 2011 sind die sogenannten Signature Strikes der Vereinigten Staaten bekannt, ferngesteuerte Exekutionen per Drohne. Betroffen sind Personen und Gruppen, die nicht verurteilt oder auch nur angeklagt wurden. Oft genug trifft es zufällig Danebenstehende. Der republikanische Senator Lindsey Graham, der der Übertreibung um des Friedens willen unverdächtig ist, sprach Anfang 2013 von bis dahin 4700 Drohnentoten.

Noch scheint die Tötungsentscheidung von Menschen getroffen zu werden – spitzenwiderlich, und doch nur das Vorspiel künftiger Perversionen. Die Drohne »Taranis« des britischen Rüstungsunternehmens BAE Systems – Großlieferant der amerikanischen Regierung – wurde im Februar 2014 vorgestellt. Gesteuert wird sie durch ein »fully autonomous intelligent system«, ein schwiemeliger Euphemismus für den kybernetischen Horrorklassiker: Die Drohne kann autonom identifizieren, wen sie wo und wann tötet. Eine digitale Todesschwadron, bei der aus einem Bug ein Zufallsmord werden kann. Laut BAE muss stets ein Mensch einen Angriff prüfen und genehmigen, technisch zwingend wäre es mit Taranis nicht mehr. Und die Institutionen, die diese Drohne einsetzen werden, sind bisher nicht unbedingt durch begeisterte Einhaltung rechtsstaatlicher Regeln aufgefallen. Sondern durch maßloses Ausschöpfen jeder technischen Machbarkeit. Der Blick in das Funktionskonzept dieser automatisierten Mordtechnologie offenbart die zivilisatorische Kälte einer datengetriebenen Ideologie. Es ist eine dunkle Ideologie der vermeintlichen Alternativlosigkeit: »Ich habe nur Befehle ausgeführt« im Maschinengewand.

Die Entscheidung, wer zu töten sei, folgt einem neuen Paradigma der Datenverarbeitung namens »Patterns of Life Analysis«, grob zu übersetzen mit Verhaltensmuster-Analyse. Vereinfacht erklärt, basiert es auf Profilen und

Wahrscheinlichkeiten. Für sich genommen, ist dieses Paradigma weder gut noch schlecht. Allerdings erfordert es einen ständigen Datenstrom, denn solche Wahrscheinlichkeiten altern schnell. Im Fall der Drohnenmorde werden anhand der SIM-Karten in Mobiltelefonen Profile angelegt und per Überwachung angereichert, hauptsächlich mit den sogenannten Metadaten. Die Abkürzung ABI (*activity-based intelligence*) steht dafür, dass jede ausspionierte Aktivität in die Berechnung einfließt: SMS an besondere Adressaten, die Anwesenheit des Handys am falschen Ort zur falschen Zeit, Anrufe bei einer bestimmten Nummer. Es ergibt sich nach den *patterns of life* eine Wahrscheinlichkeit, dass es sich bei einem Profil um einen Terroristen handeln könnte.

Irgendwann wird durch die Akkumulation einer Vielzahl von Datenströmen – Accumulo heißt das dabei verwendete Datenbanksystem der NSA – ein willkürlich gesetzter Wert überschritten. Die Person zum Profil wird dann nicht mehr als wahrscheinlicher Terrorist betrachtet, sondern als Terrorist. Das ist ihr Todesurteil. Und die Berechnungsmethode ist der Grund, weshalb regelmäßig Leute ermordet werden, deren Name nicht einmal bekannt ist, wie das *Wall Street Journal* enthüllte. An diesem Punkt schlagen die *patterns of life* um in die *patterns of death*, die tödliche Gewissheit eines Datenmodells, verdichtet zu einer horriblen Ideologie. Ihr Kern: Nach willkürlichen Kriterien berechnete Wahrscheinlichkeiten werden als Realität angesehen. Dann wird danach gehandelt, selbst wenn das bedeutet, einen glasklaren Mord zu verüben.

Das ist das ideologische Fundament für den Spähwahn der Geheimdienstmaschinerie: die Überzeugung, zur eindeutigen Wahrheit zu gelangen, wenn man die Maschine bloß mit ausreichend vielen Daten füttert. Der Soziologe Dirk Baecker gab im November 2013 einen Hinweis darauf, wie diese geheimdienstliche Realitätskonstruktion zurückwirkt auf die Politik: »Geheimdienste arbeiten nur dann stabil und damit unter politischer Kontrolle, wenn sie jede ihrer Informationen für instabil halten müssen. Denn nur unter der Bedingung instabiler Informationen müssen sie deren Bewertung der Politik überlassen. Im Falle aller eindeutigen Informationen behalten sie das Deutungsmonopol und können darauf ihre Autonomieansprüche und ihren Einfluss begründen.«

Der Glaube an die endgültige Berechenbarkeit der Welt wird gestützt von einem Apparat, dessen Macht ins schier Unendliche wächst, wenn die Politik auch daran glaubt. In diesem Fall aber werden immer weniger Einzelentscheidungen gebraucht, sondern immer mehr und mehr Daten. Das ist das Gruseligste an dieser Ideologie: Sie konstruiert aus einem Wust von Daten eine vermeintliche Realität, in der keine persönliche Verantwortung mehr für maschinell getroffene und ausgeführte Entscheidungen übernommen werden muss. Diese datengetriebene Ideologie zielt auf eine Entpolitisierung der Macht, auf die Virtualisierung der Verantwortung. Und damit auf die Aushöhlung der Demokratie. Und es handelt sich nicht um ein isoliertes Phänomen der Terrorbekämpfung.

Denn der Fortschritt selbst – die sozialen Medien mit neuen Datenkategorien, die Beherrschbarkeit großer Datenmengen, die Robotik – hat nebenbei die Bereitschaft erhöht, mehr und wichtigere Entscheidungen der Maschine zu überlassen. Je komplexer die Aufgaben, die Maschinen sichtbar bewältigen, desto mehr unterstellt man eine Lösungsintelligenz. Die muss aber gar nicht vorhanden sein,

ein Staubsaugerroboter hat nicht die geringste Ahnung vom Staubsaugen, er kann es bloß. Schon gar nichts weiß er über Hygiene. Bei der Übertragung von Entscheidungsgewalt an die Maschine spielt auch die Erkenntnis von Joseph Weizenbaum eine Rolle, nach der Menschen dazu neigen, berechnete Ergebnisse eines Computers absonderlich ernst zu nehmen, eine Schwester von Horkheimers instrumenteller Vernunft.

Mit maschinell produzierter Gewissheit in einer ungewissen Welt drängt sich die Ideologie in alle Lebensbereiche, indem sie Wahrscheinlichkeit als Wahrheit verkauft samt zwingender Handlungsanweisung. Weil dafür persönliche Daten benötigt werden, ist Datenschutz ihr erster und größter Feind. Die Suche nach weiteren Schlachtfeldern dieser Ideologie führt deshalb nach Brüssel und Straßburg, wo lange die Europäische Datenschutz-Grundverordnung verhandelt wurde, die im Jahr 2014 beschlossen werden soll.[1]

Eine Reihe Lobbygruppen haben sich dabei eingebracht. Der Markt rund um Daten ist so groß, dass sich diese teuren Investitionen schon lohnen, wenn am Ende bloß ein Geschäfte erschwerender Halbsatz wegfällt. Das hat nicht zwingend mit der beschriebenen Ideologie zu tun, natürlich lassen sich Daten ebenso positiv nutzen.

Mehr noch, die gesamte Ökonomie transformiert sich zur Datenökonomie, die digitale Vernetzung und ihre Datenflüsse sind das Nervensystem der kommenden Wirtschaft. Und doch lohnt ein Blick auf die Datenschutzgegner in Brüssel. Wenig überraschend finden sich darunter

---

[1] Bislang (Stand Februar 2015) wurde die Verordnung nicht beschlossen; vgl. dazu die Fußnote auf S. 60 (Anm. d. V.).

Facebook, Google, Microsoft. Ebenso deutsche Adresshändler, die Zeitschriften- und die Marketingbranche. Zu den aggressivsten aber gehört die Gemeindeverwaltung der Londoner Innenstadt, die City of London Corporation. Huch?

Als gewählte Instanz kann sie wesentlich besser politischen Einfluss nehmen, manchmal agiert sie sogar mit dem Mandat der britischen Regierung. In Wahrheit ist die City of London ein Monstrum. Ihre wichtigste Mission laut Website: »Wir unterstützen und fördern die City of London als weltweit führend in der internationalen Finanzwirtschaft.« Das ist kein Zufall. Denn bei der Wahl der Gemeindevertreter können auch Unternehmen abstimmen. Nach der Zahl ihrer Mitarbeiter. 2009 hatten deshalb rund 8000 Bürger jeweils eine Stimme. Die ansässigen Unternehmen konnten 24000 Stimmen abgeben. Die Gemeindeverwaltung der Londoner Innenstadt wird faktisch von Finanzkonzernen bestimmt, eine einzigartige Pervertierung der Demokratie. Schön und gut oder vielmehr schlimm und schlecht – aber was hat das mit der Ideologie hinter *patterns of life* und der künftigen Entwicklung des Internets zu tun?

Leider alles. Denn die Aggression der Politik gewordenen Bankenlobby gegen die Datenschutz-Grundverordnung markiert den Kampf um einen zukünftigen Markt im Netz: »Das größte Geschäft mit privaten Daten werden die Risikoabschätzung und die individualisierte Berechnung des Werts eines Kunden sein«, sagt Jan Philipp Albrecht, grüner Europaparlamentarier und eine der treibenden Kräfte hinter der Datenschutz-Grundverordnung. Mit diesem Markt beginnt die dunkle, deterministische Datenideologie spürbar auch in das Leben des deutschen

Durchschnittsbürgers einzugreifen. Und nicht nur in das von jemenitischen Hochzeitsgesellschaften wie der zwölfköpfigen, deren Auslöschung per Drohne im Dezember 2013 durch ein datenbasiertes Versehen geschah.

Schon 2011 sicherte sich Google, übrigens Inhaber einer weltweiten Bankenlizenz, ein Patent auf das sogenannte Dynamic Pricing. Dabei wird in Online-Shops kein gleichbleibender Preis für eine Ware angezeigt, sondern ein individuell berechneter, den genau dieser Kunde zu zahlen bereit sein könnte. Das geschieht, natürlich, über Profilbildung und Wahrscheinlichkeit, und obwohl die konkreten Formeln nicht bekannt sind, könnte alles einfließen, was das Unternehmen über einen Nutzer weiß, die Suchhistorie, der Wohnort, die abgeschätzte Kreditwürdigkeit, das Kaufverhalten im Android Appstore oder das Bewegungsprofil des Smartphones – Verhaltensmuster eben. Laut Googles Patentschrift könnten bestimmte Kunden überzeugt werden, für ein Produkt bis zu viermal mehr zu bezahlen als andere. Beim Online-Einkaufen automatisch über den Tisch gezogen zu werden ist zweifellos schöner, als beim Heiraten automatisch von einer Drohne zerfetzt zu werden.

Der ideologische Ansatz dahinter ist derselbe: Die persönlichen Daten eines Individuums werden automatisiert und ohne sein Wissen zu seinem Schaden missbraucht. Ob man bestimmte Produkte überhaupt noch angezeigt bekommt, ob man eine Flugreise antreten darf, ob man einen Job bekommt, ob man als Mieter einer Wohnung taugt – das Modell kann quer durch die digitale Gesellschaft angewendet werden, der Konsument oder Bürger wird, den Wahrscheinlichkeiten folgend, in seiner Handlungsfreiheit beschnitten. Ohne dass er sich substantiell wehren könnte oder auch nur Einblick in die Profile und Berechnungen bekäme, die sein Leben bestimmen.

Die City of London treibt einen tiefen Finanzmarkt der Zukunft voran, in dem persönliche Daten zusammengeführt werden, um zum Beispiel das Wertschöpfungspotential einer Person zu berechnen. Daraus ergibt sich, wie viel ein Unternehmen maximal in einen Rabatt investieren könnte, um den Interessenten zum Kunden zu machen. Ebenso ließe sich für jede Person in jeder Situation vermeintlich bestimmen, wie hoch das Risiko eines Zahlungsausfalls ist, welche Produkte zu welchen Preisen mit welchen Zahlungsmethoden und welcher Finanzierung man ihr anbieten kann und welche nicht. Die ultraneoliberale Seite dieser Ideologie offenbart sich hier. Wer arm ist und sich ein Produkt nur mit Mühe leisten kann, bekommt es teurer angeboten. Wer reich ist und damit ein potentiell attraktiver Kunde, bekommt das gleiche Produkt in berechenbarer Erwartung zukünftiger Umsätze verbilligt – »Wer hat, dem wird gegeben«. Um diesen Schatz zu heben, versuchen Internetkonzerne, Informationsdealer und Investmentbanken im Verein, die Mitbestimmung der europäischen Bürger über ihre Daten auszuhebeln.

Seine passgenaue Ergänzung findet dieser zukünftig größte Markt im Internet im derzeit größten Markt im Internet, der Werbung. Der überwiegende Teil heutiger Internetwerbung hat nichts mehr zu tun mit den romantischen Kreativitätsmythen von *Mad Men* bis *39,90*. Online-Werbung ist zum privatwirtschaftlichen Arm der digitalen Totalüberwachung mutiert, nur dass es hier um Kauf- und nicht um Killwahrscheinlichkeit geht. Bezogen auf Smartphone-Ortung und Suchhistorie, sagte Google-Aufsichtsrat Eric Schmidt 2010: »Wir wissen, wo Sie sind. Wir wissen, wo Sie waren. Wir wissen mehr oder weniger, woran Sie denken.« NSA-Chef Keith Alexander hätte es kaum besser formulieren mögen.

Schmidt sagt solche beängstigenden Sätze, weil die Werbeindustrie Werbung für effizienter hält, wenn man die Zielgruppe so präzise wie irgend möglich kennt. Bis in die intimsten, womöglich kaufentscheidenden Details der *patterns of life* hinein. Im Oktober 2013 wurde in der Werbefachzeitschrift *Adweek* eine Studie besprochen, nach der bei Frauen montags die Wahrscheinlichkeit am höchsten sei, sich hässlich zu fühlen. Deshalb sei dies der richtige Zeitpunkt, um ihnen entsprechende Kosmetik anzupreisen. Die Autorin der Studie war Chefstrategin einer Agentur, die zu Publicis Omnicon gehört, der größten Werbeholding der Welt. Der Moment der Verzweiflung als Marktvorteil – es gibt kaum persönliche Daten, die nicht auf die ein oder andere Weise verwertbar wären. Hier ist der Kristallisationspunkt der digitalen Überwachung, alles sammeln, alles aggregieren, alles auswerten, denn alles kann wichtig sein, die Muster, die das Leben ergeben.

Diese datensüchtige Ideologie ohne jeden Respekt vor der Würde des Einzelnen ist die Parallele zwischen staatlicher und privatwirtschaftlicher Überwachung, zwischen radikalisierten Geheimdiensten, skrupelloser Finanzwirtschaft und aggressiven Werbekonzernen. Weil die wesentlichen Prozesse im Verborgenen ablaufen müssen, um effizient zu funktionieren und Gegenmaßnahmen zu erschweren, ist neben Datenschutz auch Transparenz ein Feind dieser Ideologie. Natürlich ist ein Drohnenmord etwas völlig anderes als ein zum Zeitpunkt größten Unbehagens angebotenes Schminkset oder ein Job, den man nicht bekommt, weil irgendeine Profilberechnung eine geringe Erfolgswahrscheinlichkeit ergibt. Die Verbindung aber besteht in der Abschaffung der digitalen Privatsphäre zum Zweck der Effizienzsteigerung und in der Zuordnung einer Person zu einem Profil, ohne dass sie darauf den geringsten Einfluss hätte. Oder auch nur davon wüsste.

Weil auf dieser Grundlage am Ende lebens- und sterbensbestimmende Entscheidungen getroffen werden, handelt es sich um eine Ideologie im marxschen Sinn, um »ein Gebäude, das zur Verschleierung und damit zur Rechtfertigung der eigentlichen Machtverhältnisse dient«. Diese selbstherrliche Ideologie begreift das Leben aller ausschließlich als Datenmodell und beraubt sie individualisiert nach rechnerisch konstruiertem Gutdünken ihrer digitalen Handlungsmöglichkeiten. In einer hypervernetzten Zukunft ist das nichts anderes als eine Beschneidung der Freiheit. Gegen diese Ideologie anzukämpfen heißt deshalb, für eine freie und offene Gesellschaft zu kämpfen.

Das aber kann nur mit der digitalen Vernetzung, mit dem Internet geschehen und nicht dagegen. Es geht nicht um die Ablehnung des Fortschritts, sondern um dessen Richtung. Deshalb braucht man – einen neuen Internetoptimismus. Die irreversible Verschmelzung der Netzwelt mit der Restwelt bedeutet, dass Netzoptimismus in seiner Wirkung identisch ist mit Gesellschaftsoptimismus: Es lohnt sich zu kämpfen, weil ein positiver Ausgang möglich ist. Der Weg dorthin beginnt damit, die Ideologie unwirksam zu machen, indem die Erhebung, Zusammenführung und Auswertung von Daten zu angereicherten Profilen nach präzise definierten Regeln geschieht, indem jeder Einsicht in und Kontrolle über seine Profile als Recht zugesprochen bekommt. Und indem man dem digitaldeterministischen Gesellschaftsbild entgegentritt, mit dem eine vollständig markt- und machtkonforme Welt erschaffen werden soll.

Angst vor Google
Von Robert M. Maier (3. April 2014)

Auf Basis seiner starken Suchmaschine ist Google zum einflussreichsten Konzern der Welt geworden. Schon heute dominiert Google in vielen Ländern der Welt wesentliche Bereiche der Wirtschaft, nicht nur im klassischen E-Commerce. Und die Dominanz nimmt mit jedem Jahr weiter zu.

Die meisten Menschen verbinden Google immer noch mit der Suchmaschine. Mit einem Marktanteil von mehr als neunzig Prozent dominiert Google den deutschen Suchmaschinenmarkt. Ähnliche Marktanteile hat Google auch in anderen europäischen Ländern. Doch Google ist heute viel mehr als die Suchmaschine, nämlich und unter anderem auch Eigentümer von Android, dem wichtigsten Betriebssystem für Smartphones und Tablets. Im dritten Quartal 2013 liefen mehr als achtzig Prozent der weltweit neu ausgelieferten Smartphones auf Android, Tendenz steigend.

Doch Android spielt nicht nur auf Smartphones und Tablets eine immer wichtigere Rolle. So soll es bald in Fernsehern, Spielekonsolen, Kameras und Autos laufen. Man hat tatsächlich das Gefühl, dass Google an einer Art »Betriebssystem unseres Lebens« baut, wie kürzlich die Zeitschrift *Capital* schrieb. Dazu gehört Google Youtube, die größte Videoplattform (und gleichzeitig die zweitgrößte Suchmaschine) der Welt, der Browser Chrome, der in nur fünf Jahren die stärkste Stellung im weltweiten Browser-Segment erobert hat, sowie der weltweit am meisten genutzte E-Mail-Dienst Gmail. Damit ist Google Marktführer bei Suchmaschinen, mobilen Betriebssystemen, Browsern, Online-Videos und E-Mail-Diensten. Dies führt zu einer unglaublichen Machtfülle, die von vielen Verbrauchern und Politikern unterschätzt wird.

Ich bin kein pauschaler Kritiker der digitalen Entwicklung. Beruflich und privat nutze ich Notebook, Tablet und Smartphone sowie Gmail, Facebook und Twitter. Ich verdiene mein Geld im Internet. Ich bin mit digitalen Technologien aufgewachsen und freue mich über viele Vorteile, die neue Technologien (Suchmaschinen und soziale Netzwerke) sowie das Sammeln und Auswerten von Daten (personalisierte Werbung und Nutzung regionaler Dienste) mit sich bringen.

Und ich habe Respekt vor Google. Ich mag Googles Einstellung, das Unmögliche zu denken und erreichen zu wollen. Dadurch revolutioniert Google auch klassische Industrien. Doch Google überdreht das Rad: Mich beunruhigt die wirtschaftliche und gesellschaftliche Rolle, die große IT-Konzerne mittlerweile in unserem Leben spielen. Aus Respekt wird langsam Furcht. Der Skeptiker Evgeny Morozov sagte kürzlich: »Ich bin kein Technikkritiker. Ich kritisiere die Monopolisierung von Macht durch Technik – und unseren naiven Umgang damit.« Dem schließe ich mich an.

Google stellt sich gern als die Inkarnation des Guten dar. Auf Googles Unternehmens-Website findet man zehn Firmengrundsätze, darunter: »Der Nutzer steht an erster Stelle, alles Weitere folgt von selbst« und »Geld verdienen, ohne jemandem damit zu schaden«. Doch tatsächlich stehen Googles Verhaltensweisen oft im krassen Gegensatz zu diesen Grundsätzen.

Google baut auf den Suchergebnisseiten immer mehr und immer prominenter Werbung für seine Produkte ein (Google AdWords, Google Shopping). Die »organischen« Ergebnisse, also die Ergebnisse, die gemäß Googles eigenem Suchalgorithmus die besten Ergebnisse sind und für die Website-Betreiber nicht bezahlen müssen, bekommen immer weniger Platz eingeräumt. Sie spielen im so wichtigen, unmittelbar sichtbaren Bereich des Bildschirms eine immer geringere Rolle. Dies trifft besonders auf Smartphones und Tablets zu, die deutlich kleinere Bildschirme als herkömmliche PCs und Notebooks haben, von denen aber eine immer größere Anzahl der Suchanfragen stammt. Steht der Nutzer wirklich an erster Stelle, wenn er vor lauter Werbung die organischen (und somit laut Google besten) Ergebnisse kaum noch finden kann?

Es gibt Software von unabhängigen Unternehmen, die das Schalten von Werbung im Internet unterbinden sollen, sogenannte Ad-Blocker. Diese sind bei vielen Nutzern sehr beliebt, weil sie Werbeeinblendungen unterbinden. Durch diese Programme wird tendenziell auch Werbung von Google geblockt. Aber was macht Google? Es legt den Ad-Blockern nahe, Googles Werbung doch zuzulassen. So bezahlt Google die Herstellerfirma des wichtigen Ad-Blockers Eyoe, damit diese bestimmte Werbungen nicht mehr blockt. Das ist sicherlich nicht zum Wohle aller Nutzer.

Google »schiebt« eigene Angebote, die zumindest aus Sicht der Suchenden häufig signifikant schlechter sind als vergleichbare Angebote von Wettbewerbern, nach ganz oben in die Suchergebnisse. Wer aktuell auf Google.de nach »Ferienwohnung Barcelona« sucht, bekommt als erstes organisches Ergebnis nicht etwa eine Website, über die man diverse Ferienwohnungen in Barcelona buchen kann, sondern ein Google+-Profil angezeigt. Google Plus (G+) ist das zweitgrößte soziale Netzwerk, so etwas wie Googles Antwort auf Facebook. Es ist festzuhalten, dass das G+-Ergebnis nicht als »Anzeige« gekennzeichnet ist. Das ist schon sehr fragwürdig; denn indirekt bezahlt Google sich ja quasi selbst für dieses Ergebnis, auch wenn kein Geld fließt. Auf jeden Fall handelt es sich bei dem G+-Ergebnis sicherlich nicht um eines, das wegen des Suchalgorithmus ganz oben steht. Aber den meisten Nutzern ist dies nicht klar: Sie denken, dass dies das beste Ergebnis für ihre Suche sei.

Wenn sie aber nun auf dieses G+-Ergebnis klicken, werden die Nutzer enttäuscht: Sie kommen auf eine G+-Seite, die viel schwächer ist als die Websites der Wettbewerber. Auf der G+-Seite gibt es nur eine einzige Ferienwohnung, keine Bilder, keine Beschreibung, keine Preisangabe, keine Buchungsmöglichkeit, keine deutschen oder zumindest englischen Erfahrungsberichte, keine Angaben zur Personenanzahl. Auf den Websites der Wettbewerber, die jedoch erst unter dem G+-Ergebnis stehen, finden die Nutzer Hunderte Ferienwohnungen mit Beschreibungen, Bildern, Preisen, Bewertungen auf Deutsch und Englisch und teilweise diversen Filtermöglichkeiten. All dies bekommt man bei G+ nicht.

Warum liefert Google seinen Nutzern ein schlechteres Ergebnis? Google will mehr Geld verdienen; das ist erlaubt. Google weiß, dass die Websites, die Ferienwohnungen vermitteln, damit Geld verdienen. Und dieses Geschäft möchte Google lieber selbst machen. Das ist legitim. Aber anstatt ein besseres Produkt zu bauen und sich dem Wettbewerb zu stellen, nimmt Google ein eigenes Produkt, das in diesem Zusammenhang kaum Mehrwert bietet, und packt es nach ganz oben in die Suchergebnisse.

Die Folge ist, dass Vermieter von Ferienwohnungen nun sehen, dass man über das ganz oben stehende G+-Ergebnis Nutzer gewinnen kann. Vermieter haben also einen Anreiz, ihre Ferienwohnungen bei G+ zu registrieren, damit sie auch so weit oben angezeigt werden. Google lässt sein schlechtes Produkt so lange oben stehen, bis es automatisch immer besser wird, weil Vermieter von Ferienwohnungen Schritt für Schritt ihre strukturierten Daten an Google geben, in der Hoffnung, darüber mehr Buchungen zu erhalten. Gleichzeitig werden die anderen Websites, über die man Ferienwohnungen verschiedener Vermieter mieten kann, für die Vermieter unwichtiger, denn die bekommen ja immer weniger Besucher.

Somit fließen Werbebudgets, die früher an Websites flossen, die viele verschiedene Ferienwohnungen auf ihrer Seite angeboten haben, nur noch in geringerem Umfang – und womöglich bald schon an Google. Sobald Googles Dienste so stark geworden sind, dass die Vermieter auf die darüber gewonnenen Buchungen nicht mehr verzichten können, könnte Google diesen Dienst sehr wahrscheinlich von kostenlos auf kostenpflichtig umschalten.

Genauso ist Google in der Vergangenheit bei Google Shopping vorgegangen, einer Art Shopping-Plattform oder Produktvergleich, auf dem man die Angebote zahlreicher Online-Shops findet. Google Shopping ähnelt dem von uns betriebenen Produktvergleich www.ladenzeile.de vom Modell her sehr. Mehrere Algorithmusanpassungen hat Google schon vorgenommen, was zur Folge hatte, dass konkurrierende Produktvergleiche in den Suchergebnissen immer weiter nach unten rutschen. Deswegen finden immer weniger Nutzer die Websites der Wettbewerber. Zudem werden andere Produktvergleiche von einem wichtigen Google-Anzeigenformat mit Top-Plazierung ausgeschlossen, obwohl sie bestens für dieses Anzeigenformat geeignet wären.

Sowohl das Herunterschieben in den Suchergebnissen als auch der Ausschluss vom Anzeigenformat führen dazu, dass Google Shopping immer stärker wird, während seine Wettbewerber immer schwächer werden. Während die Online-Shops früher Geld für die verschiedenen Shopping-Plattformen ausgegeben haben und diese dann im freien Wettbewerb guter Websites um die Nutzer kämpfen mussten, geben die Online-Shops nun immer mehr Geld nur bei einer Shopping-Plattform aus, nämlich Google Shopping, und immer weniger bei den anderen. So entsteht Schritt für Schritt eine immer stärkere Abhängigkeit der Online-Shops von Google. Das kann dazu führen, dass Google den Online-Shops mittelfristig die Preise diktieren kann, die sie für eine Listung auf Google Shopping bezahlen müssen. Diese höheren Preise müssen sich die Shops dann bei den Nutzern (Verbrauchern) zurückholen. Zudem sinkt der Druck auf Google, seine Produkte weiter zu verbessern, weil der Wettbewerb ausstirbt.

Die Frage ist, ob Google auch seine eigenen Dienste dem Google-Suchalgorithmus für die Gewichtung beziehungsweise das Ranking von Websites unterwirft und, wenn nein, warum nicht? Wenn Googles Produkte tatsächlich so viel besser für den Nutzer wären, müssten sie ja gemäß dem Suchalgorithmus auch ohne das manuelle »Heraufsetzen« in die Top-Positionen der Suchergebnisse schon bald gut ranken. Aber viele Google-Dienste sind eben einfach schlechter als die der Wettbewerber. Sie würden gemäß Googles eigenem Suchalgorithmus wohl nie weit oben stehen oder erst nach vielen Jahren. Daher muss Google sie künstlich nach oben schieben, damit sie überhaupt Nutzer bekommen.

Googles Stellung ist auch durch diese Praktiken schon so stark geworden, dass viele Akteure im E-Commerce mehr Angst vor den Regeln Googles (»Google Policy Guidelines«) haben als vor dem Gesetz. Diese »Guidelines« betreffen vor allem das Online-Marketing bei Google. Der wichtige Unterschied zwischen den Gesetzen und Googles »Guidelines«: Über Gesetze und deren Einhaltung urteilen unabhängige Gerichte, vor denen man sich verteidigen kann und die ihre Urteile begründen und offenlegen müssen. Über die Einhaltung der »Google Guidelines« scheint hingegen Google ganz allein zu entscheiden, wie es aussieht, hinter verschlossenen Türen, ohne anderen Website-Betreibern die Chance zu lassen, sich zu verteidigen. Was für ein Satz: sich vor Google verteidigen!

Wir haben schon mehrfach bei unseren Websites von einem auf den anderen Tag siebzig Prozent weniger Besucher über die organischen Google-Suchergebnisse bekommen. Und die organischen Google-Suchergebnisse sind sehr wichtig für uns. Wir wussten nie, was wir falsch gemacht haben. Es gab keinerlei Mitteilung von Google. Doch was macht man nun als Firma: Stellt man wie geplant die neuen Mitarbeiter ein? Schließt man den neuen Mietvertrag für ein größeres Büro ab? Investiert man in neue Server? Kann man sich die Investitionen in Produktentwicklung noch leisten? All dies bedroht nicht nur mittelständische Firmen wie uns massiv.

Bisher haben wir es zwar immer geschafft, uns über

Wasser zu halten; aber viele unserer Mitbewerber hat es aufgrund der Wettbewerbssituation so hart getroffen, dass sie entweder den Betrieb schon eingestellt haben oder zumindest in der Bedeutungslosigkeit verschwunden sind. Da Google mehr als neunzig Prozent des Suchmaschinenmarkts beherrscht, kann man auch nicht einfach auf andere Suchmaschinen wie Bing ausweichen, denn darüber kann man kaum zusätzliche Nutzer gewinnen – das klassische Problem des Monopols.

Was sagt Google selbst? Das eindrucksvollste Zitat stammt aus dem Buch *Die Vernetzung der Welt* des langjährigen CEOs und aktuellen Chairman von Google, Eric Schmidt: »Wir sind überzeugt, dass Portale wie Google, Facebook, Amazon und Apple weitaus mächtiger sind, als die meisten Menschen ahnen. Ihre Macht beruht auf der Fähigkeit, exponentiell zu wachsen. Mit Ausnahme von biologischen Viren gibt es nichts, was sich mit derartiger Geschwindigkeit, Effizienz und Aggressivität ausbreitet wie diese Technologieplattformen, und dies verleiht auch ihren Machern, Eigentümern und Nutzern neue Macht.«

Zudem sagte Schmidt 2010: »Wir wissen, wo Sie sind. Wir wissen, wo Sie waren. Wir können mehr oder weniger wissen, was Sie gerade denken.« Und Larry Page, Gründer und heutiger CEO von Google, sagte schon 2004, dass die Google-Suche irgendwann in das Gehirn der Menschen integriert werde. Diese Aussagen sind erschreckend. Hier geht es nicht mehr nur um Wirtschaftspolitik, sondern um Gesellschaftspolitik.

Das wird noch deutlicher, wenn man die Denkweisen der Google-Manager analysiert. Kritisierte man, dass Google bis in die persönlichsten Bereiche ausspäht, antwortete Eric Schmidt 2009 als damaliger Google-CEO: »Wenn es

Dinge gibt, von denen Sie nicht wollen, dass irgendjemand etwas darüber erfährt, dann sollten Sie so etwas nicht tun.« Mit der Übernahme des Thermostat- und Rauchmelderherstellers Nest im Januar 2014 hat sich Google den Zugriff auf die in den Zimmern der Verbraucher installierten Geräte erkauft. Der Gründer von Nest Labs sagte einmal: »Wir wissen, wann Sie zu Hause sind.«

Googles Ausrede ist immer, dass es etwas nur mit Erlaubnis der Nutzer tue. Aber Nutzer haben in vielen Bereichen gar keine Möglichkeit mehr zu entscheiden, welche Daten sie preisgeben und was damit geschieht. Selbst wenn ich mich dagegen entscheide, Gmail zu nutzen: Sobald ich an jemanden eine Mail schicke, der Gmail nutzt, hat Google zumindest die Möglichkeit mitzulesen. Wenn jemand meine Telefonnummer, meine Post- und meine E-Mail-Adresse in seine Google-Kontaktliste einträgt, kann Google wissen, wo ich wohne und wie ich zu erreichen bin. Und wenn sich jemand im Google-Kalender einen Termin mit mir einträgt, kann es wissen, wen ich wann wo treffe, ohne dass ich den Google-Kalender nutzen muss. Damit wird das Grundrecht auf informationelle Selbstbestimmung ausgehebelt.

Das Monopol von Google wird noch dadurch gestärkt, dass Google in Deutschland und Europa kaum Steuern zahlt und sehr viel mehr Geld als deutsche und europäische Wettbewerber zur Verfügung hat. Angeblich erzielt Google 54 Prozent seiner Gewinne im Ausland, zahlt darauf aber nur geschätzte drei Prozent Steuern. Normal sind in Deutschland für Unternehmen eher dreißig. Diese Steuerpraxis scheint nach heutigem Stand legal zu sein, ist aber aus Sicht deutscher und europäischer Unternehmen und Bürger verheerend. Die Steuern, die Google gegenüber seinen deutschen und europäischen Wettbewerbern spart, nutzt es, um in mehr Mitarbeiter, mehr Forschung und Entwicklung sowie mehr Unternehmenszukäufe zu investieren. Dies schwächt die europäischen Firmen, Staaten und letzten Endes Bürger.

Obwohl all dies kein Geheimnis ist, schauen Politik und Wettbewerbsbehörden dem recht passiv zu. Und das, obgleich die EU-Kommission sich eigentlich mit Verfahren gegen große IT-Konzerne auskennt. Jahrelang gab es ein Verfahren gegen Microsoft. Doch im Vergleich zu Google erscheint selbst das damalige Microsoft als ungefährlich. Als 2013 bekannt wurde, dass die EU eine Kartellstrafe gegen Microsoft verhängt hat, schrieb der *Spiegel*: »Die Kartellstrafe gegen Microsoft kommt zu spät: Manche Konkurrenten sind längst pleite. Der Fall zeigt, wie ohnmächtig die Wettbewerbshüter gegenüber der Dynamik der IT-Märkte sind.«

An dieser Ohnmacht scheint die EU-Kommission, insbesondere in Gestalt des derzeitigen Wettbewerbskommissars Almunia, nichts ändern zu wollen. Denn auch für viele Google-Wettbewerber könnte es bald zu spät sein. Seit 2010 läuft eine Beschwerde von europäischen Unternehmen und Verbänden gegen Google bei der EU-Kommission. Auch unsere Firma hat sich dieser Beschwerde angeschlossen. Almunia hat daraufhin eine kartellrechtliche Prüfung zu Online-Suche und Suchmaschinenwerbung gegen Google eingeleitet und festgestellt, dass vier Geschäftspraktiken von Google möglicherweise gegen das EU-Kartellrecht verstoßen, welches die missbräuchliche Ausnutzung einer marktbeherrschenden Stellung verbietet.

Doch anstatt hart gegen Google vorzugehen, hat sich

Almunia im Februar 2014 – für die meisten Beobachter völlig überraschend – entschieden, auf einen Vorschlag von Google einzugehen, der angeblich die Bedenken der EU-Kommission ausräumt. Aus meiner Sicht – und auch aus der Sicht vieler Marktbeobachter – ist Googles Angebot aber alles andere als ausreichend. Im Gegenteil, es würde Googles Macht und wettbewerbsschädigendes Verhalten eher noch zementieren.

Man hat das Gefühl bekommen, dass der »Deal« hinter verschlossenen Türen zwischen Almunia und Google-Chairman Schmidt ausgehandelt wurde. Dies irritierte dann zum Glück einige EU-Kommissare, unter ihnen den deutschen Kommissar Oettinger. So hat Almunias Ankündigung, sich entsprechend mit Google einigen zu wollen, sogar zu Streit in der Kommission geführt – ein seltener Vorgang. Doch der Deal zwischen Almunia und Schmidt scheint leider trotzdem noch nicht vom Tisch zu sein.[1] Und das, obwohl wichtige Forderungen der Beschwerde – wie die Untersagung willkürlicher Algorithmusänderungen und die Anwendung gleicher Kriterien auch für Google-Dienste – vernachlässigt werden. Die Kommission sollte akzeptieren, dass es nicht leicht ist, von Google Zusagen in ihrem Sinne zu bekommen.

Darum sollte sie das traditionelle Verfahren einschlagen

---

1 Kurz vor dem Ende seiner Amtszeit (die neue Kommission Juncker ist seit dem 1. November 2014 im Amt) erklärte Joaquín Almunia im September 2014, angesichts der »sehr, sehr negativen« Reaktionen der Beschwerdeführer werde die Kommission den Vorschlag von Google nicht annehmen, sondern zunächst die neuen Einwände prüfen; vgl. »EU verlangt mehr Zugeständnisse von Google«, in: *Frankfurter Allgemeine Zeitung* (8. September 2014), online verfügbar unter: {http://www.faz.net/aktuell/wirtschaft/netzwirtschaft/google/kartellverfahren-eu-verlangt-mehr-zugestaendnisse-von-google-13142585.html} (Stand Februar 2015) (Anm. d. V.).

und Google im Interesse der Verbraucher einfach untersagen, Wettbewerber zu diskriminieren. Die Untersagungsverfügung sollte klarstellen, dass Google seine eigenen Dienste den gleichen Kriterien unterwerfen muss, nach denen auch die Websites der Wettbewerber beurteilt werden, und Google nicht mehr mit undurchsichtigen Algorithmusänderungen systematisch seine Wettbewerber schwächen darf. Aufbauend darauf, müsste geprüft werden, ob mittelfristig nicht sogar eine Aufspaltung Googles in die verschiedenen Bereiche (Suche, Betriebssystem, Browser und Anwendungen wie E-Mail-Dienste) die richtige Lösung wäre.

Daher müssen Politik, Wettbewerbsbehörden und Verbraucherschutzorganisationen jetzt handeln, sonst ist es, schon wieder, zu spät.

Die Chancen des Wachstums
Von Eric Schmidt (10. April 2014)

Es war keine einfache Geburt. Über Jahre hinweg lagen wir mit dem Axel Springer Verlag im Clinch, in Fragen zum Urheberrecht bis hin zum Wettbewerb. Ich war mehrere Male in Deutschland, um der Führungsriege von Axel Springer einen anderen Ansatz vorzuschlagen – nämlich den einer profitablen Partnerschaft. Mein Ansatz war, über Innovationen gemeinsam neue Geschäftsmodelle aufzubauen und wechselseitig vom Wachstum mobiler und sozialer Webtechnologien zu profitieren. Am Ende des vergangenen Jahres dann machten wir Nägel mit Köpfen und gingen mit Axel Springer eine mehrjährige Partnerschaft zur automatisierten Werbevermarktung ein, die Web und Mobile gleichermaßen bedient.

Eine ganze Reihe europäischer Verlage hat ähnliche Vereinbarungen mit uns getroffen, darunter so große Namen wie der *Telegraph* oder der *Guardian*. Andere Verlage scheinen aber leider noch immer zu glauben, dass ihre Zukunft im Ruf nach plumper Regulierung liegt, indem man Gebühren für Links zu ihren Artikeln verlangt oder Wettbewerbsklagen gegen Facebook, Amazon und uns anstrengt. Allein in der vergangenen Woche haben die FAZ (vom 3. April) wie auch *Le Monde* in Frankreich Gastbeiträge veröffentlicht, die mit »Angst vor Google« und »Google oder der Weg in die Sklaverei« überschrieben waren. Die Artikel kritisieren letztlich das Internet als solches und die Möglichkeit, dass jeder, egal von welchem

Ort aus, Informationen abrufen kann, die noch vor nicht allzu langer Zeit kaum auffindbar waren.

Wenn diese Auffassung der Verlage Schule macht, brächte dies gerade für die Wirtschaft erhebliche Risiken. Es wäre ein schwerer Rückschlag für die Innovationskraft in Europa. Unternehmen würden abwandern oder, schlimmer noch, gar nicht erst gegründet werden, blockiert von einem Regelwerk, das allein dem Schutz der etablierten Unternehmen dient. Ich bin überzeugt davon, dass es bessere Alternativen gibt, die nicht in mehr Regulierung, sondern in verstärkter Kooperation, in neuen Partnerschaften zwischen Unternehmen liegen.

Wie das wegweisende Abkommen mit Axel Springer zeigt, ist Google bereit, seinen Teil dazu beizutragen. Unternehmen aus Amerika haben in den vergangenen Jahrzehnten häufig die kulturellen Unterschiede auf der anderen Seite des Atlantiks ignoriert. Sie haben die notwendige Sensibilität vermissen lassen, Regulierer bekämpft und einfach nicht richtig zugehört. Als die Europäische Kommission in den neunziger Jahren die Kartellklage gegen Microsoft eröffnete, hat das Unternehmen alle Fragen über sein Geschäftsgebaren abgetan und durch das jahrelange Hinauszögern der Untersuchung Millionen an Steuergeldern verschwendet.

Wir haben einen anderen Weg eingeschlagen. Wir haben uns den Bedenken der Kommission gestellt, und wir haben Lösungen angeboten. Auch wenn die Veränderungen, die die Kommission von uns fordert, sehr schmerzvoll sind, so ziehen wir solch einen Kompromiss einem Konflikt eindeutig vor. Mit anderen Worten: Wir haben versucht, alte Gegensätze zu überwinden und eine erfolgreiche digitale Zukunft für alle zu schaffen. Hier, auf dem europäischen

Kontinent, wo man vielerorts nach neuen wirtschaftlichen Perspektiven sucht, ist das Internet der wichtigste Wachstumsmotor. Die OECD konstatiert einen bis zu 13-prozentigen Anteil der Online-Welt an der gesamten Wirtschaftsleistung und betrachtet das Internet als treibende Kraft für das Entstehen neuer Unternehmen, neuer Arbeitsplätze und neuer Möglichkeiten. Es erlaubt einem griechischen Einzelhändler, einem französischen Modedesigner und einem deutschen Hersteller von Kuckucksuhren, einen globalen Absatzmarkt einfach per Mausklick zu erschließen. Einer neuen Studie des Instituts der deutschen Wirtschaft in Köln (IW Köln) zufolge hat das Internet einen 25-prozentigen Anteil am deutschen Exportwachstum des vergangenen Jahrzehnts. Während viele traditionelle Branchen harten Zeiten entgegensehen, investiert die Internetbranche Milliarden in den Aufbau neuer Büros, neuer Rechenzentren und in die Forschung und Entwicklung.

Das IW Köln hat ebenso herausgefunden, dass in Deutschland von 2007 bis 2011 unter Zuhilfenahme von Google-Produkten mehr als 28 000 Unternehmen gegründet wurden. Ihr Gesamtumsatz von mehr als acht Milliarden Euro und 100 000 neue Arbeitsplätze sind klarer Ausdruck der wirtschaftlichen Kraft des Webs und des Beitrages, den Google zur deutschen Wirtschaft zu leisten imstande ist.

Auf der ganzen Welt wird die europäische Kultur geschätzt. Das Internet macht derlei kulturelle Schätze für jeden erlebbar. Mit unserem Kulturinstitut in Paris haben Google-Ingenieure eine Plattform geschaffen, über die Museen aus der ganzen Welt Archive und Kunstwerke mit einem globalen Publikum teilen können. Im belgischen Gent haben wir zusammen mit der dortigen Universitätsbibliothek bislang mehr als 200 000 gemeinfreie Bücher in lateinischer, deutscher, französischer und englischer Sprache digitalisiert, die aus dem 15. bis zum 19. Jahrhundert stammen. Viele der Werke wurden früher überhaupt nur ein paarmal betrachtet. Heute, mit Hilfe der Google-Plattform, werden sie bis zu 100 000-mal pro Tag angeklickt, und mehr Wissenschaftler als früher machen sich heutzutage nach Gent auf, um sich die Bücher im Bestand genau anzuschauen.

Ähnliche Chancen bieten sich den Presseverlagen. Dennoch wird mit schöner Regelmäßigkeit in Artikeln beklagt, wie Google News angeblich dem Journalismus schadet. Erlauben Sie mir, eines klarzustellen: Google News wurde im Jahr 2002, kurz nach den Anschlägen des 11. September, gestartet, damit sich die Menschen durch Nachrichten und Hintergründe ein eigenes Bild von den Anschlägen machen konnten. Heute bieten wir eigene Versionen von Google News in mehr als siebzig Ländern an und verbinden so die Leserinnen und Leser mit den Angeboten großer und kleiner Verlage. Dabei ist Google News komplett werbefrei.

Das Wichtigste, was Google Verlagen bringt, sind: Leserinnen und Leser. Monat für Monat leitet Google mehr als zehn Milliarden Klicks an Verlage weiter. Jeder Klick bedeutet eine zusätzliche Möglichkeit für Verlage, ihre Reichweite zu erhöhen und den Umsatz auszuweiten. Darüber hinaus schaffen wir echten Umsatz für Verlage: Allein 2013 haben wir über unser Werbepartnerprogramm AdSense neun Milliarden Dollar an unsere Partner ausgeschüttet. Alles in allem sind seit dem Start des Werbeprogramms vor einem Jahrzehnt rund dreißig Milliarden Dollar an unsere Partner geflossen.

Genauso wie in Deutschland mit Axel Springer arbeiten wir rund um die Uhr gemeinsam mit unseren Partnern in den Verlagen daran, dass sie mit gutem Journalismus auch gutes Geld verdienen. Innovation und neue Geschäftsmodelle, nicht Subventionen und Regulierung sind der beste Weg in die Zukunft.

Das dionysische Moment des Netzes
Von Karin Göring-Eckardt (11. April 2014)

Abends, im Winter, wenn die Bäume vor dem Haus keine
Blätter tragen, kann ich in das Zimmer der Nachbarn von
gegenüber schauen. Ich kenne sie nicht. Aber ich kenne
ihre Einrichtung, ihre Lampen und die Gewohnheit, am
Abend die Zeitung am Tisch und ein Buch im Sessel zu lesen. Sie haben keine Gardinen. Sie schützen ihr Wohnzim-
merleben nicht vor Blicken, ich kann sehen, wie sie sich
abends über die Fernsehzeitschrift beugen. Morgens um
sieben erhalte ich einen Morgengruß von @Ralf_Stegner,
meistens aus Bordesholm. Ich erfahre dann, was er beruflich so vorhat, über wen er sich aufregt, und eben, dass er
jetzt wach ist. Ich grüße nicht zurück. Und ich weiß nichts
über seine Gewohnheiten beim Zeitunglesen und nicht,
was er gerne frühstückt. Ralf Stegner ist Politiker. Manchmal frage ich mich, ob all die Menschen, die seine Grüße
morgens lesen, sich wohl ernsthafte Sorgen machen würden, wenn er sich einmal um acht Uhr noch nicht gemeldet
hätte.

An vielen Tagen liebe ich die Fülle der Informationen,
unter denen ich wählen kann. Ich lese in der Bahn auf
dem Tablet, was in den Feuilletons steht. Ich erfahre, was
Leuten wichtig erscheint, die ich wichtig finde. Ich weiß
nicht, ob ich neugieriger bin als andere oder mitteilsamer.
Aber ich weiß ganz sicher, dass ich nicht Google bin und
das Ergebnis meiner Neugier nicht die Vermarktung und
Vermachtung von Daten ist. Ich lege keine Dossiers an

und speichere keine Daten. Ich will gern vieles wissen (können), aber ich will nicht gewusst werden. Ich will nicht preisgeben, was meines ist, aber wenn schon, will ich wissen, wer mich weiß.

Nun argumentieren viele, dass es ja die Menschen selbst sind, die alles über sich erzählen und ins Netz stellen, sich faktisch selbst versklaven. »Meine Seele ist gefangen im Netze des Vogelfängers, das Netz ist zerrissen und wir sind frei«, wie es in Psalm 124 heißt. Bin ich erst wieder frei, wenn das Netz zerreißt, wenn es einen Defekt hat, wenn die Verbindung gekappt wird? Ist nur ein zerstörtes Netz ein gutes Netz? Wir wollen es doch auch gebrauchen: Früher stellte man sich ins Amphitheater, um von allen gesehen und gehört zu werden. Oder man stellte sich in der Speakers' Corner auf eine Kiste. Da sah man das Publikum und seine Reaktion. Später ging es um Einschaltquoten, und heute geht es um Likes und Shares. Wo genau ist also der Unterschied? Liegt er allein darin, dass es mehr Menschen sind, die sehen können, was andere mitzuteilen haben? Liegt er darin, dass da etwas, von dem wir nichts wissen – eine anonyme Riesenmaschine –, unsere Daten sammelt in einer Art ewigem Gedächtnis und bei passender Gelegenheit auswertet?

Das Netz, ein monströser Krake, in dessen Tentakeln wir alle hilflos zappeln? Wenn man sich die Zahlen anschaut, muss man auf diesen Gedanken kommen. Die mobile Internetnutzung liegt global fast bei einer Milliarde Usern, über eine Milliarde Menschen nutzen monatlich Facebook, und Youtube erreicht in den Vereinigten Staaten von Amerika mehr Erwachsene im Alter von 18 bis 34 als jeder andere Broadcaster beziehungsweise Kabel-TV-Sender. Unser alltägliches Verhalten bestätigt, dass die Macht von außen kommt: Anstatt bei der Buchhändlerin um die Ecke einzukaufen und mit ihr bei einem kleinen Plausch über die neueste Lyrik oder den besten Krimi zu fachsimpeln, lassen wir uns von anonymen Algorithmen durchs Netz lotsen und uns von Amazon beraten. Amazon hat im vergangenen Jahr in Deutschland einen Umsatz von 10,5 Milliarden Dollar erwirtschaftet.

Wer glaubt, in den sozialen Netzwerken sei vor allem die Jugend unterwegs, täuscht sich. Untersuchungen zeigen, dass die Gruppen im Alter von 45 Jahren aufwärts die am stärksten wachsenden Nutzer-Segmente sind. Sie und die noch älteren »Silver Surfer« sind mit der Welt verbunden, mit den Schulkameraden von früher und lesen oft mit bei den Enkeln.

Die Zahlen und erst recht das (unvollkommene) Wissen um die Verknüpfung von Daten und Dateien legen nahe, dass im Netz Marktmacht alles, der Einzelne wenig ist. Die digitale Revolution – aufgefressen vom Kapitalismus? So einfach ist es nicht, denn wir sollten nicht vergessen, dass sie reale politische Umstürze erst möglich gemacht hat, ob in Nordafrika oder in der Ukraine. Es gehört schon ein gutes Stück westlicher Überheblichkeit dazu, diese politische und subversive Dimension einfach auszublenden, indem man die Geschichte des Netzes nur noch als eine Geschichte zunehmender Kontrolle und Unfreiheit, als Geschichte wirtschaftlich gesteuerter Interessen und kommerzieller Überformung schreibt.

Wie hat denn die Maidan-Opposition, wie die Grüne Revolution in Iran, wie der arabische Frühling seine Botschaften verkündet, sich Unterstützung gesucht und sie gefunden?! Das Internet ist auch ein Instrument der Selbstermächtigung, das ganz praktisch der Demokratisierung nicht nur der Massenkommunikation, sondern auch der gesellschaftlichen und politischen Organisationsform selbst genutzt hat. »The Revolution will not be televised«, sang Gil Scott Heron. Das stimmt heute nicht mehr, jeder kann sich die Revolutionen im Plural auf Youtube anschauen. Weil es im Netz eben nicht nur einen Programmdirektor gibt. Gemacht werden muss die Revolution natürlich weiterhin auf der Straße, aber auf Twitter steht immerhin, auf welcher. In der revolutionären Situation gehört das Netz der Bürgergesellschaft.

Von wegen Ohnmacht. Die Schriftstellerin Eva Menasse sagte kürzlich bei einer Veranstaltung der Grünen im Bundestag zu digitalen Bürgerrechten, was sie nicht mehr wolle, sei dieses fatalistische »Man kann ja doch nichts machen«. Eva Menasse hat recht: Das Netz ist kein Imperium ohne Außen, sondern ein Möglichkeitsraum, in dem Einzelne Gegenmacht von unten aufbauen können. Man denke an die feministische #aufschrei-Kampagne oder den bildblog, der den »Enteignet Springer«-Schlachtruf aufgenommen und subversiv digitalisiert hat.

Die Mittel der Kontrolle und Überwachung sind zugleich die Mittel der Freiheit. Es gibt nicht die eine große Verschwörung, denn die Macht muss nicht bei einer Gruppe liegen, sie muss weder oben noch unten konzentriert sein. Sie ist immer in Bewegung, wenn wir sie in Bewegung bringen. Diese Verflüssigung ist die große Möglichkeit an den neuen digitalen Verhältnissen. Die »Halbgötter in Weiß« etwa werden heutzutage von Patienten genervt, die dank des Netzes mehr Detailwissen über bestimmte Krankheiten haben und sich so gegen zu einfache und zu gesponserte Methoden wehren können.

Die Frage ist, ob wir die Macht aus der Hand geben oder

ob wir sie nutzen. Die Frage ist, ob wir als Bürgergesellschaft im Netz staatliche Kontrolle verlangen und zugleich staatlichen Schutz vor unsäglicher Schnüffelei durch Geheimdienste und Abgreiferei durch Megaunternehmen fordern. Wir sind es, die eine Geheimhaltung unserer Geheimnisse verlangen können und sollten und müssen!

Das vergangene Jahrzehnt war in Europa geprägt durch das Auf und Ab der Wirtschafts- und Finanzkrisen. So ausführlich wir uns mit der Regulierung von Banken und Spielregeln für die Märkte befasst haben, so wenig hat die Mehrheit der Parteien sich darangemacht, die Kontrolle und die Spielregeln des Netzes auf die Tagesordnung zu setzen. Solange Konzerne und Geheimdienste machen können, was sie wollen, werden sie es tun. Reagieren reicht nicht mehr. Macht und Schönheit der Digitalisierung kommen von unten.

Das klassische sozialdemokratische Denken eines Martin Schulz verkennt diese »Liquid Power«, die komplexen neuen Machtverhältnisse des Internets und die Möglichkeiten ihrer Veränderung von unten. Ja, wenn man so will, zeigt sich in seinem interessanten und informierten Text eine klassische Staatsfixierung unter neuen Vorzeichen: Er schaut auf die großen Machtblöcke und sieht nicht, was sich im Kleinen zwischen den Menschen tut. Die Macht hat keinen Ort, sie spielt sich in Zwischenräumen ab. Internetseiten, auf denen Falschparker oder laute Nachbarn an den digitalen Pranger gestellt werden, sind ja keine Erfindung von Google oder Facebook, sondern gehen auf die Initiative Einzelner zurück. Und sie überschreiten oftmals die Grenzen der Privatsphäre, weshalb aus bürgerrechtlicher Sicht Regulierung nötig ist.

Wir brauchen Regulierung bei den großen ökonomischen Playern. Hier geht es darum, dass die Bürger ihre Staaten in die Pflicht nehmen. Aber wir brauchen genauso Verkehrsregeln für jedermann. Vielleicht geht es um so etwas wie Mülltrennung im Netz: Regeln für ein korrektes Verhalten, die – ähnlich wie bei der Mülltrennung – durch Selbstverpflichtung und Überzeugungsarbeit funktionieren. Das ist mehr als die bloße Netiquette, die auf Goodwill basiert, es ist ein Common Sense. Und es braucht eine Politik, die klare Regelungen setzt. Denn einfach nur das Recht des Stärkeren kann keiner wollen. Diese Regulierung des Netzes geht nur transnational oder zumindest: europäisch. Dies ist zugleich eine Absage an nationalistische Populisten, die in dieser Kategorie nicht denken können oder wollen.

Es ist mehr als fraglich, ob der »determinierte Mensch«, wie Martin Schulz sein Schreckensszenario in dieser Zeitung nannte, je Wirklichkeit zu werden droht. Bleibt am Menschen nicht immer etwas übrig, das so unberechenbar ist, dass selbst der komplexeste Algorithmus an seine Grenzen stößt? »Facebook sagt mir, wer ich bin; Amazon sagt mir, was ich will; Google sagt mir, was ich denke«, schrieb der Internetvordenker George Dyson. Aber wie determiniert und durchgerechnet ist der zwanzigjährige Student, der für seine Oma immer im Versandhandel Haftcreme bestellt und deswegen vom Algorithmus Rosamunde-Pilcher-Romane vorgeschlagen bekommt? Im Internet handeln Menschen wie im echten Leben auch: Oft genug wider jeden (ökonomischen) Nutzen und abseits jeder Steuerung, sie tun vollkommen irrationale Dinge ohne Rücksicht auf Sinn oder Reputation. Warum sonst teilt man denn bitte Katzenbaby-Videos oder macht betrunken ein Selfie?

Dieser Rest – als Ironie, Obsession oder bloß sinnlos

vorübergehende Laune – macht das anarchische, dionysische Moment des Netzes aus. Selbst der noch so kontrollierte *homo oeconomicus* hat bei allen Zwängen immer noch die Möglichkeit, willkürlich zu handeln – weil er liebt, weil er hasst, weil er kämpft, weil ihm halt gerade danach ist oder auch nicht. Der Mensch in seiner Unperfektheit hat alle Möglichkeiten, den nach Perfektion strebenden Algorithmus zur Verzweiflung zu bringen. Da, wo der »digitale Zwilling« gehorcht, ist der echte Mensch kreativer, widerspenstiger, mutiger – oder auch fauler, widersprüchlicher oder mag gerade einfach lieber nicht. Und: Im Netz ist es auf undurchschaubare, unplanbare Art möglich, ökonomische Erfolge zu erzielen, die wichtigste Investition ist dabei die eigene Kreativität, die eine Idee, die viele gut finden. Es kann sein, dass beim »Hochwählen« getrickst wird. Aber auch Crowdfunding funktioniert genau aus diesem Grund.

Dennoch bleibt die zentrale Frage, die Ulrike Ackermann in dem von ihr herausgegebenen Buch *Im Sog des Internets. Öffentlichkeit und Privatheit im digitalen Zeitalter* stellt, nämlich »ob diese revolutionären Entwicklungen uns einen Zugewinn an Freiheit bescheren oder bisherige Freiräume und Handlungsoptionen einschränken«. Das Netz mag unübersichtlich, chaotisch und ängstigend sein, aber das ist kein Grund zur Klage und Sehnsucht nach apollinischer Ordnung. Zu richten ist allein dort, wo Regeln übertreten werden. Es müssen für alle die gleichen Regeln gelten, die gleichen Zugänge, die gleichen Informationsmöglichkeiten. Wer ins Amphitheater des Netzes gehen und alles zur Schau stellen will, soll das tun. Aber diese Entscheidung muss revidierbar sein.

Gerade macht sich bei vielen die große Enttäuschung

breit, die Ernüchterung darüber, dass die Eigendynamik des Netzes nicht automatisch zu mehr Gleichheit und Demokratie geführt hat. In den Untiefen des Netzes geht es nicht nur korrupt und kriminell zu, es kann auch hochgefährlich sein. Aber ein Ausstieg ist nicht möglich, es gibt kein Zurück. Auch die Gesellschaft verändert man nicht, indem man sich selbst genug ist und in den Wald zieht.

Es ist wie beim Gleichnis mit dem Sämann. Drei Viertel der Saat gingen nicht auf, weil sie auf den falschen Boden fielen. Der Sämann hat es trotzdem probiert, und das eine Viertel, das aufging, hat ihn reich belohnt. Was wir brauchen, ist eine säende Bürgerbewegung für eine Bürgergesellschaft im Netz, für die Aneignung des digitalen Gemeinwohls und gegen die Kontrolle unseres Lebens durch bekannte Unbekannte.

Lieber Eric Schmidt
Von Mathias Döpfner (16. April 2014)

In Ihrem Text »Die Chancen des Wachstums« antworten
Sie auf einen Beitrag, den dieselbe Zeitung ein paar Tage
zuvor unter dem Titel »Angst vor Google« veröffentlicht
hat. Sie erwähnen darin immer wieder den Verlag Axel
Springer. Ich möchte im Sinne der Transparenz mit einem
offenen Brief antworten, um ein paar Dinge aus unserer
Sicht zu beleuchten.

Wir beide kennen uns seit vielen Jahren, haben, wie Sie
schreiben, lange und oft über das Verhältnis zwischen den
europäischen Verlagen und Google diskutiert. Wie Sie wissen, bin ich ein großer Bewunderer des unternehmerischen
Erfolgs von Google. In nur wenigen Jahren, seit 1998, ist
ein Unternehmen entstanden, das weltweit beinahe 50 000
Menschen beschäftigt, letztes Jahr rund sechzig Milliarden Dollar Umsatz erwirtschaftete und aktuell eine
Marktkapitalisierung von über 350 Milliarden Dollar hat.
Google ist nicht nur die größte Suchmaschine der Welt,
sondern mit Youtube auch die größte Videoplattform (die
gleichzeitig die zweitgrößte Suchmaschine ist), mit Chrome
der größte Browser, mit Gmail der meistgenutzte E-Mail-
Dienst und mit Android das größte Betriebssystem für
mobile Geräte. Ihr Artikel weist zu Recht darauf hin, welche fabelhaften Impulse Google für das Wachstum der
Digitalökonomie gegeben hat. Im Jahr 2013 hat Google
14 Milliarden Dollar Gewinn gemacht. Ich ziehe vor dieser herausragenden unternehmerischen Leistung den Hut.

In Ihrem Text weisen Sie auf die Vermarktungskooperation zwischen Google und Axel Springer hin. Auch wir haben uns darüber gefreut. Der eine oder andere Leser hat das nun aber so interpretiert, dass Axel Springer offenbar schizophren sei: Einerseits ist Axel Springer Teil einer europäischen Kartellklage gegen Google und streitet mit dem Konzern über die Durchsetzung des deutschen Leistungsschutzrechts, das den Inhalte-Diebstahl verbietet, andererseits profitiert Axel Springer nicht nur von dem durch Google entstehenden Traffic, sondern auch bei der Vermarktung von Restplätzen seiner Online-Werbung von Googles Algorithmus. Das stimmt. Man kann das schizophren nennen. Oder liberal. Oder, und das ist die Wahrheit, um es mit einem Lieblingswort unserer Bundeskanzlerin zu sagen: alternativlos.

Wir kennen keine Alternative, die auch nur ansatzweise vergleichbare technologische Voraussetzungen zur automatisierten Werbevermarktung bietet. Und wir dürfen auf diese Einnahmequelle nicht verzichten, weil wir das Geld dringend für technologische Zukunftsinvestitionen brauchen. Weshalb immer mehr andere Verlage das Gleiche tun. Wir kennen auch keine Suchmaschinen-Alternative zur Sicherung oder Steigerung unserer Online-Reichweite. Ein großer Anteil journalistischer Qualitätsmedien erhält seinen Traffic überwiegend via Google. In anderen, vor allem nichtjournalistischen Bereichen findet der Kunde sogar fast ausschließlich durch Google den Weg zum Anbieter. Das heißt im Klartext: Wir – und viele andere – sind von Google abhängig. Google hat in Deutschland zurzeit einen Suchmaschinen-Marktanteil von 91,2 Prozent. Da ist die Aussage »wenn Google euch nicht passt, könnt ihr euch ja auslisten lassen und woandershin gehen«

in etwa so realistisch wie die Empfehlung an einen Atom-stromgegner, doch einfach auf Strom zu verzichten. Das kann er – solange er nicht den Amish People beitreten möchte – im wahren Leben eben nicht.

Die Mitarbeiter von Google sind zwar immer aus-gesucht freundlich zu uns und zu anderen Verlagen, aber auf Augenhöhe reden wir nicht miteinander. Wie sollten wir auch? Google braucht uns nicht. Aber wir brauchen Google. Und auch wirtschaftlich bewegen wir uns in ande-ren Galaxien. Mit 14 Milliarden Jahresgewinn macht Goo-gle etwa zwanzigmal so viel Profit wie Axel Springer. Pro Quartal erwirtschaftet der eine mehr Gewinn als der an-dere in einem ganzen Jahr Umsatz. Unsere Geschäftsbe-ziehung ist die des Goliath Google zu dem David Axel Springer. Wenn Google einen Algorithmus ändert, bricht bei einem unserer Tochterunternehmen in wenigen Tagen der Traffic um siebzig Prozent ein. Das ist ein realer Fall. Und dass dieses Tochterunternehmen ein Wettbewerber von Google ist, ist dabei sicher Zufall.

Wir haben Angst vor Google. Ich muss das einmal so klar und ehrlich sagen, denn es traut sich kaum einer meiner Kollegen, dies öffentlich zu tun. Und als Größter unter den Kleinen müssen wir vielleicht auch in dieser Debatte als Erste Klartext reden. Sie haben es selbst in Ihrem Buch geschrieben: »Wir sind überzeugt, dass Portale wie Goo-gle, Facebook, Amazon und Apple weitaus mächtiger sind, als die meisten Menschen ahnen. Ihre Macht beruht auf der Fähigkeit, exponentiell zu wachsen. Mit Ausnahmen von biologischen Viren gibt es nichts, was sich mit derarti-ger Geschwindigkeit, Effizienz und Aggressivität ausbrei-tet wie diese Technologieplattformen, und dies verleiht auch ihren Machern, Eigentümern und Nutzern neue Macht.«

Die Diskussion über die Macht von Google ist also keine Verschwörungstheorie von Ewiggestrigen. Sie selbst sprechen von der neuen Macht der Macher, Eigentümer und Nutzer. Bei den Nutzern bin ich da langfristig nicht so sicher. Da folgt auf Macht schnell Ohnmacht. Und genau deshalb müssen wir diese Diskussion im Interesse eines langfristig gesunden Ökosystems der Digitalökonomie jetzt führen. Das betrifft den Wettbewerb. Aber nicht nur den ökonomischen, sondern auch den politischen. Es betrifft unsere Werte, unser Menschenbild und unsere Gesellschaftsordnung weltweit und – aus unserer Perspektive – vor allem die Zukunft Europas.

Nach Lage der Dinge wird Ihr Konzern in den verschiedensten Bereichen unseres professionellen und privaten Alltags, im Haus, im Auto, im Gesundheitswesen, in der Robotronik, eine führende Rolle spielen. Das ist eine riesige Chance und eine nicht minder große Bedrohung. Ich befürchte, es reicht einfach nicht, wie Sie es tun, zu behaupten, Sie wollten aus der Welt einen »besseren Ort« machen. Der Internetkritiker Evgeny Morozov hat die Haltung, die moderne Gesellschaften hier einnehmen müssen, klar beschrieben: Wir führen keine Debatte über Technik, deren faszinierende Möglichkeiten jedermann bewusst sind. Wir führen eine politische Debatte. Geräte und Google-Algorithmen sind kein Regierungsprogramm. Oder sollten es zumindest nicht sein. Die Bürger sind es, die entscheiden müssen, ob wir wollen, was Sie von uns verlangen – und welchen Preis wir selbst dafür zu zahlen bereit sind.

Die Verlage haben hier früh – als Vorboten für andere Branchen und Industrien – ihre Erfahrungen gemacht. Aber solange es nur um die Enteignung von Inhalten (die Suchmaschinen und Aggregatoren nutzen, aber nicht bezahlen wollen) ging, haben sich nur wenige dafür interessiert. Aber das ändert sich, wenn das Gleiche mit den persönlichen Daten der Menschen geschieht. Die Frage, wem diese Daten gehören, wird eine der politischen Hauptfragen der Zukunft sein.

Sie sagen in Ihrem Artikel, die Google-kritischen Stimmen würden »letztlich das Internet als solches kritisieren und die Möglichkeit, dass jeder egal von welchem Ort aus Informationen abrufen kann«. Das Gegenteil ist richtig. Wer Google kritisiert, kritisiert nicht das Internet. Sondern wem an einem intakten Netz gelegen ist, der muss Google kritisieren. Für uns als Verlag ist das Internet keine Bedrohung, sondern die größte Chance der letzten Jahrzehnte. 62 Prozent unseres Unternehmensgewinns sind heute aus dem digitalen Geschäft. Wir reden also nicht über das Internet, sondern nur über die Rolle, die Google darin spielt.

In diesem Zusammenhang sind die vor vier Jahren von verschiedenen europäischen Verlagsverbänden und Internetunternehmen eingereichten Wettbewerbsbeschwerden gegen Google bei der Europäischen Kommission in Brüssel von allergrößter Bedeutung. Google ist das Paradebeispiel eines marktbeherrschenden Unternehmens. Google definiert mit siebzig Prozent Weltmarktanteil die Infrastruktur im Internet. Die nächstgrößte Suchmaschine ist mit 16,4 Prozent Baidu in China – und das deshalb, weil China eine Diktatur ist und den freien Zugang zu Google verbietet. Danach kommen Suchmaschinen mit Marktanteilen von maximal sechs Prozent. Es sind Scheinwettbewerber. Der Markt gehört nur einem. Der Anteil Googles am Online-Werbemarkt in Deutschland steigt von

Jahr zu Jahr und liegt derzeit zirka bei sechzig Prozent. Zum Vergleich: Die *Bild*-Zeitung, die seit Jahrzehnten vom deutschen Kartellamt als marktbeherrschend eingestuft wird (weshalb Axel Springer Pro Sieben Sat.1 oder auch Regionalzeitungen nicht kaufen durfte), hat neun Prozent Marktanteil bei der Printwerbung in Deutschland. Im Vergleich ist Google nicht nur marktbeherrschend, sondern sozusagen super-marktbeherrschend.

Google ist für das Netz, was die Deutsche Post für die Briefzustellung oder die Deutsche Telekom für das Telefonieren war. Damals gab es nationale Staatsmonopole. Heute gibt es ein globales Netzmonopol. Deshalb ist es von größter Bedeutung, ob es bei den Suchergebnissen von Google transparente und faire Kriterien gibt.

Doch diese fairen Kriterien sind nicht gegeben. Google listet eigene Produkte, vom E-Commerce bis hin zu den Seiten aus dem eigenen Google+-Netzwerk, besser als Wettbewerber, selbst wenn diese für den Verbraucher teilweise minderwertig sind und gemäß des Google-Algorithmus nicht erscheinen würden. Der Nutzer wird noch nicht einmal deutlich darauf hingewiesen, dass es sich bei diesen Suchergebnissen um Selbstwerbung handelt. Auch wenn ein Angebot von Google weniger Besucher hat als das eines Wettbewerbers, erscheint es weiter oben, bis es irgendwann auch mehr Besucher hat. Das nennt man Missbrauch einer marktbeherrschenden Stellung. Und jeder hat erwartet, dass das europäische Kartellamt diese Praxis untersagt. Danach sieht es nicht aus. Vielmehr schlägt der Wettbewerbskommissar einen »Vergleich« vor, der jedem, der die Sache ein bisschen durchschaut, die Sprache verschlägt. Eric, in Ihrem Artikel sprechen Sie von einem Kompromiss, den Sie mit der EU-Kommission gesucht hätten. Gefunden haben Sie, wenn die Kommission den vorliegenden Vorschlag so beschließt,[1] ein zusätzliches Werbegeld-Beschaffungsmodell für Google. Das wären keine »schmerzlichen Zugeständnisse«, sondern Zusatzerlöse.

Die Kommission schlägt allen Ernstes vor, dass die infrastrukturbeherrschende Suchmaschine Google auch weiterhin Wettbewerber bei der erfolgsentscheidenden Plazierung von Suchergebnissen diskriminieren darf. Zum Ausgleich aber – und jetzt kommt es – würde ein neues Werbefenster zu Beginn der Suchliste eingerichtet, in dem die diskriminierten Unternehmen sich einen Listenplatz kaufen könnten. Das ist kein Kompromiss. Das ist die EU-behördlich sanktionierte Einführung jenes Geschäftsmodells, das man in weniger ehrenwerten Kreisen Schutzgeld nennt. Nach dem Motto: Wenn du willst, dass wir dich nicht umbringen, musst du bezahlen.

Lieber Eric Schmidt, Sie wissen sehr genau, dass dies eine langfristige Diskriminierung und Schwächung jeglichen Wettbewerbs bedeuten würde. Dass Google so seine Marktübermacht noch weiter ausbauen würde. Und dass dies vor allem die europäische Digital-Ökonomie noch weiter schwächen würde. Ich kann mir beim besten Willen nicht vorstellen, dass es das war, was Sie mit Kompromiss gemeint haben. Aber dies ist kein Vorwurf, den ich Ihnen und Google mache. Sie als Vertreter des Unternehmens dürfen und müssen Ihre Interessen vertreten. Der Vorwurf geht an die Europäische Wettbewerbskommission. Kommissar Almunia sollte noch einmal darüber nachdenken, ob es so klug ist, als quasi letzte Amtshandlung das zu fabrizieren, was als Sargnagel der ohnehin et-

---

1 Vgl. dazu die Fußnote auf S. 128 (Anm. d. V.).

was sklerotischen europäischen Internetökonomie in die Geschichte eingehen würde. Vor allem aber wäre es ein Verrat am Verbraucher, der nicht mehr das für ihn Wichtigste und Beste findet, sondern das für Google Profitabelste – am Ende ein Verrat an der Grundidee Googles.

Dies gilt auch für den großen und noch problematischeren Komplex der Datensicherheit und Datenverwertung. Seit Snowden die NSA-Affäre ausgelöst hat, seitdem sich die engen Beziehungen zwischen großen amerikanischen Online-Unternehmen und amerikanischen Geheimdiensten herumgesprochen haben, hat sich das gesellschaftliche Klima – zumindest in Europa – grundlegend geändert. Die Menschen sind sensibler geworden dafür, was mit ihren Nutzerdaten geschieht. Keiner weiß so viel über seine Kunden wie Google. Selbst private oder geschäftliche E-Mails werden von Gmail mitgelesen und können bei Bedarf ausgewertet werden. Sie selbst haben 2010 gesagt: »Wir wissen, wo Sie sind. Wir wissen, wo Sie waren. Wir können mehr oder weniger wissen, was Sie gerade denken.« Das ist ein bemerkenswert ehrlicher Satz. Die Frage ist nur: Wollen die Nutzer das, wenn diese Informationen nicht nur für kommerzielle Zwecke benutzt werden – was zwar viele Vorteile hat, aber auch schon einige gruselige Schattenseiten –, sondern auch in die Hände von Geheimdiensten gelangen können und zum Teil schon gelangt sind?

Ich habe in dem Buch *The Naked Future – What Happens in a World that Anticipates your Every Move?* von Patrick Tucker – dem Buch, dessen Zukunftsvision Googles Chefdenker Vint Cerf für »unentrinnbar« hält – eine Szene gelesen, die sich wie Science-Fiction anhört, aber keine Science-Fiction ist: Stellen Sie sich vor, schreibt der Autor sinngemäß, Sie wachen eines Tages auf, lesen auf Ihrem

Handy »Guten Morgen! Nach der Arbeit wirst du zufällig deiner Exfreundin Vanessa begegnen, und sie wird dir von ihrer Verlobung am nächsten Sonntag erzählen. Tu so, als seist du überrascht. Denn Vanessa hat es noch niemandem erzählt. Aber vergiss nicht, ihr am Sonntag einen Blumenstrauß zu schicken.« Nehmen wir an, Sie wundern sich kurz, woher Ihr Handy das weiß oder ob das ein Scherz ist, und ignorieren die Nachricht fürs Erste. Am Abend dann laufen Sie Vanessa tatsächlich über den Weg. In vager Erinnerung an die SMS Ihres Telefons gratulieren Sie zur Verlobung. Vanessa ist alarmiert. »Woher weißt du davon?«, fragt sie. »Hast du es nicht auf Facebook gepostet?«, stottern Sie verlegen. »Noch nicht«, sagt Vanessa und sucht schnell das Weite. Die Blumen brauchen Sie nicht mehr zu schicken.

Google durchsucht mehr als eine halbe Milliarde Internetadressen. Google weiß über jeden digital aktiven Bürger mehr, als sich George Orwell in seinen kühnsten Visionen in *1984* je vorzustellen wagte. Google sitzt auf dem gesamten gegenwärtigen Datenschatz der Menschheit wie der Riese Fafner im *Ring des Nibelungen*: »Hier lieg' ich und besitz'.« Ich hoffe, Sie sind sich der besonderen Verantwortung Ihres Unternehmens bewusst. Wenn der Treibstoff des 20. Jahrhunderts fossile Brennstoffe waren, dann sind Daten und Nutzerprofile ganz sicher der des 21. Jahrhunderts. Man muss sich fragen, ob Wettbewerb im digitalen Zeitalter generell noch funktionieren kann, wenn Daten so umfangreich in der Hand einer Partei konzentriert sind.

Es gibt in diesem Zusammenhang ein Zitat von Ihnen, das mich beunruhigt. 2009 haben Sie gesagt: »Wenn es Dinge gibt, von denen Sie nicht wollen, dass irgendjemand etwas darüber erfährt, dann sollten Sie so etwas nicht tun.« Noch beunruhigender ist nur der Satz von Mark Zuckerberg, den er auf dem Podium der Sun-Valley-Konferenz sagte, während Sie und ich im Publikum saßen. Jemand fragte, wie es Facebook mit der Speicherung von Daten und dem Schutz der Privatsphäre halte. Und Zuckerberg sagte: »Ich verstehe Ihre Frage nicht. Wer nichts zu verbergen hat, hat auch nichts zu befürchten.« Immer wieder musste ich über diesen Satz nachdenken. Ich finde ihn schrecklich. Ich weiß, es ist sicher nicht so gemeint. Aber dahinter stehen eine Geisteshaltung und ein Menschenbild, das in totalitären Regimen, nicht aber in freiheitlichen Gesellschaften gepflegt wird. Einen solchen Satz könnte auch der Chef der Stasi oder eines anderen Geheimdienstes einer Diktatur sagen. Das Wesen der Freiheit ist doch gerade, dass ich nicht verpflichtet bin, all das preiszugeben, was ich tue, dass ich das Recht auf Diskretion und, ja, sogar Geheimnisse habe, dass ich selbst bestimmen kann, was ich von mir preisgebe. Das individuelle Recht darauf macht eine Demokratie aus. Nur Diktaturen wollen anstatt einer freien Presse den gläsernen Bürger.

In Brüssel machen sich jetzt Beamte Gedanken, wie man durch eine Einschränkung der Cookie-Setzung und Speicherung (anhand deren man heute noch nachvollziehen kann, auf welche Website man etwa am 16. April 2006 um 10.10 Uhr geklickt hat) im Internet die totale Transparenz der Nutzer vermeiden kann, um damit Verbraucherrechte zu stärken. Wie diese Regelung genau ausfällt, wissen wir noch nicht, ob sie mehr Gutes als Schlechtes bewirkt, auch nicht. Eines aber steht jetzt schon fest: Käme sie, gäbe es einen Gewinner: Google. Denn Google gilt in Expertenkreisen als absolut führend in der Entwicklung von Technologien, die die Bewegungen und Gewohnheiten der Nutzer dokumentieren, ohne Cookies zu setzen.

Auch was das Brüsseler Kartellverfahren zum Thema Fair Search betrifft, hat Google vorgesorgt. Man geht zwar davon aus, dass das Ganze im Sinne Googles entschieden wird. Aber falls nicht, wäre man auch abgesichert. Zugeständnisse und in langwierigen Prozessen abgetrotzte Einschränkungen, die auf europäische Google-Domains beschränkt sind, wären schon bei der Einigung wirkungslos, weil Google mit Android oder Chrome willkürlich festlegen könnte, die Suche nicht mehr auf einer Internetadresse, sondern in einer App auszuführen. Damit könnte sich Google sämtlicher Zusagen, die heute immer noch an Suchen auf Google-Domains wie google.de gebunden sind, entziehen.

Wird die Europa-Politik einknicken oder aufwachen? So wichtig waren die Institutionen in Brüssel noch nie. Zu entscheiden ist eine archaische Machtfrage. Gibt es die Chance für eine autonome digitale europäische Infrastruktur oder nicht? Es geht um Wettbewerbs- und Zukunftsfähigkeit. Freiwillige Selbstunterwerfung kann nicht das letzte Wort der Alten Welt gewesen sein. Vielmehr könnte der Erfolgswillen der europäischen Digital-Ökonomie für die Europapolitik endlich zu dem werden, was die EU in den letzten Jahrzehnten so schmerzlich vermisst hat: ein emotionales Narrativ.

16 Jahre Datenspeicherung und 16 Jahre Erfahrung von Zehntausenden IT-Entwicklern haben einen Wettbewerbsvorsprung erzeugt, der mit rein ökonomischen Mitteln nicht mehr einholbar ist. Seitdem Google Nest gekauft hat, weiß Google noch genauer, was die Bürger in den eigenen vier Wänden tun. Und jetzt plant Google noch fahrer-

lose Autos, um langfristig auch der Autoindustrie von Toyota bis VW Konkurrenz zu machen. Dann weiß Google nicht nur, wohin wir mit unseren Autos fahren, sondern auch noch, womit wir uns beim Autofahren beschäftigen. Vergesst Big Brother – Google ist besser!

Vor diesem Hintergrund beunruhigt es mich sehr, dass Google – das gerade die Übernahme des Drohnenherstellers Titan Aerospace gemeldet hat – seit einiger Zeit als Unterstützer geplanter riesiger Schiffe und schwimmender Arbeitswelten gilt, die auf offenem Meer, also in staatenlosem Gewässer, kreuzen und operieren können. Was ist der Grund für diese Entwicklung? Man muss kein Verschwörungstheoretiker sein, um das beunruhigend zu finden, vor allem, wenn man den Worten des Google-Gründers und Großaktionärs Larry Page zuhört.

Er träumt von einem Ort ohne Datenschutzgesetze und ohne demokratische Verantwortung. »Es gibt eine Menge Dinge, die wir gern machen würden, aber leider nicht tun können, weil sie illegal sind«, verkündete Page schon 2013. »Weil es Gesetze gibt, die sie verbieten. Wir sollten ein paar Orte haben, wo wir sicher sind. Wo wir neue Dinge ausprobieren und herausfinden können, welche Auswirkungen sie auf die Gesellschaft haben.«

Heißt das, Google plant für alle Fälle die Operation im rechtsfreien Raum, ohne lästige Kartellämter und Datenschutz? Eine Art Überstaat, der sein schwimmendes Reich ungestört an allen Nationalstaaten vorbeinavigiert?

Bisher hießen die Sorgen: Was passiert, wenn Google seine absolut dominierende Marktmacht weiter ausbaut? Wird es noch weniger Wettbewerb geben? Wird die europäische Digital-Ökonomie gegenüber wenigen amerikanischen Superkonzernen noch weiter zurückgeworfen? Werden die Verbraucher noch transparenter, fremdbestimmter und von Dritten – sei es aus wirtschaftlichen oder politischen Interessen – noch stärker manipuliert? Und welchen Einfluss haben diese Faktoren auf unsere Gesellschaft?

Nach diesen beunruhigenden Nachrichten muss man sich fragen: Plant Google allen Ernstes den digitalen Suprastaat, in dem ein Konzern seinen Bürgern selbstverständlich nur Gutes und natürlich »nichts Böses« tut? Bitte, lieber Eric, erklären Sie uns, warum unsere Interpretation von dem, was Larry Page sagt und tut, ein Missverständnis ist.

Ich weiß, dass die Probleme, die durch neue digitale Superautoritäten wie Amazon und Facebook entstanden sind, nicht allein von Google gelöst werden können. Aber Google könnte – zum eigenen langfristigen Vorteil – mit gutem Beispiel vorangehen. Das Unternehmen könnte Transparenz schaffen, nicht nur, indem es Suchergebnisse nach klaren quantitativen Kriterien listet, sondern auch, indem es alle Algorithmusänderungen offenlegt. Indem es IP-Adressen nicht speichert, Cookies nach jeder Sitzung automatisch löscht und Kundenverhalten nur dann speichert und nutzt, wenn dies ausdrücklich von Kunden gewünscht wird. Und indem es erklärt und belegt, was es mit seinen schwimmenden Konzernzentralen und Entwicklungslabors vorhat.

Denn die Sorge vor der wachsenden Fremdbestimmung durch diese eine allesbestimmende Spinne im Netz treibt nicht irgendwelche analogen Dinosaurier um, die das Internet nicht verstanden und deshalb Angst vor allem Neuen haben. Es sind vielmehr die Digital Natives, und darunter die jüngsten und bestinformierten, die mit der immer vollständigeren Kontrolle durch Google ein wachsendes Problem haben.

Dazu gehört auch die Fiktion von der Gratiskultur. Im Internet, in der schönen bunten Google-Welt, scheint so vieles kostenlos: von Suchdienstleistungen bis zu journalistischen Verlagsangeboten. In Wahrheit zahlen wir mit unserem Verhalten. Mit der Berechenbarkeit und kommerziellen Verwertbarkeit unseres Verhaltens. Wer heute einen Autounfall hatte und das in einer E-Mail schreibt, kann morgen das Angebot eines Herstellers für einen Neuwagen auf sein Handy gesendet bekommen. Schrecklich praktisch. Wer heute auf Websites über Bluthochdruck surft und über sein Fitnessarmband Jawbone automatisch seine notorische Bewegungsarmut verrät, kann übermorgen eine höhere Gesundheitsversicherungsprämie gewärtigen. Gar nicht praktisch. Nur schrecklich. Es könnte sein, dass es gar nicht mehr so lange dauert, bis immer mehr Menschen erkennen, dass die Währung des eigenen Verhaltens einen hohen Preis fordert: die Freiheit zur Selbstbestimmung. Und es deshalb besser und billiger ist, mit etwas ganz Altmodischem zu zahlen: einfach nur mit Geld.

Google ist die weltmarktbeherrschende Großbank der Verhaltenswährung. Keiner kapitalisiert sein Wissen über uns so erfolgreich wie Google. Das ist eindrucksvoll und gefährlich.

Lieber Eric Schmidt, Sie brauchen meinen Rat nicht, und natürlich schreibe ich hier aus der Perspektive des Betroffenen. Ich bin Partei. Als Profiteur von Googles Traffic. Als Profiteur von Googles automatisierter Werbevermarktung. Und als potentielles Opfer von Googles Datenwissen und Marktmacht. Dennoch: Weniger ist manchmal mehr. Und man kann sich auch zu Tode siegen.

Monopole haben in der gesamten Wirtschaftsgeschichte langfristig nicht überlebt. Entweder sind sie an der Selbstzufriedenheit gescheitert, die der eigene Erfolg gebiert. Das ist im Falle Googles nicht wahrscheinlich. Oder sie sind durch Wettbewerb geschwächt worden. Das erscheint im Falle Googles kaum möglich. Oder aber sie sind durch politische Initiativen eingeschränkt worden. IBM und Microsoft sind die jüngsten Beispiele.

Ein anderer Weg wäre die freiwillige Selbstbeschränkung des Siegers. Ist es wirklich klug, zu warten, bis der erste ernstzunehmende Politiker die Zerschlagung Googles fordert? Oder, noch schlimmer: bis die Bürger Ihnen die Gefolgschaft verweigern – solange sie noch können? Wir jedenfalls können es schon nicht mehr.

Herzlichst.
Ihr Mathias Döpfner

Wer die Daten hat, bestimmt unser Schicksal
Von Jaron Lanier (24. April 2014)

Mathias Döpfner, der Vorstandsvorsitzende von Springer, hat sich in dieser Zeitung mit einer bemerkenswerten Stellungnahme zu Google und anderen, vergleichbaren Unternehmen zu Wort gemeldet. Sein Beitrag hat international eine hyperkinetische Reaktion ausgelöst, weil er nicht nur gewisse Dinge beklagt, sondern auch kritische Forderungen an die Brüsseler Wettbewerbshüter richtet.

Ich finde es erstaunlich, dass dies für so viel Aufsehen gesorgt hat. In der letzten Zeit ist oft die Meinung zu hören, die Technologieunternehmen wüssten schon Bescheid. Das leuchtet ein, da diese IT-Giganten konsequent Zukunftsoptimismus verbreiten. Sie haben sich zu Monopolisten des Optimismus entwickeln können.

Als Geschöpf dieser optimistischen Technologiewelt finde ich Kritik an uns jedoch nützlich. Kritik hilft uns weiter. Ich bin mit Döpfners Statement grundsätzlich einverstanden, möchte mich aber der spezifischen Frage zuwenden, was wir vom Staat erwarten können. Wenn wir mutig genug sind, unsere Wünsche zu formulieren – wie sehen diese Wünsche aus?

In der gegenwärtigen Situation sind die vorhandenen Kartellgesetze ein untaugliches Instrument. Google kann man nicht wie andere Unternehmen zerschlagen, weil es sein Geld in einem praktisch unteilbaren Geschäftsfeld verdient. Gut neunzig Prozent von Googles Einnahmen

stammen aus einer einzigen Aktivität, nämlich der Plazierung von Werbelinks.

Dies ist ein beispiellos ganzheitliches Geschäftsmodell.
Man kann Google-Werbung nicht nach Anzeigen für
Mobiltelefone oder Computer aufteilen, das funktioniert
nicht. Jeder kann auf seinem Smartphone einen Browser
öffnen und sich Websites zeigen lassen, die ursprünglich
für Computer gedacht waren. Bald wird man Smartphone
Apps auch auf dem Computer nutzen können. Google
muss überhaupt nichts tun, um diese Option voranzutreiben, die Entwicklung der Open-Source-Schichten von
Googles Ökosystem wird das ganz allein besorgen. (Viele
Google-Aktivitäten unterliegen strenger Kontrolle – die
Open-Source-Elemente sind nur eine Schaufassade, die
diese Entwicklung aber sehr wohl ermöglicht.)

Auch das Geschäft mit Daten, die von Autos, Wohnungen, Einzelhändlern oder Telefonen abgeschöpft werden,
lässt sich nicht aufteilen, weil Daten ungehindert von einem Sensor zu einem anderen übertragen werden können.
Unsere Telefone sind ja beispielsweise schon mit unseren
Autos und mit den von uns besuchten Geschäften vernetzt.

Staatliche Datenaufsicht ist chancenlos, weil jedes mögliche Gesetz mit Hilfe cleverer Strukturen oder Algorithmen umgangen werden kann. Ein gutes Beispiel ist die Art
und Weise, wie das Urheberrecht im Internet in den letzten 15 Jahren regelmäßig ausgehebelt wurde.

Selbst wenn ein klarer Gesetzesverstoß vorliegt, ist es
für Urheber praktisch unmöglich, jedes Mal juristisch dagegen vorzugehen. Leider ist jeder einzelne Gesetzesverstoß
so schlimm wie eine Million Gesetzesverstöße, solange
man ihn entdecken kann, was mit Hilfe von Suchmaschinen eben möglich ist.

Diese asymmetrische Bürde wird Einzelpersonen und kleine Firmen noch stärker benachteiligen, selbst wenn es gut gemeinte, aber nutzlose Datenschutzbestimmungen gibt. Die Überprüfung der Datenschutzeinstellungen ist für den Einzelnen ohnehin schon wahnsinnig komplex. Das bisschen Spielraum, das man bei den IT-Giganten (Google, Facebook und so weiter) hat, ist unzureichend, weil man zwangsläufig auch mit vielen anderen Akteuren zu tun hat, die mit diesen Unternehmen geschäftlich verbunden sind.

Nur manisch-obsessive Technikfreaks können hier den Überblick behalten. Und staatliche Aufsicht ist nur eine Wunschvorstellung. Die Verfolgung von Datenschutzverstößen ist schon jetzt mit einem ungeheuren Aufwand verbunden, der gewiss nicht geringer wird.

Seien wir ehrlich: Die Vorstellung, der Einzelne werde entscheiden, welche Informationen auf Basis seiner Datenschutzeinstellungen anderen zur Verfügung gestellt werden, verkennt die hier wirksame Dynamik. Das funktioniert nicht und wäre ein völlig aussichtsloses gesetzgeberisches Unterfangen.

Ein anderes schönes Beispiel, wie Datenunternehmen staatliche Kontrolle unterlaufen können, ist die Art und Weise, wie sie sich der Besteuerung entziehen. Wir müssen aber unterscheiden zwischen der bizarren Sinnlosigkeit der endlosen Datenschutzdebatten und dem Aspekt der Besteuerung. Steuergesetze sind anwendbar, weil sie konkret definiert sind. Unternehmen haben Steuern zu zahlen. Datenschutz ist schwerer zu definieren, denn es gibt kulturelle und emotionale Aspekte, die vielleicht nie präzis zu fassen sind.

Wenn es um die qualitative Nutzung von Daten geht,

wie beim Datenschutz, ist kaum vorstellbar, dass der Staat immer auf der Höhe der Entwicklung ist. Darum hat der Staat so viel Mühe mit dem Urheberrecht im digitalen Zeitalter. Es ist schlicht unmöglich, die Entwicklung von Computerprogrammen vorwegzunehmen, da es in den gesetzlichen Bestimmungen auch um qualitative Aussagen geht.

Wenn die Weitergabe kompletter Dateien von Filmen oder Büchern gesetzlich verboten ist, könnte man sie streamen, von Computern im Ausland oder innerhalb eines Peer-to-Peer-Netzwerks, und vielleicht wird kein Mensch zu irgendeinem Zeitpunkt die gesamte Datei besitzen. Wir alle haben dieses Spiel in den letzten Jahren beobachtet. Viele Leute befürworten die Verfahren, mit denen urheberrechtliche Bestimmungen geschickt unterlaufen werden. Früher gehörte auch ich zu diesen Leuten. Aber untersuchen wir einmal, wie dieses Spiel im Fall Datenschutz aussieht.

Angenommen, wir erhalten Zugang zu allen Daten, die über uns gesammelt werden. Dann werden Unternehmen die entsprechenden Ergebnisse, mit deren Hilfe die Menschen manipuliert und ihre Aktivitäten prognostiziert werden, weiterhin für sich behalten.

Das ist ein diffiziles Thema, das in öffentlichen Debatten kaum vorkommt. Die großen Unternehmen sammeln nicht nur nach Art autoritärer Regime Daten über einzelne Personen, sie verwenden außerdem Algorithmen, um sie zu manipulieren. Der Gesetzgeber erreicht nur die äußerste Schicht dieses Prozesses, das rohe Datenmaterial, nicht aber den wertvollen Kern.

Ich möchte darauf hinweisen, dass eine Klasse von Datenschutzexperten entstanden ist, die mit allem Nachdruck erklären, man könne die Privatsphäre und andere Werte durch Gesetze schützen, die die digitale Architektur der Zukunft vorwegnehmen. Ich halte diese Behauptungen für wenig überzeugend. Dass sie in EU-Kreisen offenbar einigen Einfluss haben, finde ich sehr erstaunlich.

Was die Sache noch komplizierter macht: Ein Unternehmen wie Google staatlicher Kontrolle zu unterwerfen ist auch deswegen so schwer, weil viele Menschen sich an Gratisdienste gewöhnt haben, geradezu süchtig danach sind und das Unternehmen in Schutz nehmen. Das erinnert an Menschen, die autoritäre Regimes verteidigen, weil sie sich einen kurzfristigen Vorteil davon versprechen.

Manchmal wollen technikaffine Menschen nicht zugeben, dass sie keine Kontrolle mehr über ihre eigenen Daten haben. Sie verwenden Open-Source-Software auf ihren Rechnern und behaupten gleichzeitig, gigantische Supercomputer, die irgendwo in absoluter Verborgenheit operieren, hätten keinen Einfluss auf ihr Leben. Aus den Augen, aus dem Sinn.

Nur weil die Supercomputer von Unternehmen wie Google nicht zu sehen sind, heißt das noch lange nicht, dass sie nichts bewirken. Die Nutzer registrieren die unmittelbaren, für sie praktischen Vorteile, sollten aber das große Ganze nicht aus dem Blick verlieren.

Es ist inzwischen möglich, ganze Bevölkerungen mit Hilfe statistischer Kalkulationen zu beeinflussen, ihr Verhalten zu optimieren. Werbung ist keine Kommunikationsform mehr, sondern das bezahlte Mikromanagement der Optionen, die den Leuten angeboten werden. Das wiederum trägt dazu bei, dass die Leute schlechte Entscheidungen treffen. Das erklärt, warum so viele Menschen und Unternehmen auf der ganzen Welt in den letzten Jahren schlechte Kreditentscheidungen getroffen haben. Das wiederum hat einen Bezug zur europäischen Finanzkrise.

Zwar wurde für verrückte Hypotheken oft über Google und andere kundenorientierte Internetunternehmen geworben, aber die schlimmsten Akteure waren zweifellos diejenigen, die die Hypotheken direkt anboten, dabei allerdings ähnlich vorgingen wie Google. Sie nutzten Computer und Netzwerke, um informationelle Macht zu erhalten.

Wer Big Data geschickt einsetzt, ähnelt einem Spieler, der sich durch »Kartenzählen« einen Vorteil verschafft. Alle anderen sind chancenlos. Deshalb sind Google und andere Unternehmen, die ganz oben in der Datennahrungskette stehen, auch gewisse Finanziers, so unfassbar reich geworden.

In der heutigen Situation ist das ein ernstes Problem, weil einfache Leute immer mehr ihrer Chancen beraubt werden. Das Problem wird sich in den nächsten Jahrzehnten noch verschärfen, wenn automatisierte und hoch effiziente Technologien ausgereift zur Verfügung stehen. Dieser Weg wird nicht in ein Zeitalter des Wohlstands führen.

Fast jeder wird weniger verdienen, weniger Sicherheit haben, während die mit den größten Computern extrem reich werden. Ein gutes Beispiel für diese Entwicklung ist die Lage professioneller Übersetzer. Sie werden weiterhin gebraucht, weil die Algorithmen, die automatische Textübersetzungen liefern, täglich um neue Begriffe erweitert werden müssen, um kulturelle Referenzen verstehen zu können, und doch werden Übersetzer als unfreiwillige und unbezahlte Freiwillige behandelt.

Wer die leistungsfähigsten Computer hat, entscheidet in einer hoch entwickelten Gesellschaft über das Schicksal aller anderen. Das sollte uns Sorgen bereiten. Selbst wenn man Open Source verwenden kann und nicht ausschließlich auf Google-Dienste angewiesen ist, befindet man sich noch immer in der Gesellschaft, die von Google und Co. umgebaut wird.

Wir sollten aber auf Melodramatik verzichten. Die Leute bei Google sind keine Bösewichte. Meine Freunde und ich haben Google einmal ein Start-up verkauft, ich bin dort nur aufgeschlossenen und sympathischen Menschen begegnet. Auch manche Google-Kritiker stoßen nicht überall auf Zustimmung. Ich betreibe meine Forschung heute bei Microsoft Research, nicht zuletzt deswegen, weil Google nicht wollte, dass ich mich frei in der Öffentlichkeit äußere. Microsoft ist es egal, ob ich das Unternehmen kritisiere. Trotzdem würden mich viele Leute, vor allem in der Open-Source-Welt, als »bad guy« bezeichnen, weil ich bereit bin, mit dem alten Erzfeind zusammenzuarbeiten. Es wird Zeit, sich von diesen Klischees zu verabschieden. Microsoft kann in vielen Punkten kritisiert werden, die auch für Google gelten, aber die Antipathie zwischen den beiden Unternehmen sollte keinen Einfluss auf unsere Einstellung zu Google oder zum großen Ganzen haben.

Gleichwohl müssen manche Moralapostel die Welt noch immer in Gut und Böse einteilen. Das Problematische an Google ist nicht der Charakter oder die Absicht der Leute in diesem Unternehmen. Es sind gute Leute. Das Problem ist, dass sie in einer extrem einflussreichen Position sind, in der sie die Gesellschaft destabilisieren werden, wenn nichts dagegen unternommen wird. Es war nicht böse Absicht – ich weiß das, weil ich am Anfang mit dabei war. Niemand hat das alles kommen sehen.

Microsoft ist der lebende Beweis, dass die Konfrontation mit einem starken Staat langfristig nicht schlecht sein muss für ein großes Unternehmen. Ich hatte keinen Kontakt zu Microsoft in jener Zeit, als man sich mit amerikanischen und europäischen Aufsichtsbehörden auseinandersetzen musste, aber ich vermute, das Unternehmen ist gestärkt aus diesem Konflikt hervorgegangen. Mächtige Unternehmen müssen daran erinnert werden, dass sie nur bestehen können, weil sie von der Gesellschaft unterstützt werden. Wenn sie sich dessen bewusst sind, kann ihre Arbeit nur besser und sinnvoller werden.

Europa muss also anders an die Dinge herangehen. Ich selbst plädiere dafür, die Nutzung von Daten kostenpflichtig zu machen. Als Amerikaner und Bewohner der IT-Welt liegt mir daran, eine marktwirtschaftliche Lösung zu finden. Ich konzentriere mich auf Verfahren, bei denen der Einzelne den Preis für die Nutzung seiner Daten selbst bestimmt. Das würde die Macht von Unternehmen und Staat beschränken. Ein Ansatz, in vielerlei Varianten vorgeschlagen, wäre eine Datensteuer. Hier müssten Unternehmen Steuern auf den Gewinn entrichten, den sie dank freiem Zugang zu Daten der Bürger erzielen. Ich befürchte jedoch, dass in diesem Fall der Staat allzu viel Macht bekäme und neue Zyklen von Korruption das Ergebnis wären. Einen Versuch wäre es aber immerhin wert.

Eine andere Option – man könnte sie als atomare oder auch antiatomare Option bezeichnen – wäre das generelle Verbot jeglicher unternehmerischer Einflussnahme auf Online-Inhalte. Wenn wir das offene Internet haben wollen, wie es von den Piratenparteien propagiert wird, dann sollte es genau das sein. Wir sollten nicht mit zweierlei Maß messen – hier die Allgemeinheit, die keinerlei finanzielles Interesse hat, dort die wenigen amerikanischen Unternehmen, die astronomische Profite erzielen. Das würde bedeuten, dass weder Unternehmen noch Politiker Online-Aktivitäten beeinflussen könnten. Das Internet würde das offene, ehrliche Werkzeug werden, als das es oft bezeichnet wird, das es aber noch nie gewesen ist.

Entweder muss der kommerzielle Aspekt des Internets so weit gefasst werden, dass alle Nutzer Bürger erster Klasse sind, oder es muss kommerzfrei gemacht werden. Ein teilkommerzielles Internet, in dem nur ein paar IT-Giganten die Macht und alle anderen, die süchtig sind nach praktischen Gratisangeboten, nichts zu melden haben, ist inakzeptabel. Da eine Abschaffung des kommerziellen Sektors inzwischen nicht mehr vorstellbar ist, dürfte es sinnvoller sein, mehr Personen in die Internetökonomie zu holen, indem man für ihre Daten bezahlt – sei es über ein universales Mikrobezahlsystem, wie ich es vorgeschlagen habe, sei es über Steuern und staatliche Sozialprogramme.

Es gibt viele interessante Ideen, wie etwa den brasilianischen Vorschlag, dass in Brasilien gesammelte Daten im Inland gespeichert werden müssen, damit ein Anschein von staatlicher Souveränität gewahrt bleibt. Bei genauerer Prüfung bringen solche Verfahren aber nicht viel. Natürlich könnte man Daten in Brasilien speichern, aber die unkontrollierte Auswertung könnte anderswo stattfinden. Beispielsweise auf den Schiffen, von denen Google gemunkelt hat. Jedes strikte Ausfuhrverbot brasilianischer Daten wäre eine Absage an das globale Internet und würde in die Datenisolation führen.

Wie gesagt, staatliche Kontrolle ist schwierig. Den Kampf mit cleveren Programmierern wird vermutlich kein Staat gewinnen.

Letztlich landen wir wieder bei dem Vorschlag, die Nutzung von Daten kostenpflichtig zu machen. Das ist eine konkrete, durchsetzbare Idee, die ohne qualitative Bestimmungen auskommt. Die EU sollte diese Option ernsthaft prüfen.

Aus dem Englischen von Matthias Fienbork

Schürfrechte am Leben
Von Shoshana Zuboff (30. April 2014)

Erinnern Sie sich an die Fabel von den Fröschen, die glücklich in ihrem Märchenteich planschen? Fröhlich. Abgelenkt. Die Temperatur des Wassers steigt langsam an, aber die Frösche bemerken es nicht. Als das Wasser den Siedepunkt erreicht, ist es zu spät, um ans rettende Ufer zu springen. Wir sind die Frösche in den digitalen Gewässern, und Mathias Döpfner, Vorstandsvorsitzender der Axel Springer SE, warnte kürzlich in einem offenen Brief an den Google-CEO Eric Schmidt vor der drohenden Gefahr – die Temperaturen steigen rasch. Falls dieser Alarmruf Sie beunruhigt, ist das gut. Die Gefahr, die er beschreibt, ist nicht auf die Verlagsindustrie beschränkt. Sie hat radikale Konsequenzen für alle anderen Industrien, Gesellschaften und Bürger. Warum?

Erstens, weil uns dämmert, dass Google dabei ist, ein neues Reich zu errichten, dessen Stärke auf einer ganz anderen Art von Macht basiert – allgegenwärtig, verborgen und keiner Instanz Rechenschaft pflichtig. Falls das gelingt, wird die Macht dieses Reiches alles übertreffen, was die Welt bisher gesehen hat. Das Wasser ist nahe am Siedepunkt, weil Google diese Feststellung weitaus besser versteht als wir.

Zweitens, weil der Zugang zum Web und dem übrigen Internet heute in weiten Teilen der Welt eine wesentliche Voraussetzung für eine effektive Beteiligung am sozialen Leben darstellt. Nach einer 2010 durchgeführten Meinungsumfrage der BBC hielten 79 Prozent der in 26 Ländern Befragten den Zugang zum Internet für ein fundamentales Menschenrecht. Wir sind heute für unsere Suchanfragen, unser Lernen, die Herstellung von Verbindungen, die Kommunikation und für unsere Transaktionen auf Google angewiesen. Die erschreckende Ironie liegt darin, dass wir das Internet für unser Leben brauchen, aber die Tools, die wir dort benutzen, drohen, die Gesellschaft in einer Weise zu verändern, die wir nicht verstehen und für die wir uns nicht selbst entschieden haben.

Wenn man Google mit einem Wort beschreiben könnte, dann mit dem Ausdruck »absolut«. Das Lexikon definiert »Absolutismus« als ein System, in dem »die herrschende Macht keiner geregelten Kontrolle durch irgendeine andere Instanz unterworfen ist«. Im Alltagsleben ist Absolutismus eine moralische Einstellung, in der Werte und Prinzipien als unangreifbar und universell angesehen werden.

Vor sechs Jahren fragte ich Eric Schmidt einmal, welche Unternehmensinnovationen Google einsetze, um sicherzustellen, dass seine Interessen mit denen der Endnutzer übereinstimmten. Wäre Google bereit, deren Vertrauen zu missbrauchen? Die Antwort, die er mir damals gab, versetzte mich in Erstaunen. Er und die Mitbegründer von Google hielten die Mehrheit der (stimmberechtigten) Stammaktien. So könnten sie Entscheidungen treffen, ohne auf den kurzfristigen Druck der Wall Street Rücksicht zu nehmen. Was er nicht sagte: Natürlich befreite sie das auch von jeglicher anderen Einflussnahme. Man kämpfte nicht für die Schaffung eines transparenten Governance-Systems oder vertrauenswürdiger Feedback-Verfahren. Schmidts Antwort klang stattdessen wie der Inbegriff des Absolutismus: »Vertraut mir. Ich weiß es am besten.«

In diesem Augenblick war mir klar, dass ich da etwas Neues und Gefährliches vor mir hatte, dessen Auswirkungen weit über den ökonomischen Bereich hinaus- und tief ins alltägliche Leben hineinreichten.

Eric Schmidts Beitrag zu dieser Debatte, der in Wahrheit ein Sendschreiben an die Europäer ist, zeigt Anzeichen solch eines Absolutismus. Demokratische Kontrolle wird als »plumpe Regulierung« abgetan. Die Ausdrücke »Internet«, »Web« und »Google« werden verwendet, als wären sie austauschbar und als stünden die Interessen von Google für das gesamte Web und das Internet. Das ist ein Taschenspielertrick, der von den wirklichen Problemen ablenken soll.

Schmidt warnt, wenn die EU den Praktiken von Google entgegentrete, könne daraus »ein schwerer Rückschlag für die Innovationskraft in Europa« resultieren. Genau das Gegenteil dürfte zutreffen. Gerade wegen Googles genialer Fähigkeiten in der Wissenschaft der Überwachung, wegen der Unverfrorenheit, mit der das Unternehmen die Nutzer enteignet und sich deren Datenschutzrechte selbst aneignet, und wegen des aggressiven Vorgehens der NSA verlieren die Menschen das Vertrauen in das gesamte digitale Medium. Und erst dieser Vertrauensverlust droht die Innovation abzuwürgen.

Um dieses Dilemma besser zu verstehen, wollen wir uns noch einmal anschauen, wie wir dahin geraten sind, vor welchen Bedrohungen wir stehen und was in der Zukunft auf dem Spiel steht.

In seinem umfangreichen Essay *Über die Einsamkeit der Sterbenden in unseren Tagen* schrieb der Soziologe Norbert Elias, die »Sterbesituation« sei »in unseren Tagen weitgehend ungeformt, ein weißer Fleck auf der sozialen Landkarte«. Zu solchen »weißen Flecken« kommt es, wenn frühere Bedeutungen und Praktiken nicht mehr funktionieren, aber noch keine neuen an ihre Stelle getreten sind. Google konnte deshalb so rasch zu einer Macht aufsteigen, weil es in solch einen weißen Fleck vorstieß und ihn sehr schnell kolonisierte, ohne dabei auf Widerstand zu stoßen. Google fragte nicht um Erlaubnis, suchte keinen Konsens, bat niemanden um seine Meinung und machte nicht einmal deutlich, nach welchen Regeln und Vorschriften man verfuhr. Wie konnte das geschehen?

Am Anfang standen veränderte Ansprüche. In der zweiten Hälfte des 20. Jahrhunderts brachten größere Bildung und komplexe soziale Erfahrungen eine neue Art von Individuum hervor. Immer mehr Menschen, die nicht länger mit der Masse konform gehen wollten, suchten nach eigenständigen Wegen zur Selbstbestimmung. Die Menschen wollten soziale Erfahrungen neu erfinden. Sie wünschten sich Informationen nach ihren eigenen Bedürfnissen, frei von der Kontrolle durch alte Normen, berufliche Festungen und Geschäftsmodelle.

Die Entstehung des Internets eröffnete einen neuen Weg. Als Browser und Suchmaschinen aufkamen, drängten die neuen Individuen mit ihrem aufgestauten Bedürfnis nach echtem Ausdruck und einer Verbindung mit anderen ins Web. Der Zugang zu Information und die Kommunikation konnten alte Grenzen umgehen und an jedes Bedürfnis angepasst werden. Dies war ein neuer »vernetzter öffentlicher Raum«, wie der Rechtswissenschaftler Yochai Benkler ihn nannte. Und man blickte nicht zurück.

Google und andere Unternehmen drängten gleichfalls rasch in den neuen Raum, und eine Zeitlang schien es, als hielten sie sich an die öffentlichen Erwartungen des

Vertrauens, der Zusammenarbeit und des gegenseitigen Respekts. Doch mit wachsendem Profitdruck wechselten Google, Facebook und andere zu einem werbefinanzierten Modell, das die verdeckte Erhebung von Nutzerdaten als Währung für den Verkauf von Anzeigen erforderte. Die Profite stellten sich auch bald ein und motivierten zu einer immer skrupelloseren Datensammlung. Die neue Wissenschaft des Data-Mining explodierte, zum Teil angetrieben von Googles spektakulärem Erfolg.

Dann begann sich die gesamte Topografie des Cyberspace zu verändern. Google und Facebook kehrten dem Ethos des öffentlichen Webs den Rücken, hielten aber sorgfältig an dessen Rhetorik fest. In einem Bereich, der bis dahin ein weißer Fleck gewesen war, entwickelten sie eine neue Operationslogik. Die neue Zone hatte keine Ähnlichkeit mehr mit der herkömmlichen Geschäftswelt, folgte aber auch nicht den Normen des offenen Webs. Das verwirrte die Nutzer und lenkte sie zugleich ab. Tatsächlich entwickelten die Unternehmen eine gänzlich neue Geschäftslogik, in der sie Elemente des überkommenen Kapitalismus, insbesondere die antagonistische Stellung gegenüber den Endverbrauchern, mit Elementen aus der neuen Internetwelt, vor allem deren Intimität, mischten. Das Ergebnis war eine neue geschäftliche Logik, die auf versteckter Überwachung basiert. Die meisten Menschen bemerkten gar nicht, dass sie und ihre Freunde nun ohne ihr Wissen oder ihre Zustimmung in ihren Aktivitäten verfolgt, analysiert und ausgekundschaftet wurden.

Ein stetiger Strom von Ausbrüchen aus der neuen Zone zeugt von der neuen Operationslogik. So sind gegen Google mehrere Gerichtsverfahren wegen des heimlichen Scannens der gesamten Mails bei Gmail einschließlich solcher von Mailkonten anderer Anbieter anhängig. 2010 versuchte das Unternehmen noch, die Scanpraxis zu leugnen, das volle Ausmaß gestand man erst nach vier Jahren öffentlicher Proteste ein. In einem »potentiell explosiven« Verfahren räumte das Unternehmen ein, dass es einseitig Millionen von Mails scannt, die von den dreißig Millionen studentischen Nutzern seiner Apps-for-Education-Tools gesendet oder empfangen werden. 2012 sorgte Google für weitere heftige Proteste und Klagen, als es ankündigte, es werde ohne jede Zustimmung nutzerbezogene Daten aus all seinen Diensten zusammenführen. Es gibt noch viele andere Beispiele, das Electronic Privacy and Information Center hat vieles dokumentiert.

2010 vereinbarte Google eine Partnerschaft mit der NSA, die die Komplexität und Undurchsichtigkeit der neuen Zone noch verstärkte. Der angebliche Auslöser für dieses Bündnis zwischen einer staatlichen Stelle und einem Privatunternehmen war die Entdeckung des Unternehmens, dass die Chinesen seine Infrastruktur gehackt hatten. Doch damals hatte die NSA bereits größtes Interesse an allem, was Google tat; sie suchte intensiv nach Möglichkeiten, Objekte in Internetzeit zu verfolgen und Muster zu erkennen. Die NSA entwickelte dieselben Tools und Fähigkeiten, die es Google erlaubten, massenhaft anfallende Daten zu durchsuchen und mit Warp-Geschwindigkeit zu analysieren.

Das amerikanische Justizministerium hielt die Partnerschaft geheim, doch Zeitungsberichte, Gerichtsakten und Snowdens Enthüllungen zeichnen das Bild einer wechselseitigen Abhängigkeit und Kollaboration. Der ehemalige NSA-Direktor Mike McConnell sagte dazu: »Jüngste Berichte über eine mögliche Partnerschaft zwischen Google und der Regierung verweisen auf gemeinsame Anstrengungen – und gemeinsame Herausforderungen –, die wir in der Zukunft wahrscheinlich erleben werden. Der Cyberspace kennt keine Grenzen, und unsere Verteidigungsanstrengungen müssen ebenso grenzenlos sein.« Die NSA entwickelte eigene Software zur Emulation der Google-Infrastruktur, nutzt Google-Cookies, um zu hackende Ziele zu identifizieren, und verschafft sich Zugang zu E-Mails und anderen Daten durch das Prism-Programm, dessen Kosten sie für Google und andere Internetfirmen übernimmt.

Google und Facebook hatten den Weg zur Kolonisierung der neuen Zone durch eine auf Überwachung basierende kommerzielle Logik geebnet. Das Bündnis zwischen Google und der NSA fügte neue Schichten und Fähigkeiten hinzu und ergänzte sie um eine komplexe Dimension der Zusammenarbeit zwischen Privatunternehmen und staatlichen Stellen, die sich bislang nur unzureichend durchschauen lässt. Doch wie sie im Einzelnen auch beschaffen sein mag – die neue Logik breitete sich auf andere Unternehmen und Anwendungen aus und steigerte das Wachstum und den Erfolg in der neuen Zone.

Trotz dieses Wachstums ist es immer noch schwierig, die veränderten sozialen Beziehungen zu erfassen, die mit der neuen kommerziellen Logik von Google verbunden sind. Das hat zwei Gründe. Erstens bewegen sich die Unternehmen schneller, als Individuen oder demokratische Institutionen folgen können. Zweitens sind die Aktivitäten dort so ausgelegt, dass sie nicht entdeckt werden können. Warum nicht?

Wir hören oft, unser Recht auf Privatsphäre sei ausgehöhlt worden, und die Geheimhaltung nehme zu. Doch diese Darstellung ist irreführend. Das Recht auf Privatsphäre ist nicht ausgehöhlt, sondern enteignet worden.

Ich behaupte, die Rechte auf Privatsphäre sind nicht ausgehöhlt worden, sondern haben sich, wenn überhaupt, sogar vervielfacht. Der Unterschied liegt heute in ihrer Verteilung. Statt dass viele Menschen gewisse Rechte auf Privatsphäre haben, sind diese Rechte heute in den Händen weniger Menschen konzentriert. Auf der einen Seite haben wir die Fähigkeit verloren, selbst zu entscheiden, was wir geheim halten und was wir mit anderen teilen wollen. Auf der anderen Seite haben Google, die NSA und andere Akteure in der neuen Zone gewaltige Mengen an Rechten auf Privatsphäre angesammelt. Wie haben sie das angestellt? Die meisten Rechte haben sie uns abgenommen, ohne uns zu fragen. Aber sie haben in der Art von Falschmünzern auch neue Rechte für sich selbst geschaffen. Sie beanspruchen ein Recht auf Privatsphäre für ihre Überwachungspraktiken und entscheiden auf dieser Grundlage, dies alles geheim zu halten.

Schließlich – und das ist der entscheidende Punkt – wird die neue Konzentration der Rechte auf Privatsphäre in den nicht aufzudeckenden automatischen Funktionen einer globalen Infrastruktur institutionalisiert, die auch in den Augen der meisten Menschen von elementarer Bedeutung für die soziale Partizipation ist. Damit verwandelt sich das Alltagsleben in die tägliche Erneuerung eines faustischen Pakts des 21. Jahrhunderts.

Es ist schwierig, sich einen Begriff von der globalen Reichweite und den Implikationen solch einer Aneignung von Rechten zu machen. Einmal abgesehen von der Frage, ob damit die Schwelle zu einer »Revolution« überschritten wird, handelt es sich um eine radikale Politik, die innerhalb weniger Jahre für eine beträchtliche Umverteilung der Macht gesorgt hat, und zwar durch die Enteignung fremder Datenschutzrechte und der daraus resultierenden Wahlmöglichkeiten. Erreicht wird das durch einen einzigartigen Zusammenschluss staatlicher und privater Akteure und Interessen, die außerhalb jeder demokratischen Legitimation operieren. In mancherlei Hinsicht lassen sich diese aus der Enteignung von Rechten resultierenden sozialen Beziehungen am ehesten mit einem vormodernen Absolutismus vergleichen.

Das hat uns unvorbereitet getroffen. Weder wir als Individuen noch unsere öffentlichen Institutionen haben ein klares Bild von diesen neuen Beziehungen, ihren Implikationen, von den einzuschlagenden Wegen und den anzustrebenden Zielen. Es gibt gute Gründe für so viel Verwirrung und Bestürzung. Die hier beschriebenen Dynamiken entfalten sich im Bereich eines weißen Flecks, der sich mit den vorhandenen sozialen, ökonomischen und politischen Kategorien nicht leicht erfassen lässt. Und sie gehen weit über den Bereich der Ökonomie und die alten Debatten über Monopole und Wettbewerb hinaus.

Die neuen Geschäftspraktiken betreffen nicht nur den Geldbeutel, sondern auch das Wesen unseres Lebens. Sie entziehen sich unseren geistigen Modellen und rationalen Erwartungen in einem Maße, dass wir am Ende an unserem eigenen Wahrnehmungs- und Urteilsvermögen zweifeln. Unglücklicherweise verschlimmert sich die Lage noch weiter, wenn Google seine radikale Politik vom Cyberspace auf die reale Welt überträgt.

Was wird Google als Nächstes tun? Wir wissen, dass es geheim ist, aber für mich ergibt sich folgendes Bild: Google begnügt sich nicht mehr mit dem Datengeschäft. Für

Google ist die »Realität« die nächste große Sache, die es zerstückeln und verkaufen kann. Beim Geschäft mit Daten geht es um Datenmuster, mit deren Hilfe man Anzeigen plazieren kann. Beim Geschäft mit der Realität geht es darum, das Verhalten von Menschen und Dingen im realen Leben in millionenfacher Weise zu prägen und so zu kommunizieren, dass Google Einnahmen erzielt. Das Geschäftsmodell breitet sich aus und umfasst schließlich nicht nur den digitalen, sondern auch den realen Menschen. Der Schauplatz ist nicht mehr die virtuelle Realität, sondern die eigentliche Realität. Es kann kaum überraschen, dass Google und die NSA die Vorhut dieser neuen Welle bilden.

Im »Geschäft mit der Realität« spiegelt sich ein Wechsel in der Avantgarde der Datenwissenschaft vom Data-Mining hin zum »Reality-Mining«. Pionierarbeit auf dem Gebiet dieses neuen Ansatzes hat im letzten Jahrzehnt das MIT Media Lab geleistet. Jetzt findet der Ansatz Eingang in die Aktivitäten militärischer Geheimdienste und in kommerzielle Anwendungen. In einem MIT-Paper aus dem Jahr 2011 erläutert Professor Alex Pentland den Wert des Reality-Mining. »Wir müssen die Systeme der Gesellschaften innerhalb eines Kontrollrahmens neu erfinden.« Dazu bedürfe es eines »exponentiellen Wachstums der Daten über menschliches Verhalten«. Und in einem anderen Paper erklärt Pentland, die immer größere Zahl der Sensoren, Mobiltelefone und sonstigen Datenerfassungsgeräte werde bald die »Augen und Ohren« eines »weltumspannenden lebenden Organismus« bilden. »Wo essen die Menschen? Wo arbeiten sie? Wo verbringen sie ihre Freizeit?« »Verteilte Sensornetze«, so meint er, ermöglichten eine »göttliche Perspektive auf uns selbst. Zum ersten Mal können wir das Verhalten einer großen Zahl von Menschen aufzeichnen, während sie ihr alltägliches Leben führen.«

Die NSA und andere Geheimdienste greifen schon heute auf die »Analyse von Lebensmustern« zurück, um Bedrohungen zu erkennen, darunter auch solche innerhalb ihrer eigenen Organisation – etwa um den nächsten Edward Snowden zu verhindern. Eine Reihe von Softwareunternehmen, manche aus den Geheimdiensten hervorgegangen, andere von ihnen finanziert, bieten Dienstleistungen auf dem Gebiet der Analyse von Lebens- und Aktivitätsmustern und der aktivitätsbasierten geheimdienstlichen Analyse an.

Der Ehrgeiz, den Google auf diesem neuen Feld entfaltet, erscheint grenzenlos. Das Unternehmen hat die meisten führenden Firmen auf dem Gebiet der lernenden Maschinen und der Robotik aufgekauft, um das, wie es heißt, »größte Laboratorium der Welt für künstliche Intelligenz« zu schaffen. Google hat viel Geld für ein Unternehmen gezahlt, das in großen Höhen agierende Drohnen herstellt, und ebenso für Nest Labs, einen Vorreiter auf dem Gebiet intelligenter Haustechnik, dem es eine wichtige Rolle im neuen Internet der Dinge beimisst.

All das legt den Schluss nahe, dass Google den Aufbau weitaus ehrgeizigerer Fähigkeit anstrebt als bloßes Reality-Mining. Es geht nicht nur darum, wie Gott alles zu sehen; es geht um eine gottgleiche Macht, die Realität zu gestalten und zu kontrollieren. Google Glass, intelligente Kleidung und selbststeuernde Autos dienen einem eindeutigen Ziel: Sie sollen darüber informieren, wo man war und wo man ist, und sie sollen Einfluss darauf nehmen, wohin man geht. So hat ein Wissenschaftler den Vorschlag gemacht, dritte Parteien könnten für eine Programmierung zahlen, die den Wagen zu ihrem Restaurant, ihrem Laden oder ihrer politischen Veranstaltung fährt.

Das Internet der Dinge bietet gewaltige Möglichkeiten zum Reality-Mining und zur Beeinflussung der Realität. Damit ist das wachsende Netz aus intelligenten Sensoren und mit dem Internet verbundenen Geräten gemeint, die eine intelligente Infrastruktur für alle Objekte und sogar Körper bilden sollen. Von den Windeln für Ihr Baby bis hin zu Ihrem Kühlschrank, von der Heizung über die Matratze, die Wände und die Kaffeetasse bis hin zum künstlichen Knie – all das wird das intelligente neuronale Netzwerk bilden, in dem Sie atmen, essen, schlafen, reisen und arbeiten. Es wird zahllose Konfigurationen aus Aktionen, Beobachtungen, Vorschlägen, Mitteilungen und Eingriffen ausführen, die alle auf eine neue Art von Produkt ausgerichtet sind: die Realität. Google und andere werden ihr Geld damit verdienen, dass sie diese Realität kennen, manipulieren, kontrollieren und in kleinste Stücke schneiden.

Wenn wir dieses große Rätsel verstehen wollen, kann ein kurzer Blick in die Geschichte hilfreich sein. Im Werk des Historikers Karl Polanyi finden sich dazu zwei nützliche Ideen. Er beschrieb den Aufstieg eines neuen menschlichen Konzepts: der sich selbst regulierenden Marktwirtschaft. Er erkannte, dass die Marktwirtschaften des 19. und 20. Jahrhunderts auf drei erstaunlichen geistigen Erfindungen basierten. Er nannte sie »Fiktionen«. Die erste besagte, dass menschliches Leben der Marktdynamik unterworfen und als »Arbeit« wiedergeboren werden kann; die zweite, dass die Natur der Marktdynamik unterworfen und als »Grundbesitz« wiedergeboren werden kann; und die dritte, dass die Kaufkraft als »Geld« wiedergeboren

179

wird. Die Erfolge des Industriekapitalismus beruhten auf der Schaffung dieser drei »fiktiven Waren«. Das Leben, die Natur und der Austausch mussten in Dinge verwandelt werden, die sich mit Gewinn kaufen und verkaufen ließen.

Google führt uns an einen Wendepunkt in der Reichweite der Marktwirtschaft. Hier entsteht eine vierte fiktive Ware, die zum beherrschenden Merkmal der Marktdynamik des 21. Jahrhunderts wird. Die »Realität« erfährt dabei dieselbe Umwandlung ins Fiktive und wird als »Verhalten« wiedergeboren. Dazu gehören das Verhalten der Lebewesen, ihrer Körper und ihrer Dinge sowie Daten über das Verhalten. Es ist der weltumspannende Organismus samt den winzigsten Elementen darin.

Polanyi erkannte, dass die reinen, ungehemmten Operationen eines selbstregulierenden Marktes zutiefst destruktiv sind. Die Gesellschaft müsse Gegenmaßnahmen ergreifen, um diese Gefahr abzuwenden. Er sprach von einer doppelten Bewegung, einem »in mächtige Institutionen eingebetteten Geflecht politischer Maßnahmen, das die Auswirkungen des Marktes auf Arbeit, Boden und Geld zu kontrollieren vermag«. Regulierung, Gesetzgebung, demokratische Kontrolle – das seien die entscheidenden Reaktionen, die den Verfall der Gesellschaft verhindern könnten.

Das bringt uns zurück zum Ausgangspunkt. Die in der FAZ ausgetragene Kontroverse zwischen Eric Schmidt und Mathias Döpfner kündet ein historisches Beben an, das die Real-Industrie, die Politik und die Bürger in den Grundfesten erschüttern wird. Nichts ist antimoderner als der kulturpessimistische Satz, dies alles geschehe sowieso und man könne nichts dagegen machen. Der moderne demokratische Staat muss ein Gegengewicht zu einem gefährlichen neuen Absolutismus schaffen, der sich auf eine durchdringende, geheime und jeglicher Rechenschaftspflicht enthobene Macht stützt.

Wir befinden uns hier jenseits der Zuständigkeit der Ökonomen. Es geht in dieser Diskussion nicht nur um freie Märkte; es geht um die Freiheit der Menschen. Es handelt sich um eine Auseinandersetzung, die dringend öffentlich geführt werden muss und sich nicht im Stil des 20. Jahrhunderts auf technische Debatten über Monopole oder den Wettbewerb im Hinblick auf Google reduzieren lässt. Wir greifen auf diese alten Kategorien zurück, weil uns die Sprache und die Gesetzmäßigkeiten fehlen, mit denen wir verstehen könnten, was da Gestalt annimmt. Aber solch eine spezialisierte Argumentation verschiebt die Debatte aus dem Bereich des alltäglichen Lebens auf die unzugänglichen Interessensgebiete von Ökonomen und Bürokraten. Sie verschleiert die Tatsache, dass die Probleme sich von Monopolen im Bereich der Produkte und Dienstleistungen auf Monopole im Bereich von Rechten verlagert haben: von Rechten auf Privatsphäre und von Rechten an der Realität. Diese neuen Formen von Macht, die bislang nur von denen verstanden werden, die diese Macht ausüben, bedrohen die Souveränität des demokratischen Gesellschaftsvertrags.

Auch viele Protagonisten der digitalen Welt schauen auf die EU – und nicht auf Google – und erwarten von ihr, dass sie die Bedrohung durch Absolutismus und die Monopolisierung der Rechte abwendet. Die EU kann für die doppelte Bewegung sorgen. Sie kann für die Zukunft stehen, indem sie für die Herrschaft der demokratischen Rechte und die Prinzipien eines fairen Marktes eintritt. Das sind die kostbaren Errungenschaften eines jahrhundertelangen Kampfes, und wir dürfen sie heute nicht aufgeben.

Aus dem Englischen von Michael Bischoff

Big Data beherrschen!
Von Guy Verhofstadt (3. Mai 2014)

Mit seinem Beitrag ist Martin Schulz liberalen Politikern jenseits des Atlantiks gefolgt, die, wie der Kanadier Michael Ignatieff oder der Amerikaner Larry Summers, darüber nachdenken, was wir als Gesellschaft mit der technologischen Revolution anstellen sollen. Durch die Beiträge von Gerhart Baum und Christian Lindner haben auch deutsche Liberale bereits wichtige Anstöße gegeben.

Liberale und Sozialdemokraten scheinen darin übereinzustimmen, dass Big Data von Nutzen für unsere Wirtschaft und Gesellschaft sein kann, aber in den Händen von »Big Companies« und »Big Government« in ebenso hohem Maße auch schädlich. Deshalb die Frage: Wie gewährleisten wir, dass der Nutzen fair verteilt wird, während die negativen Effekte unter Kontrolle sind? Ich erhebe nicht den Anspruch, dieses komplexe Puzzle zu lösen. Ich möchte vielmehr einige Beobachtungen mitteilen. Mein zentraler Punkt ist, dass der Staat als der größte »Daten-Multi« den Weg weisen sollte, indem er seinen Modus Operandi drastisch verändert und die Toolbox seiner Datenbestände öffnet.

Als Individuum ertrinkt man in Big Data. Für große Unternehmen und für den Staat ist Big Data etwas, das, in Programmen und Datenbanken strukturiert, zum eigenen Vorteil genutzt wird, indem der Bürger erforscht und beeinflusst wird. Um derartige Werkzeuge zu schaffen, braucht man sehr viel Kapital. Wenn man dieses Kapital nicht hat, bleiben diese Daten sinnlos oder gar verwirrend. Bereits 1982 hatte John Naisbitt in seinem Buch *Megatrends* geschrieben: »Wir werden in Informationen ertrinken und nach Wissen hungern.« Er hätte nicht mehr recht behalten können.

Der Staat ist Inhaber und Betreiber von Datenbanken zur Sozialversicherung, von Kriminalitätsstatistiken, Informationen zur Mobilität und vielem mehr. Was einem auch in den Sinn kommen mag – der Staat hat die Daten. Aber nur selten teilt er seine Informationen, und wenn, dann nur ausschnittsweise. Datenerhebung durch die öffentliche Hand ist allzu häufig gleichbedeutend mit Datenversenkung. Es ist für die Bürger unklar, was mit den Daten geschieht, für die sie sorgen: Werden sie je verwendet? Und wenn ja, was geschieht mit ihnen? Das Problem ist, dass die meisten europäischen Staaten diese Daten als nationales Eigentum erachten, obwohl sie als öffentliches Gut betrachtet werden sollten. Wenn unsere Staaten beziehungsweise die Regierungen es schaffen, den entscheidenden Wechsel von nationalem Eigentum hin zu einem öffentlichen Gut zu vollziehen, würden sie einen Großteil dessen, was sie auf illegitime Weise von den Menschen einbehalten haben, zurückgeben.

Das Problem, das wir heute mit Technologien haben, die in unser Privatleben eindringen und es bedrohen, ist nicht so sehr, dass wir nicht über die richtigen Regeln verfügen würden. Sicher gibt es beim Datenschutz immer Raum für Verbesserungen, doch das Hauptproblem besteht darin, dass es sehr schwer ist, diese Regeln richtig umzusetzen. Denn die gesammelten Daten stellen einen wertvollen Schatz dar, der hinter hohen Mauern verborgen wird. Wenn der NSA-Skandal uns eines gelehrt hat, dann, dass die Anwendung selbst der grundlegendsten Gesetze in der Praxis problematisch ist. Das Belauschen der eigenen Bevölkerung, ausländischer Bürger und Regierungschefs befreundeter Staaten durch die amerikanische Regierung ist an sich und zudem in seiner Dimension schockierend. Dabei verstieß die amerikanische Regierung nicht gegen irgendwelche Ausführungsbestimmungen, sondern es geht um eine massive Verletzung einiger der grundlegendsten bürgerlichen Freiheiten.

Bevor wir also anfangen, über mehr Regeln zu sprechen, sollten wir überlegen, wie wir unsere fundamentalen Persönlichkeitsrechte besser schützen können. Doch wird dies ausreichen, um wieder die Kontrolle über unser Privatleben zu erlangen? Nein, wir sollten viel mehr tun, als nur sicherzustellen, dass der Staat die Grundregeln anwendet. Diese Regeln sollten ein Fundament für die Schaffung einer Open-Source-Gesellschaft bilden. Die Initiative dafür sollte vom Staat ausgehen. Die Schaffung einer Open-Source-Gesellschaft bedeutet, dass der Staat seinen Quellcode zugänglich macht – proaktiv in einer Weise, die über das anfragebezogene Herausrücken eines Wusts an offiziellen Dokumenten hinausgeht.

Was würde das in der Praxis bedeuten, und wie würde uns das helfen? Einige konkrete Beispiele. Beginnen wir mit dem Strukturieren, Kartieren und Veröffentlichen von Ergebnissen staatlicher Inspektionen von Schulen oder Krankenhäusern oder von Polizeidaten über Verbrechen in der Nachbarschaft. Diese Arten der Datenaufbereitung gibt es bereits, aber in sehr begrenztem Maß. Die generelle Reserviertheit staatlicher Stellen, derartige Daten zu veröffentlichen – und dies vor allem in einer leserfreundlichen Form –, ist geprägt von der Furcht von Politikern und Bü-

rokraten, dass es auf diese Weise möglich würde, einen allzu genauen Eindruck ihrer Effizienz zu gewinnen. So würde ja in der Tat offengelegt, wo der Staat gut funktioniert
und wo nicht. Doch lasst uns genau das als Begründung
dafür nehmen, warum wir es tun sollten – um der Öffentlichkeit durch umfassende Information ihr Eigentum zu-
rückzugeben. Im Sinne eines die Privatsphäre achtenden
Datenschutzes dürften die Daten natürlich nicht so publi-
ziert werden, dass individuelle Fälle rekonstruiert werden
können; sie müssten aggregiert und auf sozial verantwortliche Weise zugänglich gemacht werden. So würde niemand
in Big Data und endlosen offiziellen Berichten ertrinken,
die Bürger würden im besten Wortsinn informiert. Es
mag schwierig sein, Datenschutzregeln umfassend Geltung zu verschaffen; wo es jedoch um Daten geht, die
der Staat ohnehin schon hat, könnte man so immerhin erkennen, wo veröffentlichte Datensätze Auslassungen auf-
weisen oder nicht auf dem aktuellsten Stand sind.

Abgesehen von der Tatsache, dass »Sonnenlicht das beste Desinfektionsmittel ist«, wie es der amerikanische Ver-
fassungsrichter Louis Brandeis einmal ausdrückte, geht es
um mehr als nur um Transparenz. Wenn ein Staat auf allen
Ebenen strukturierte Daten veröffentlicht und sie so der
öffentlichen Meinung aussetzt, kann dies das Vertrauen
der Öffentlichkeit in ihn stärken. Dazu könnte die Regierung über öffentliche Konsultationen aktiv neue Daten generieren und somit mehr Partizipation an der Politik erzielen, als dies heute der Fall ist.

Zu viele Menschen haben sich von der Demokratie ent-
fremdet, weil sie den Eindruck haben, dass ihre Stimme
nicht gehört wird beziehungsweise nur auf eine sehr for-
male Weise, alle vier oder fünf Jahre. Repräsentative De-

mokratie, wie wir sie heute kennen, war ein folgerichtiges System, solange Mobilität und Kommunikation langsam und teuer waren. Doch nun eröffnen neue Technologien, von Videokonferenzen bis zur elektronischen Stimmabgabe, ungeahnte Möglichkeiten der Partizipation. Heute »sharen« und »liken« Menschen alle möglichen politischen und gesellschaftlichen Initiativen. Staatliche Stellen sollten diesen Trend nutzen und bestimmte Themen oder gar haushalterische Pläne identifizieren, die sie dem Volk vorlegen.

Es gibt auf lokaler Ebene bereits sehr erfolgreiche Beispiele; einige städtische Verwaltungen stellen bis zu zwanzig Prozent ihres Haushalts zur Abstimmung. Heute haben Referenden einen so schlechten Ruf, weil wir sie nur dazu nutzen, das Volk nach seiner Meinung zu besonders polarisierenden und komplizierten Themen zu befragen; man denke etwa an die Schweizer Volksabstimmung über die Ausdehnung der Personenfreizügigkeit im Jahr 2009 oder die Referenden über den EU-Verfassungsvertrag in Frankreich und den Niederlanden 2005. Ich fände es sinnvoller, wenn solche Verfahren häufiger auf praktische, lokale Fragestellungen angewendet würden. Und wie wäre es, wenn die Menschen nicht nur mit Ja oder Nein antworten, sondern aus einer ganzen Liste möglicher Projekte für ihre unmittelbare Umgebung auswählen könnten? Sollen wir das kommunale Abwassersystem zuerst reparieren? Oder ist ein neuer Park wichtiger oder die Renovierung des Sportzentrums? Neue Technologien machen öffentliche Konsultationen einfach und bezahlbar, sie involvieren Bürger in politische Entscheidungen. Je nach Thema könnte die Verbindlichkeit oder das Quorum des lokalen Referendums neu festgelegt werden. Schon wenn Menschen sich vor solch einer Abstimmung informieren, stärkt dies die öffentliche Unterstützung für die Politik.

Die Menschen stellen immer öfter die berechtigte Frage: Was passiert mit meinen Steuergeldern? Regierungen überall in Europa geben darauf keine zufriedenstellende Antwort. In vielen Ländern gibt es private Initiativen wie die Open Knowledge Foundation in Großbritannien, doch so sollte es nicht laufen; staatliche Stellen sollten umfangreicher und besser darstellen, wofür sie Steuergelder ausgeben.

Wird mehr staatliche Transparenz alle Probleme von Big Data lösen? Sicher nicht, doch sie wird den Einzelnen in die Lage versetzen, sich besser zu informieren. Gegenüber den Interessen des Staates oder eines Unternehmens werden die Menschen so besser geschützt sein. Der Spruch »Wissen ist Macht« mag ein Klischee sein, aber das macht ihn nicht weniger wahr. Wenn man über die relative Sicherheit der Nachbarschaft gut informiert ist, kann man besser entscheiden, wie viel man in Sicherheitstechnik investieren sollte. Je bessere Daten man über die örtliche Gesundheitsversorgung hat, desto besser kann man abschätzen, welche Zusatzversicherungen sich lohnen könnten.

Wenn staatliche Stellen sich auf diese Weise öffnen, sind sie in einer stärkeren Position, wenn sie dies auch von privaten Unternehmen verlangen, besonders von den großen Datensammlern wie Facebook, Amazon und Google. Es ist unvermeidlich, dass Unternehmen Daten über ihre Kundschaft sammeln. Es dürfte auch nur wenige Kunden geben, die bei jeder digitalen Bestellung die geforderten privaten Daten jedes Mal aufs Neue eingeben wollen. Doch wir können diese Unternehmen dazu bewegen, transparenter mit den Daten umzugehen. Das Problem von Big Data besteht nicht so sehr darin, dass Daten so zahlreich vorhanden sind, sondern darin, dass der Zugang zu ihnen für die Bürger viel zu limitiert ist. Wenn wir das ändern, lösen wir einen wichtigen Teil dieses komplexen Puzzles.

Letzte Ausfahrt Europa
Von Juli Zeh (5. Mai 2014)

Was tut man als politisch obdachloser Bürger angesichts der ausufernden Massenüberwachung? Man kann sich einreden, es gäbe ohnehin keine zu schützende Privatsphäre mehr. Man kann auch der Aufforderung des ehemaligen Innenministers Friedrich zur digitalen Selbstverteidigung folgen, sich aus Social Media zurückziehen, Wichtiges nicht mehr am Telefon besprechen und sich PGP und TOR herunterladen. Oder man erkennt, dass es Verbündete auf einer anderen Ebene gibt.

Zum Beispiel in Straßburg. Martin Schulz hat in seinem Essay die digitale Revolution mit der industriellen Revolution verglichen und aus dieser Parallele eine Pflicht zu politischer und legislativer Gestaltung abgeleitet. Auch die Sozialgesetzgebung ist nicht vom Himmel gefallen, sondern wurde gegen mächtige Interessen durchgesetzt. Mit dem Datenschutz wird es nicht anders sein. Immer wieder weist Schulz darauf hin, dass es nicht um kleine technische Korrekturen, sondern um große gesellschaftliche Fragen geht. Wie sieht unser Menschenbild im Kommunikationszeitalter aus? Wie wollen wir leben?

Im Gegensatz zu den meisten seiner Politikerkollegen hat Schulz verstanden, dass die neuen Technologien in der Lage sind, Gesellschaften bis an die Wurzel zu verändern, mindestens so sehr wie Atomkraft oder Gentechnik. Wir müssen deshalb festlegen, was zu welchem Zweck von wem und unter welchen Bedingungen gemacht werden darf. Dafür brauchen wir, ganz einfach, Gesetze. Weil sich die digitale Revolution nicht an Landesgrenzen hält, muss auch die begleitende Gesetzgebung supranational sein. Eine Institution, welche die dazu erforderliche legislative und politische Macht besitzt, ist die Europäische Union. Leider wird diese Tatsache kaum zur Kenntnis genommen. In dieser anhaltenden medialen Missachtung spiegelt sich das schwindelerregende Paradoxon zeitgenössischer Politik: Während immer mehr fundamentale Entscheidungen auf europäischer Ebene getroffen werden, muss man nach wie vor nur »Straßburg« oder »Brüssel« sagen, um sicherzustellen, dass man quasi unter Ausschluss der Öffentlichkeit operiert.

So kommt es, dass die meisten Menschen gar nicht wissen, wie kurz wir eigentlich vor einem entscheidenden ersten Schritt bei der Domestizierung des digitalen *bellum omnium contra omnes* stehen. Während nicht nur Bürger, sondern auch viele Politiker glauben, den Nebenwirkungen des Informationszeitalters mangels realistischer Handlungsoptionen tatenlos beiwohnen zu müssen, gibt es längst einen substantiellen Gesetzesentwurf, der beweist, dass es sehr wohl möglich wäre, etwas zu tun. Wenn man nur wollte.

Die Rede ist von der Datenschutz-Grundverordnung, die von der Europäischen Kommission im Januar 2012 vorgestellt wurde. Um wenigstens die Reichweite anzudeuten, lassen sich drei Punkte erwähnen. Erstens: Die Verordnung gewährt dem Einzelnen umfassende Datensouveränität, was bedeutet, dass personenbezogene Daten nur noch mit ausdrücklichem Einverständnis erhoben und verarbeitet werden dürfen und auf Wunsch gelöscht werden müssen. Zweitens: Die Verordnung soll extraterritorial gelten, also auch für Unternehmen, die ihren Sitz außerhalb der EU haben, aber ihre Dienstleistungen auf dem europäischen Markt anbieten wollen. Drittens: Unternehmen, die gegen die Verordnung verstoßen, müssen mit Strafgeldern von bis zu fünf Prozent ihres Jahresumsatzes rechnen.

Manche Kritiker wenden ein, die Datenschutz-Grundverordnung gehe in ihrem Regelungsgehalt noch immer nicht weit genug. Aber in Demokratien bekommt man eben niemals alles und niemals sofort, nichts ist perfekt. Das ist das Wesen von Kompromissen: Die beste Lösung ist eigentlich dann gefunden, wenn am Ende alle gleich unzufrieden sind. Wer daraus ableitet, es sei besser, überhaupt nichts zu tun, erteilt nicht nur der Politik, sondern der ganzen demokratischen Idee eine grundsätzliche Absage. Nur vor diesem Hintergrund kann man erkennen, was für ein erstaunlicher, mutiger und vielversprechender Schritt die geplante Datenschutz-Grundverordnung ist: eines der größten Gesetzgebungsprojekte der Europäischen Union. Sie zu verhindern, weil man mehr will, wäre der dümmstmögliche Schachzug.

Hinter dem staubtrockenen Titel der neuen Verordnung verbirgt sich die selbstbewusste und zutreffende Überzeugung, dass Europa als Wirtschaftsstandort attraktiv genug ist, um die Regeln zu bestimmen, nach denen Produkte bei uns gehandelt werden dürfen. Bei Lebensmitteln, Autos oder Medikamenten finden wir das völlig selbstverständlich. Mir ist kein Grund ersichtlich, warum auf dem digitalen Markt nicht vergleichbare Standards gelten sollten. Wie man gelegentlich aus anderen Staaten hört: Nur Europa ist marktmächtig genug und zugleich ausreichend institutionalisiert, um dieses Projekt in Angriff zu nehmen. Wenn wir nicht vorangehen, wird es kein anderer tun. Auch aus dieser Erkenntnis resultiert eine Handlungspflicht. Es geht um nicht weniger als die politische Gestaltung einer Epoche.

Selbst beim Problem der geheimdienstlichen Totalüberwachung könnte die Datenschutz-Grundverordnung Linderung bringen. Wie wir spätestens seit Snowden wissen, beruht ein Großteil der digitalen Überwachungsstrategien auf dem Prinzip des stillschweigenden Outsourcing. Die Datenmengen, auf die es der NSA und anderen ankommt, werden von privaten Unternehmen erhoben und dann von staatlichen Diensten entweder eingefordert oder geklaut. Schutz vor IT-Konzernen kann deshalb indirekt auch gegen Geheimdienste wirken. Wenn du den Baum nicht fällen kannst, grab ihm das Wasser ab.

Natürlich reicht die Datenschutz-Grundverordnung allein nicht aus. Sie in Kraft zu setzen würde keineswegs bedeuten, dass man danach die Hände in den Schoß legen kann. Wenn es nach mir ginge, müsste man auch gleich noch einen Algorithmen-TÜV ins Leben rufen, der informationelle Prozesse auf die Verwendung von diskriminierenden oder anderweitig demokratiefeindlichen Parametern prüft. Jeder andere Datenschützer hätte zehn weitere Ideen. Aber die Verordnung wäre ein mächtiger erster Schritt, ein Akt politischer Selbstermächtigung, Startschuss einer modernen Gesetzgebung für das digitale Zeitalter.

Bleibt die Frage, warum diese Verordnung noch nicht in Kraft ist.[1] Das Europäische Parlament hat den Kommissionsentwurf aufgegriffen und unter Federführung des deutschen Europa-Abgeordneten Jan Philipp Albrecht

1 Vgl. dazu die Fußnote auf S. 60 (Anm. d. V.).

von den Grünen mit großer Mehrheit eine Verhandlungsposition verabschiedet, auf deren Grundlage ein schneller
Erlass der Datenschutz-Grundverordnung möglich wäre.
Während sich – bemerkenswert genug – Kommission und
Parlament also weitgehend einig sind, müsste nun der Rat
der Europäischen Union tätig werden, um das Gesetzge-
bungsverfahren zum Abschluss zu bringen. Des Rätsels
Lösung besteht darin, dass ausgerechnet Deutschland den
Erlass der Verordnung im Rat verhindert. Während in der
deutschen Bevölkerung europaweit die höchste Sensibilität für Datenschutz besteht; während in der Presse seit
Monaten ein umfassender Diskurs zu den Herausforderungen des digitalen Zeitalters geführt wird; während Angela Merkel erst neulich wieder auf der Cebit verkündete,
dass Datenschutz nur als gemeinsame europäische Regelung Sinn ergibt – währenddessen blockieren die deutschen
Abgesandten unter massivem Druck von IT-Lobbyisten
den ersten wirklich tauglichen Vorstoß zu einer Verbes-
serung der grundrechtlichen Situation.

Ohne Deutschland geht in der EU nichts. Berlin kann in
Brüssel vieles bewirken und alles verhindern. Und die Ber-
liner Regierung spielt gewohnheitsmäßig ein doppeltes
Spiel: Sie setzt in Brüssel Vorhaben durch, die sie später
dem deutschen Bürger mit bedauernder Miene als »Vorga-
be der EU« verkauft. Oder sie verlangt im Inland vollmun-
dig Aktionen, die sie auf europäischer Ebene blockiert.
Über diesem Widerspruch könnte man den Verstand verlieren, sich die Haare raufen und den Kopf anschließend
in den Sand stecken. Man kann aber auch etwas zutiefst
Demokratisches tun und seinen Einfluss geltend machen.
Am 25. Mai steht uns eine Wahl bevor: Martin Schulz will
Präsident der Europäischen Kommission werden, und das

wird ihm gelingen, wenn die Sozialdemokraten bei der Europa-Wahl die Mehrheit gewinnen. Er tritt mit einer klaren digitalen Agenda an, die sich zu weitreichendem digitalem Grundrechtsschutz bekennt und Kampfansagen an marktmächtige Akteure wie Google enthält.

Es geht am Wahltag darum, endlich den aktiven Kampf gegen die Kollateralschäden des Kommunikationszeitalters aufzunehmen. Je länger Berlin untätig bleibt, desto dringender müssen wir lernen, uns mit unseren Sorgen und Forderungen direkt nach Brüssel zu wenden.

Ich diszipliniere Google
Von Joaquín Almunia (13. Mai 2014)

Sehr geehrter Herr Döpfner,

in Ihrem offenen Brief an Eric Schmidt, Googles Verwaltungsratschef, haben Sie einige Bemerkungen gemacht, die explizit an die Europäische Kommission und an mich gerichtet sind. Im Wesentlichen werfen Sie der Kommission vor, nicht gegen Missbräuche der marktbeherrschenden Position von Google bei der Online-Suche vorzugehen. Ich stimme mit Ihnen nicht überein, und ich werde im Folgenden erklären, warum.

Lassen Sie mich als Erstes an die Fakten erinnern. Die Kommission hat sich im November 2010, auf meinen Vorschlag hin, dazu entschieden, ein kartellrechtliches Verfahren gegen Google einzuleiten. Nach eingehender Prüfung, insbesondere nach Analyse einer großen Anzahl formeller Beschwerden, habe ich ernsthafte Bedenken gegen mehrere Geschäftspraktiken Googles geäußert. Eine davon ist Googles prominente Darstellung seiner eigenen spezialisierten (oder »vertikalen«) Suchdienstleistungen im Rahmen seiner normalen Suchergebnisse, ohne dass der Nutzer über diese bevorzugte Darstellung informiert würde. Tatsächlich ist es so, dass ein solches Vorgehen unrechtmäßig Internetverkehr zu Googles Dienstleistungen umleiten und Dienstleistungen von Wettbewerbern, die genauso relevant oder sogar relevanter für den Nutzer sind, benachteiligen kann.

Mit Blick auf die Interessen der Nutzer hat die Kommission diese Praktik konsequent angefochten und Google dazu aufgefordert, konkrete Lösungsvorschläge zur Beendigung jeglichen Missbrauchs zu machen. Nach langen und schwierigen Verhandlungen haben wir jetzt wesentliche Zugeständnisse von Google. In einigen Monaten wird die Kommission darüber entscheiden müssen, ob sie diese für rechtlich bindend für Google erklärt oder nicht.[1] Sollte die Kommission zu der Einschätzung gelangen, dass Googles Vorschläge den Wettbewerb wiederherstellen und dass die Nutzer dadurch in die Lage versetzt werden, informierte Entscheidungen zu treffen, wird sie diese annehmen.

Die Annahme dieser Vorschläge hätte drei Hauptänderungen zur Folge. Erstens würde der Nutzer gut sichtbar darüber informiert werden, welche Links von Google vermarktet werden und nicht das Ergebnis der normalen Suchmaschine sind. Zweitens gäbe es auf Googles Website eine deutliche Trennung zwischen den spezialisierten Dienstleistungen des Unternehmens und den normalen Suchergebnissen. Drittens würde Google dann, wenn es eigene Dienstleistungen vermarktet, auch die spezialisierten Dienstleistungen von drei Wettbewerbern so präsentieren, dass sie für den Nutzer deutlich zu sehen sind. Die Links zu konkurrierenden Anbietern würden zudem in einem vergleichbaren visuellen Format dargestellt werden.

In Ihrem offenen Brief beschreiben Sie die Zugeständnisse so, als »würde ein neues Werbefenster zu Beginn der Suchliste eingerichtet«, welches Google schließlich »Zu-

---

1 Die EU-Kommission hat bislang nicht über den Vorschlag von Google entschieden; vgl. dazu die Fußnote auf S. 128 (Anm. d. V.).

satzerlöse« ermöglichen würde. Diese Interpretation ist völlig falsch. Die Vorschläge sehen vor, dass immer dann, wenn Google seine eigenen Suchdienstleistungen vermarktet, die Links dreier Wettbewerber präsentiert werden müssen. Wenn Händler nicht zahlen müssen, um angezeigt zu werden (beispielsweise bei Restaurants in Google Local), dann müssten Wettbewerber auch nicht dafür zahlen. Die drei Wettbewerber würden einfach auf Basis ihrer Rankings in Googles »normaler« Suchfunktion ausgewählt. In anderen Fällen fordert Google Gebühren von Händlern, damit sie in den spezialisierten Dienstleistungen angezeigt werden, zum Beispiel im Preisvergleichsdienst Google Shopping. In diesen Fällen wäre Google nach den Vorschlägen dazu gezwungen, einen signifikanten Teil des Platzes, den das Unternehmen für die Vermarktung seiner eigenen Dienste nutzt, aufzugeben. Immer wenn Google sich dazu entscheidet, ein – wie Sie es nennen – »neues Werbefenster« anzubieten, wäre das Unternehmen also verpflichtet, dieses mit seinen Wettbewerbern zu teilen und ihnen darin vergleichbar viel Platz zur Verfügung zu stellen.

Da Google den Platz, den nun Wettbewerber bekommen würden, normalerweise durch Gebühren von Händlern zu Geld machen würde, müssten nach Googles Vorschlägen die Wettbewerber nun ebenso bezahlen, um dort zu erscheinen. Um ausgewählt zu werden, würden Googles Konkurrenten in einer Auktion, zu der ausschließlich Anbieter von spezialisierten Suchdienstleistungen zugelassen wären, gegeneinander bieten. Anstatt diesen Platz an seine eigenen Kunden zu verkaufen, müsste Google ihn an Konkurrenten verkaufen. Dies würde also keine »Zusatzerlöse« für Google generieren.

Sie behaupten außerdem, dass der Verbraucher »nicht

mehr das für ihn Wichtigste und Beste findet, sondern das für Google Profitabelste«. Die Vorschläge erzielen das genau gegenteilige Resultat. Wann immer Google seine eigenen spezialisierten Dienste vermarktet und sie in einer herausgehobenen Art darstellt – wie es heute der Fall ist –, würden die Vorschläge Google dazu verpflichten, die Links dreier Konkurrenten klar sichtbar und in einem vergleichbaren visuellen Format darzustellen. Dies gäbe Nutzern eine echte Möglichkeit, zwischen mehreren Alternativen zu wählen. Heute hingegen bedeutet Googles bevorzugte Vermarktung seiner eigenen Dienste, dass Nutzer die Angebote von Konkurrenten möglicherweise gar nicht bemerken, weil diese nicht auf der von den Nutzern vor allem beachteten ersten Seite der Suchergebnisse sichtbar sind. Die Vorschläge würden Konkurrenten daher eine direkte Möglichkeit geben, Internetverkehr anzuziehen, und so Anreize zur Innovation im Bereich der spezialisierten Suche schaffen. Es wäre dann an den Nutzern, darüber zu entscheiden, welchen Dienst sie bevorzugen.

Ganz allgemein besteht scheinbar ein fundamentales Missverständnis, das ich gerne aufklären möchte. Artikel 102 des Vertrags untersagt den Missbrauch von marktbeherrschenden Positionen. Was verboten ist, ist der Missbrauch, aber nicht das Vorliegen einer marktbeherrschenden Stellung. Die Kommission ist nicht befugt, von einem Unternehmen zu verlangen, dass es jeglichen Forderungen seiner Wettbewerber nachgibt, nur weil es den Markt dominiert. Es ist unsere Aufgabe, Marktmachtmissbrauch im besten Interesse der Verbraucher zu bekämpfen und nicht im Interesse der Wettbewerber. Das Ermessen der Kommission in diesem Bereich ist nicht unbegrenzt. Wenn wir von einem Unternehmen fordern, dass es sein Verhalten ändert, dann tun wir das auf Basis einer eingehenden Untersuchung und fundierter kartellrechtlicher Bedenken, die strengen rechtlichen Standards entsprechen müssen und immer der Kontrolle durch die EU-Gerichte unterliegen.

Die Kommission hat alle Beschwerden, die sie in diesem Fall erhalten hat, eingehend geprüft. Es ist wichtig hervorzuheben, dass, wenn kartellrechtliche Bedenken festgestellt werden, die Kommission keine Abhilfemaßnahmen fordern kann, die über das zur Beseitigung der Bedenken Nötige hinausgehen. Wir können Google nicht vorschreiben, wie es seine Seite gestalten soll. Zu verlangen, dass das Unternehmen seine eigenen spezialisierten Dienste in der exakt gleichen Art wie die Angebote von Wettbewerbern darstellen muss, würde bedeuten, dass je nach Ergebnis des Algorithmus Googles Dienste vielleicht nicht auf der eigenen Seite aufscheinen würden. Dies wäre eine beispiellose Einschränkung eines Unternehmens durch eine Kartellbehörde.

Unsere Rolle ist es nicht, Google davon abzuhalten, Neuerungen einzuführen und zu versuchen, den Bedürfnissen der Nutzer gerecht zu werden, indem es neue Dienste entwickelt und anbietet. Dies wäre nicht im besten Interesse der Nutzer. Unsere Rolle ist es sicherzustellen, dass Google Wettbewerber nicht davon abhält, dasselbe zu tun. In anderen Worten: Die Aufgabe der Wettbewerbspolitik besteht hier darin zu verhindern, dass Googles Konkurrenten aufgrund der Bevorzugung, die Google seinen eigenen Diensten gewährt, davon abgehalten werden, wirksam am Wettbewerb teilzunehmen. Der Grund dafür ist, dass weniger Wettbewerb die Auswahlmöglichkeiten der Verbraucher und Anreize für Innovationen durch Wettbewerber negativ beeinflussen kann. Ich möchte nochmals betonen, dass, sobald Nutzern Alternativen präsentiert werden, der Wettbewerb auf Grundlage der Qualität der verschiedenen erhältlichen Dienste stattfinden sollte und es bei den Nutzern liegt, auf die Option zu klicken, die sie bevorzugen. Die Darstellung der Links der Konkurrenten in einem vergleichbaren visuellen Format gäbe Googles Wettbewerbern eine wirkliche Möglichkeit, diese Nutzer zu ihren Diensten zu lenken.

Sie behaupten zudem, dass »sich Google sämtlicher Zusagen entziehen« könnte, indem es einfach automatisch Nutzer von einer Internetadresse an eine App weiterleitet. Auch dem kann ich überhaupt nicht zustimmen. Die Vorschläge, die wir von Google erwirkt haben, enthalten alle nötigen Absicherungen, um dies zu verhindern. Die Verpflichtungen würden nicht nur für Suchanfragen von PCs aus gelten, sondern auch für Sucheingaben in Googles Android-Applikationen. Außerdem würde, sollte sich die Kommission dazu entscheiden, die Vorschläge für Google für rechtlich bindend zu erklären, ein unabhängiger Treuhänder sicherstellen, dass Google die Verpflichtungen ordnungsgemäß umsetzt. Sollte Google diese verletzen, würde die Kommission natürlich Maßnahmen ergreifen. Wie Sie wissen, riskieren Unternehmen, die sich nicht an die Vorgaben kartellrechtlicher Entscheidungen der Kommission halten, hohe Geldbußen. In den vergangenen Jahren erhielt Microsoft drei Mal höhere Strafen dafür, dass es sich nicht an die Vorgaben zweier kartellrechtlicher Entscheidungen der Kommission gehalten hat, als für den Missbrauch der marktbeherrschenden Stellung selbst. Übrigens basiert eine dieser Entscheidungen auf Verpflichtungszusagen, die die Kommission rechtlich bindend gemacht hat.

Lassen Sie mich abschließend noch etwas zu den speziellen Bedenken, die von Nachrichtenmedien geäußert werden, sagen. Ich kann vollkommen nachvollziehen, dass die Verwendung von Presseartikeln europäischer Publikationen in Google News ein Anlass zur Sorge ist. Aus einem kartellrechtlichen Blickwinkel besteht das Problem darin, dass Google seine Marktmacht bei der allgemeinen Online-Suche dafür verwenden kann, von anderen erstellte Inhalte zu erhalten und für seine spezialisierten Suchdienste zu nutzen, einschließlich für Google News. Dies ist der Grund, warum die Verpflichtungen, die wir erwirkt haben, es Verlagen ermöglichen würden, Google zu verbieten, ihren Inhalt vollständig oder teilweise in Google News zu zeigen, ohne dass ein solches Verbot eine negative Auswirkung auf das Ranking ihrer Websites in Googles allgemeinen Suchergebnissen hätte. Urheberrechtliche Fragestellungen, die sich in diesem Zusammenhang stellen, erfordern jedoch Lösungen, die außerhalb des Wirkungsbereichs des Wettbewerbsrechts liegen. Dasselbe gilt für Fragen zum Schutz personenbezogener Daten. In beiden Fällen können Regeln, die den Missbrauch marktbeherrschender Positionen sanktionieren, nicht als Ersatz für Richtlinien oder Regulierungsmaßnahmen dienen. Schließlich möchte ich noch hinzufügen, dass die Beachtung der Regeln des Kartellrechts eine notwendige Voraussetzung, aber nicht das einzige Instrument ist, das zum Gedeihen des digitalen Sektors in Europa beitragen kann.

Bei Themen, die wirklich in das Gebiet des Kartellrechts fallen, bleibt die Kommission äußerst aufmerksam, was Googles Geschäftspraktiken betrifft. Die Beschwerdeführer des laufenden Verfahrens werden bald die Möglichkeit haben, der Kommission ihre Sicht sowohl zu Googles

Vorschlägen als auch zu den Argumenten darzulegen, die aus unserer Sicht dafür sprechen, dass die Vorschläge in der Lage sind, die Bedenken in Bezug auf einige Geschäftspraktiken Googles im Bereich der Online-Suche und -Werbung auszuräumen. Sollte die Kommission am Ende dieses Prozesses die finalen Vorschläge in einer formellen Entscheidung annehmen, werden sie zu rechtlichen Verpflichtungen für Google. Das hieße, dass die maßgeblichen Aspekte von Googles Aktivitäten in den kommenden Jahren effektiv reguliert werden würden. Unabhängig vom laufenden Verfahren bedeuten Googles sehr hoher Marktanteil und seine Rolle als De-facto-Torwächter des Internets, dass die Kommission Googles Geschäftspraktiken weiterhin genau verfolgen wird. Solch eine Überwachung ist unbedingt notwendig in einem schnelllebigen Markt, in dem sich jederzeit neue Probleme entwickeln können. Und tatsächlich sind wir schon dabei, eine zusätzliche Untersuchung, die noch im vorläufigen Stadium ist, zu möglichen Bedenken bezüglich des Android-Betriebssystems durchzuführen.

Es ist keine Frage, dass die Marktmacht von Google in vielerlei Hinsicht eine Herausforderung für unsere Wirtschaft und unsere Gesellschaft darstellt. Die Bedenken beziehen sich auf die Funktionsweise des Android-»Ökosystems«, das Sammeln und Nutzen einer enormen Masse persönlicher Daten, die Nutzung von Inhalten dritter Anbieter, den Schutz des geistigen Eigentums oder Taktiken zur Minimierung der Steuerlast. Jedes Thema verdient gleichermaßen die Aufmerksamkeit der Behörden, und jedes Thema sollte mit dem richtigen politischen Instrument angegangen werden. Das laufende kartellrechtliche Verfahren der Kommission gegen Google ist nur ein Teil dieses Puzzles. Aber es ist ein Teil, das die konkreten kartell-rechtlichen Probleme, die hier gelöst werden müssen, rasch lösen könnte.

Mit den besten Grüßen
Joaquín Almunia

Die Politik eines neuen Betriebssystems
Von Sigmar Gabriel (16. Mai 2014)

Das Internet ist eine junge Technologie. Wer heute Mitte vierzig oder älter ist, hat als Teenager weder Mails geschrieben noch Facebook benutzt, um sich mit Freunden auszutauschen. Die heute Zwanzigjährigen sind indes hineingeboren in das digitale Zeitalter. In den vergangenen zwei Jahrzehnten hat sich die Welt nicht nur politisch fundamental verändert, sondern auch ökonomisch. Globale und mächtige Unternehmen sind in kurzer Zeit entstanden: Amazon wurde 1996 gegründet, Facebook 2004, Youtube 2005, Twitter 2006, und wer die genauen Daten im Gespräch gerade nicht parat hat, muss keine Nachschlagewerke in der Bibliothek aufblättern, sondern klickt ein Stichwort in sein Smartphone und wird bei Wikipedia informiert, der 2001 gegründeten, kollaborativ und unentgeltlich gespeisten Internetenzyklopädie mit ihren dreißig Millionen Artikeln in 280 Sprachen. Vielen voran, ging Google am Tag der Bundestagswahl 1998 mit seiner Suchmaschine online.

Die Macht der digitalen Revolution liegt darin, dass kein Mensch direkt gezwungen wird mitzumachen. Vielmehr will jeder dabei sein und tut es aus freien Stücken. Die Nutzung dieser Technologie ist inzwischen in der Wirtschaft unvermeidbar. Und im privaten Leben ist sie auch Ausdruck und Bestandteil eines Lebensgefühls von Modernität. Die digitale Welt ist zu der Welt geworden, in der die Mehrheit lebt. Nur Eremiten könnten dem von

Hans Magnus Enzensberger im Zuge dieser Debatte erteilten Rat folgen, das Mobiltelefon wegzuwerfen und sich mehr oder weniger freiwillig ins Tal der Ahnungslosen zu setzen. Die große Mehrheit will dort dabei sein, wo schon heute die Zukunft stattfindet.

Es ist also kein äußerer Feind, der mit einer Kolonisierung unserer Lebenswelt droht. Es sind die Emotionen und Identitäten des modernen Menschen selbst, die zur Debatte stehen. Denn die Revolution des Personal Computers, Urahn aller Smartphones, hat dazu geführt, dass der Mensch sich technologisch bereichert und nicht enteignet fühlt. Deshalb geht es auch nicht darum, einer neuen »Maschinenstürmerei« das Wort zu reden.

Gleichwohl hat Evgeny Morozov in seinem unerbittlichen Beitrag »Wider digitales Wunschdenken« recht: Wir müssen die Mystifizierungen, die »das Internet« umgeben, entzaubern. Denn so verführerisch glatt, bunt und simpel uns die Nutzeroberfläche des digitalen Wandels entgegentritt, so abgründig und undurchdringlich erscheinen dem durchschnittlichen Nutzer die Programmierungen, Rückkopplungen und Abhängigkeiten hinter der glitzernden Fassade des World Wide Web. Die Aufforderung, in unseren Schulen Programmiersprache zum Pflichtfach zu machen, ist alles andere als absurd. Ihre Kenntnis bestimmt jedenfalls mehr über die persönliche Autonomie im digitalen Zeitalter als die Kenntnis antiker Sprachen.

Es beginnt mit einer Sensibilisierung für Sprache und Begriffe, die uns vom und im Netz angeboten werden. »Cloud« etwa ist eben keine Wolke wie im Werbehimmel, sondern, wie Evgeny Morozov an anderer Stelle schreibt, ein Bunker in Utah. Es sind gewaltige, stromfressende Rechnerfabriken, denen wir unsere persönlichen Daten überlassen. »Smart« ist ein weiteres dieser Zauberworte. Kleinstcomputer, Telefone, Uhren, aber auch Feuermelder oder Autoelektronik, die als »intelligent« gelten, sorgen zugleich dafür, dass unsere Bewegungen und Handgriffe, unsere Vorlieben und Gewohnheiten als Datenspuren lesbar, speicherbar, vernetzbar und kommerzialisierbar werden.

Längst ist klar: Die von vielen inzwischen als unerlässlich begriffenen Smartphones »beobachten« ständig unsere Bewegungen, dokumentieren unser (nicht nur) kommunikatives Verhalten und messen und übermitteln dies alles an gigantische Rechnerzentren. Die scheinbar harmlose Miniaturmaschine in der Innentasche unserer Anzüge und Jacken hat ein Eigenleben entwickelt. Die »Suchmaschine« Google wird missverstanden: Sie ist kein Instrument, dessen man sich bedient wie eines passiven Werkzeugs der analogen Welt. Sie ist ein Instrument, das selbst aktiv wird, und zwar auf eine für uns unsichtbare Art und Weise. Jedes Mal, wenn wir mit Google suchen, sucht Google uns, nimmt Informationen über uns auf, die für gezielte, personalisierte Werbung verkauft werden können, aber grundsätzlich auch unserer Bank, unserer Krankenkasse, unserer Kfz- oder Lebensversicherung oder bei Bedarf einem Geheimdienst zur Verfügung stehen. Und nichts ist kostenlos, sondern bezahlt wird mit persönlichen Daten – und, wenn wir nicht aufpassen, am Ende auch mit persönlicher und gesellschaftlicher Freiheit.

Dasselbe Prinzip gilt für »Smart Driving«, »Smart Home«, für »smarte« Kleidung, für die gesamte Durchdringung unserer Lebenswelt. Die Produkte verlieren damit ihre Unschuld. Mit jeder Berührung aktivieren wir ein digitales Echo, eine Rückkopplung mit den unserer Kon-

trolle entzogenen Datenspeichern, die sich zur lückenlo-
sen Lesbarkeit des Menschen auswachsen. »Ich lese und
werde gelesen. Ich kaufe und werde Produkt«, schreibt
Frank Schirrmacher im September 2013 in seinem Appell
an die Adresse der Sozialdemokratie, diese fundamentale
Revolution unserer sozialen Welt nicht zu verschlafen.
Denn es geht um eine urliberale und eine ursozialdemo-
kratische Aufgabe: den ungezähmten Datenkapitalismus
zu bändigen und zu zähmen, ohne ihm seine Innovationskraft und seine individuelle und gesellschaftliche Nütz-
lichkeit zu rauben. Um die Würde des Menschen und seine
Freiheit zu bewahren und gleiche Chancen auf Teilhabe
und Teilnahme für alle zu schaffen.

Die FAZ-Serie zur Digitalisierung von Wirtschaft und
Gesellschaft hat sich immense Verdienste erworben um
die Aufklärung dessen, was uns in diesem sogenannten
Neuland erwartet: technisch, ökonomisch, in unserer Kon-
sum- und Lebenswelt, vor allem aber in unserem Anspruch auf Freiheit und Demokratie; denn genau dieser
Anspruch ist durch die neue Macht von Datenkonzernen
und Geheimdiensten in Frage gestellt – vor allem dann,
wenn sie miteinander kooperieren. Die Beiträge dieser Serie sind eine Sternstunde des politisch relevanten Feuilletons und haben erstmals seit langem wieder eine politische
Zeitgenossenschaft begründet, in der über die existen-
tiellste politische Frage diskutiert wird: Wie wollen wir
in Zukunft gemeinsam miteinander leben? Die Debatte um-
kreist sozusagen »das« wichtigste »Stichwort« der »geistigen Situation unserer Zeit«, wie der berühmte Titel des
von Jürgen Habermas herausgegebenen Sammelbandes
der Gesellschaftskritik Ende der siebziger Jahre lautete.

Martin Schulz, der Präsident des Europäischen Parlaments, hat völlig zu Recht die Politik zum Kampf aufgerufen: Entweder wir verteidigen unsere Freiheit und ändern unsere Politik, oder wir werden zu digital hypnotisierten Mündeln der Datenherrschaft. Wie sehr dieser Appell gewirkt hat, zeigen die Beiträge von Juli Zeh, Evgeny Morozov, von Internetavantgardisten wie Sascha Lobo oder Jaron Lanier und anderen. Aber auch ein Verleger wie Mathias Döpfner hat mit beispielloser Offenheit zugegeben: »Wir fürchten diese neue Macht!«

Was ist jetzt zu tun? Die Fragen richten sich immer ungeduldiger an die Politik. Was tut ihr, die ihr dafür gewählt worden seid, die Freiheit des Bürgers zu schützen und die Grundrechte der analogen Welt im digitalen Zeitalter durchzusetzen? Wenn ihr es nicht schafft, wer denn sonst? Wer entscheidet, nach welchen Regeln wir leben? Wer schützt das Recht? Diese Entscheidungsfrage gehört nicht zuletzt auf die Tagesordnung der europäischen Politik. Und dort hat sie Martin Schulz verankert. Sie gehört in die politische Auseinandersetzung um die Zukunft und die Aufgaben Europas. Denn im nationalen Rahmen ist diese Herausforderung nicht mehr zu lösen.

Nur die Europäische Union hat die Macht, die Politik zu verändern und die Spielregeln neu zu bestimmen. Das Europäische Parlament und die Kommission können den Kampf um die Selbstbehauptung der Demokratie anführen. Denn Europa kann die Größe seines Marktes nutzen, um dem, so Mathias Döpfner, brutalen »Informationskapitalismus« die Stirn zu bieten, dessen Infrastruktur beherrscht wird von einer Handvoll amerikanischer Internetkonzerne, die als globale Trusts nicht nur das Wirtschaftsleben des 21. Jahrhunderts dominieren könnten. Europa steht für das Gegenteil dieser totalitären Idee, jedes Detail menschlichen Verhaltens, menschlicher Emotionen und menschlicher Gedanken zum Objekt kapitalistischer Vermarktungsstrategien zu machen. Zur Würde des Menschen gehört vor allem sein Selbstbestimmungsrecht auch und gerade über seine persönlichen Daten. Und Marktwirtschaft ist für uns etwas anderes als ein »Halsabschneider-Wettbewerb«, bei dem die schier unbegrenzte Marktmacht des einen allen anderen die Bedingungen zur Marktteilnahme vorschreiben kann.

Die europäische Politik ist gefordert und die Aufgabe klar umrissen: Wer diesen Markt in Europa betreten und hier Geld verdienen will, der muss seine »Hausordnung« achten und sich seinen demokratisch legitimierten Gesetzen unterwerfen. Die Europäische Kommission kann, wenn ein klarer politischer Wille sie führt, eine neue Ordnung der Datenökonomie durchsetzen, die für ganz Europa und seine Menschen Datensicherheit und Datenautonomie schafft und damit Augenhöhe und fairen Wettbewerb wiederherstellt.

Deutschland, aber auch alle anderen Partner, die sich dem Diktat der Internetmonopolisten widersetzen wollen, haben ein großes Interesse daran, dass Europa gemeinsam handelt. Denn nur so können wir verhindern, gegeneinander ausgespielt zu werden – mit immer neuen Schlupflöchern, mit Datenschutz- oder Steuerdumping. Europäische Solidarität ist hier wirklich ein Machtfaktor.

Wie stark diese Macht sein kann, hat uns schlagartig das unerwartete Urteil des Europäischen Gerichtshofs in Sachen Google vor Augen geführt: Erstmals wird der Internetgigant dazu verpflichtet, sensible Daten zu löschen. Und nicht nur das. Das Gericht stellt die Souveränität des Rechts wieder her, indem es sagt, dass Google europäische

Standards nicht deshalb umgehen kann, weil es seine Daten außerhalb der EU bunkert und verarbeitet. Die Bürger Europas bekommen durch den Richterspruch die Chance, sich zu wehren gegen eine scheinbare ungreifbare Ausbeutung ihrer persönlichen Informationen. Das sollte uns Mut machen und auch die Politik zum Handeln antreiben.

Unsere Aufgabe als Politiker ist es nun, die gelungene gesellschaftliche Debatte in praktisches politisches Handeln umzusetzen. Wir haben vier fundamentale Aufgaben im Kampf um die Freiheit in der digitalen Ära.

Erstens: Wir müssen den Bürgern die Verfügungsmacht über den Gebrauch der digitalen Technologie sichern und, wo sie schon entglitten ist, zurückerobern. Das Demokratiegebot, die Fundamentalnorm jeder freiheitlichen Verfassung, dass jeder selbst über sein Schicksal entscheide, muss auch im Datenzeitalter gelten, wo jeder selbst darüber befinden soll, wie viele Informationen er über sich selbst in Umlauf setzt. Wo diese Freiheit eingeschränkt wird, um zum Beispiel Meldepflichten oder Strafverfolgung zu ermöglichen, muss dies aufgrund eines Gesetzes und in Übereinstimmung mit der Verfassung geschehen.

Der Grundsatz bleibt unerschüttert: individueller Besitz und persönliche Verfügung über eigene Daten. Dies gilt besonders für die privatwirtschaftliche und kommerzielle Verwertung unserer Identität. Es muss auch für die »digitale Personalakte« gelten, für das, was der Arbeitgeber über den Angestellten wissen will. Voraussetzung und erster Schritt für die Wiedergewinnung digitaler Autonomie ist die heute weitgehend verlorene Transparenz, wer überhaupt welche Daten der Bürger nach welchen Mustern und zu welchen Zwecken sammelt, speichert und weiterveräußert. Wir brauchen, unter anderem, eine öffentlich regulierte Zertifizierung, eine »Datenschutzampel« für Apps, Software und Social Media. Die Regel heißt: keine Erfassung, keine Verarbeitung und keine Profilbildung, die vom Bürger nicht ausdrücklich autorisiert worden ist.

Die Preisgabe von persönlichen Daten muss außerdem widerrufen werden können. Der EuGH hat es klargemacht: Die Reversibilität von Entscheidungen ist eine entscheidende Garantie der Freiheit. »Löschen« muss zum Grundrecht des digitalen Zeitalters werden. Dazu gehören nun auch gesetzliche Regeln, die kommerzielle Datenverwerter dazu verpflichten, Informationen über eine Person nicht nur unsichtbar zu machen, sondern vollständig aus den Speichern zu entfernen.

Die Europäische Datenschutz-Grundverordnung ist ein scharfes Schwert in diesem Kampf: Einwilligung der Nutzer, Portabilität von Daten, Recht auf Löschen sind Teil des Entwurfs. Das Europäische Parlament hat die Verordnung beschlossen. Jetzt ist der Rat an der Reihe. Damit Deutschland dabei seinen in Teilen besseren Standard, zum Beispiel im Beschäftigtendatenschutz und im öffentlichen Sektor, halten kann, muss den Mitgliedsstaaten nur erlaubt werden, höhere Standards beizubehalten. Das darf aber keine Ausrede für weitere Zeitverzögerungen und kein Einfallstor für Lobbyisten werden, die sich lästige Auflagen vom Hals halten wollen.

Zweitens: Die Wirtschaftspolitik steht vor der fundamentalen Herausforderung, die Ordnung der Sozialen Marktwirtschaft auf die Höhe des digitalen Zeitalters zu bringen. Konstitutive Elemente dieser Ordnung stehen in Frage: Die Vertragsfreiheit und der freie Wettbewerb drohen zur Schimäre zu werden, wo die Ungleichheit zwischen den Wirtschaftssubjekten absurde Ausmaße annimmt, wo in neufeudaler Selbstherrlichkeit auftretende Monopolisten sich rechtsstaatlichen Regeln entziehen und notwendige Informationen verweigern. Der klassische Eigentumsbegriff bekommt Risse, wo Gratisangebote ganze auf bezahlten Gütern fußende Märkte zerstören oder die unautorisierte Kopie und Verfügbarmachung von Inhalten den Urheber enteignet. Ordnungspolitik ist also gefordert, wo nach der Finanzmarktkrise ein weiteres Mal regellose Märkte und maßlose Marktakteure großen Schaden anzurichten drohen.

Das ist kein Hemmnis, es ist die große Chance neuer wirtschaftlicher Kreativität. Im »Informationskapitalismus«, in dem Daten zum neuen Goldstandard werden, wird Datensicherheit zum Standortfaktor. Ich bin sicher, wir verfügen in Deutschland und Europa über den wissenschaftlichen Erfindergeist, über die politische und ökonomische Innovationskraft, um Selbstbestimmung, Sicherheit, würdige Arbeit zu unserem Markenzeichen in der Ära der digitalen Ökonomie zu machen. Dabei müssen wir gerade mittelständische Unternehmen bei der Digitalisierung unterstützen. Wir streben ein IT-Sicherheitsgesetz an, das die Unternehmen und den Staat dazu verpflichtet, bessere Schutzvorkehrungen zu treffen. Es kann neue Investitionen auslösen und den Markt für Sicherheit im Internet vergrößern.

Schließlich: Wirtschaftsministerium und Bundeskartellamt prüfen, ob ein Unternehmen wie Google seine marktbeherrschende Stellung missbraucht, um durch die Beherrschung einer »essential facility«, einer wesentlichen Infrastruktur, Wettbewerber systematisch zu verdrängen. Eine Entflechtung, wie sie bei Strom- und Gasnetzen durchgesetzt wurde, muss dabei ernsthaft erwogen werden. Sie kann aber nur Ultima Ratio sein. Wir fassen deshalb zuerst eine kartellrechtsähnliche Regulierung von Internetplattformen ins Auge. Dreh- und Angelpunkt dabei ist das Gebot der Nichtdiskriminierung von alternativen Anbietern, die Platzhirsche innovativ herausfordern.

Drittens: Wir brauchen ein Stoppschild für Steuerdumping. Mindestbesteuerung in Europa ist ein Thema für die Hüter des Wettbewerbs in der digitalen Ära. Es kann doch nicht sein, dass der Internethandel durch aggressive Verlagerung der Gewinne in Steueroasen und Steuerunterbietungsländer radikal der Besteuerung ausweicht, während die normalen Einzelhändler vor Ort, die sich an die Regeln halten, zugrunde gehen. Mit solchen Methoden hat Apple seine Steuern auf im Ausland erzielte Gewinne auf ein Prozent, Google auf drei und Amazon auf fünf reduziert. Europa muss dagegen härter angehen – und das als solidarisches Handeln begreifen. In der digitalen Ökonomie müssen wir sicherstellen, dass der Ort der Wertschöpfung wieder mit dem Ort der Besteuerung übereinstimmt.

Gewinnverlagerungen müssen begrenzt werden: Lizenzzahlungen von global aufgestellten Unternehmen an Briefkastenfirmen in Steueroasen, um ihre Gewinne dort zu konzentrieren, wo kaum oder keine Steuern anfallen, sind einzudämmen. Das wird seit geraumer Zeit sehr bewusst betrieben: Patente liegen bei einer Scheinfirma, und aus den anderen Standorten fließen Gebühren, bis der Gewinn weggerechnet ist. Wir müssen erreichen, dass Lizenzzahlungen nur dann als steuermindernde Betriebsausgabe anerkannt werden, wenn im Zielland eine angemessene Besteuerung erfolgt.

Viertens: Wir müssen eine Ordnung der Arbeit formulieren, in der die »Clickworker« nicht zu den rechtlosen

Tagelöhnern der digitalen Moderne werden. Wir sehen, wie Beschäftigte unter einen beispiellosen Überwachungsdruck gesetzt werden können, wenn ihr PC-Bildschirm, die Kamera oder gar Sensoren an ihrem Körper ununterbrochen ihre Produktivität messen und melden. Wir sehen, wie die Arbeit ihren festen Ort, ihre Grenze zur Freizeit, ihre auf Dauer angelegte Vertragsbeziehung zum Arbeitgeber verliert, wie feste Arbeitsplätze durch »Projekte« abgelöst werden, die im Netz ausgeschrieben oder auktioniert werden, damit die schnellsten und billigsten Anbieter von Arbeit zum Zuge kommen, das heißt: Alle arbeiten, aber nur der Gewinner wird bezahlt. Die technischen Möglichkeiten zur Zerstörung menschenwürdiger Arbeit lassen sich beliebig fortsetzen. Die entscheidende Frage ist, ob wir dies zulassen und ob wir in einer solchen Welt leben wollen. Diese Debatte müssen wir mit den Gewerkschaften vorantreiben.

Wenn wir zurückblicken auf den Gründergeist des Silicon Valley, dann können wir daraus die Zuversicht ziehen, dass die digitale Ära, die aus kleinen Anfängen mit einer großen Idee gestartet ist, offen bleibt für innovative Ideen, die das Arbeiten und Leben der Menschen zum Besseren verändern. Und dafür brauchen wir Gründer, die das auszeichnet, was im utopiehungrigen Kalifornien durchaus einmal vorhanden war: das Gespür für die Emanzipation des Menschen aus unwürdigen Abhängigkeiten. Aufgabe der europäischen Politik ist es, mit der Kraft einer kristallklaren Analyse, aber auch mit der Eingriffsmacht eines großen Wirtschaftsraums in der Lage zu sein, die demokratisch legitimierte Rechts- und Marktordnung des digitalen Zeitalters neu zu formulieren und dann durchzusetzen, ja durchzukämpfen, wo es sein muss.

Wir haben die naive und spielerische Phase des Internets hinter uns gelassen. Wir sehen klarer: Die Gefahren der digitalen Revolution liegen zum einen in autoritären oder gar totalitären Tendenzen, die den Möglichkeiten der Technologie selbst innewohnen, zum anderen darin, dass neue Monopolmächte Recht und Gesetz aushöhlen. Es geht also um nicht weniger als die Zukunft der Demokratie im Zeitalter der Digitalisierung und damit um Freiheit, Emanzipation, Teilhabe und Selbstbestimmung von 500 Millionen Menschen in Europa. Und es ist einmal mehr die Aufgabe von überzeugten Demokraten, den technologischen und wirtschaftlichen mit dem politischen und gesellschaftlichen Fortschritt in Einklang zu bringen. Wenn die Quelle der Gefahr eines digitalen Totalitarismus im Autonomieverlust des Menschen liegt, dann müssen wir von dieser Wurzel her unsere politische Antwort entwickeln. Der Kampf um die Demokratie des digitalen Zeitalters ist der Kampf um die Selbstbestimmung des Menschen.

Je größer die Mythen vom Netz,
desto kleiner die Menschen
Von Max Otte (19. Mai 2014)

Ein Artikel des großen Managementdenkers Peter Drucker beeindruckte mich, als ich vor nahezu drei Jahrzehnten in den Vereinigten Staaten studierte. In »The changed
world economy« argumentierte Drucker, dass drei Trends
maßgeblich für die Weltwirtschaft sein würden: die Entkoppelung von Wirtschaftswachstum und Beschäftigung,
die Entkoppelung von Wirtschaftswachstum und Energie-
verbrauch und der Aufstieg der Symbolwirtschaft. Die Verfügung über und die Manipulation von Symbolen seien
mittlerweile wichtiger als der reale Unterbau.

Was Drucker damals als nüchterne Analyse präsentierte, droht, sich zu einem Albtraum auszuwachsen. Mehr
und mehr verselbständigt sich Big Data und schafft so ganz
eigene neue Strukturen: in Unternehmen und Organisationen, in den Köpfen der Menschen und in den internationalen Beziehungen. Unternehmen verändern ihre Wert-
schöpfungsketten radikal. Menschen passen ihr Verhalten
und ihre Gedanken an, und meistens nicht zum Guten.
Wer weiß, dass er permanent beobachtet und ausgeforscht
wird, verhält sich anders, ist nicht mehr frei. Sogar die internationalen Beziehungen werden neu geordnet. Immer
rücksichtsloser nutzt die Führungsmacht des Westens ihre
Machtmittel.

Der Überbau der Daten wird autonom und zur neuen
Realität, anstatt diese bloß abzubilden. Er zwingt alle Ak-

teure nach den Prinzipien des zum *homo oeconomicus* umprogrammierten Egos in vorbestimmte Prozesse und Abläufe. Am Ende stehen Monokulturen gleichgeschalteter Akteure.

Wo das hinführt, lässt sich gut an den Finanzmärkten beobachten. Hier zählt ausschließlich ein Maßstab: die maximale Rendite, und das möglichst schnell. Die »Finanzmärkte« – von der Wirtschafsberichterstattung längst zu einer fast mythischen Größe erhoben – haben sich längst von der Realwirtschaft abgelöst und geben zunehmend die Richtung vor. Ja, Unternehmen und ganze Volkswirtschaften tanzen nach der Pfeife der Finanzmärkte.

Dabei hat das Streben nach maximaler Rendite selten wirklichen ökonomischen Fortschritt produziert. Die großen Veränderungen und Innovationen erfolgen nach Joseph Schumpeter durch das Wirken von Visionären, denen oft erst nach vielfachem Scheitern der Lohn winkt – wenn sie es bis dahin überhaupt schaffen. Um noch einmal Peter Drucker zu strapazieren: Unternehmen sind dann profitabel, wenn sie Kundenbedürfnisse erkennen und dauerhaft befriedigen können. Rendite ist also eine Folge richtiger wirtschaftlicher Überlegungen. Wo sie alleiniges Prinzip wird, entsteht eine Finanztechnokratie mit Private-Equity-Gesellschaften, Family Offices, Venture-Capital-Gesellschaften, angestellten Verwaltern des Kapitals und Regulatoren, die heute schon allenthalben ihre Blüten treibt.

Geld wird dann in börsenfähige Geschäftsmodelle gegeben, die eine Chance auf explosionsartige Vermehrung des Börsenwertes versprechen. Bei diesem Monopoly sind die Einsätze oftmals hoch – auch für Geschäftsmodelle, deren Sinn sich nicht unbedingt erschließt. Auf einem Venture-Capital-Forum wetteiferten potentielle Unternehmensgründer um neue Gelder. Mehr als die Hälfte hatten Ballerspiele entwickelt.

Bereits funktionierende Unternehmen hingegen werden auf extrem kurzfristige Gewinnmaximierung getrimmt, so dass den Managern fast keine Spielräume mehr bleiben. In den Private-Equity-Gesellschaften sitzen Technokraten, die ein letztlich mechanisches Handwerk gelernt haben, aber oft nicht die jeweiligen regionalen und branchenspezifischen Besonderheiten verstehen. Bei einem Chemieunternehmen berichtete mir ein Betriebsrat, wie die Arbeitskleidung gestrichen wurde, sich die Private-Equity-Verwalter aber darüber mokierten, dass Dienstauto und Garage nicht standesgemäß waren.

Neben einer massiven Gleichschaltung der Unternehmen und Unternehmensprozesse, die unter das Prinzip des Kapitalmarktes gezwungen werden, ist die enge Vernetzung der Finanzmärkte eine weitere große Gefahrenquelle. In einem System ohne Redundanzen, Sicherheitspuffer und Freiräume können kleinere Störungen schnell größere Konsequenzen haben und sich zu globalen Krisen auswachsen, zuletzt bei der Finanz- und der Eurokrise. Es werden nicht die letzten gewesen sein.

In der Informationswirtschaft stehen wir erst am Anfang ähnlicher Veränderungen. Sie finden mit rasender Geschwindigkeit statt. Inhalte und Prozesse werden zunehmend auf der Basis von Aufmerksamkeit, Klicks, Werbeeinnahmen und optimierter Benutzerführung gestaltet. Öffentlicher Diskurs findet immer weniger statt. Gedankengänge und Reaktionsmuster werden durch Algorithmen berechnet, vorausgeplant und -gesteuert. Hatten gedrucktes Wort und Radio im Fernsehzeitalter noch für ein Gegengewicht zum Prinzip der Aufmerksamkeitsökonomie gesorgt, so erodieren viele der traditionellen Medien zunehmend und beugen sich der neuen Logik des Netzes.

Diese Entwicklung ist ungleich gefährlicher, als die Exzesse des Finanzkapitalismus es jemals waren. Während dieser »nur« unsere Arbeitswelt und unsere ökonomische Situation betrifft, wird in der neuen Netzwirtschaft der gesamte Mensch umprogrammiert, wenn wir nicht aufpassen.

Der Weltüberwachungsmarkt und die Entwicklung neuer Massenausforschungswaffen sind bereits weit fortgeschritten, wie an dieser Stelle von Gerhart Baum und Shoshana Zuboff ausgeführt wurde. Überraschend ist das nicht wirklich: Nachdem mit dem Patriot Act nach den Anschlägen vom 11. September 2001 die Bürgerrechte in den Vereinigten Staaten zum ersten Mal seit Ende des McCarthyismus signifikant beschnitten wurden, hat es eine Vielzahl von Schritten zur Ausforschung der Bürgerinnen und Bürger gegeben, deren ganzer Umfang seit Edward Snowden erstmalig auch für die Öffentlichkeit erkennbar ist.

Parallel zur Ausforschung und Überwachung des Individuums wird das Instrumentarium zur Kontrolle der öffentlichen und der veröffentlichten Meinung ausgebaut. In immer weniger geschützten Räumen kann verantwortungsvolle und tiefgreifende Reflexion erfolgen.

Drei Gründe sind es vor allem, die parallel zur Ausforschung der privaten Daten die öffentliche Meinung zunehmend kontrollierbar machen: der Rückgang des Qualitätsjournalismus, die Selbstreferentialität des Netzes und die Zunahme zensurähnlicher Praktiken.

Kostenlose Inhalte, so Kai Diekmann, sind der »verfluchte Geburtsfehler des Internet«. Man übersah, dass es nichts kostenlos gibt. Klicks sind die neue Währung. Für die meisten Online-Redaktionen ist dies nun das Maß aller Dinge. Einige wenige Qualitätsmedien überleben, etablieren sich als Bezahlmedium und damit als Gegengewicht zum klickgetriebenen Content. Aber sie stehen nur noch den Eingeweihten zur Verfügung.

Der vielbeschworene Bürgerjournalismus kann es nicht herausreißen: Er mag sich dazu eignen, Bilder und Augenzeugenberichte abzugeben, aber für fundierte Reportagen und Einordnungen sind Hintergrundwissen, Zeit und Geld notwendig. Mit dem Schrumpfen der Redaktionen haben die PR-Abteilungen der Großkonzerne, die oftmals ungleich besser ausgestattet sind, leichtes Spiel. Ihre Darstellungen werden oft mit wenigen oder keinerlei Modifikationen von den Online-Medien übernommen.

Zweitens bezieht sich Information im Netz zunehmend auf sich selbst. Eli Pariser bittet uns, uns eine Welt vorzustellen, in der alles, was wir an Nachrichten sehen, durch unser Gehalt, unseren Wohnort und die Wohnorte unserer Freunde bestimmt wird. In dieser Welt können Sie nie neue Ideen entdecken. Und keine Geheimnisse behalten. Google & Co. speichern Dutzende Parameter je Nutzer und spielen nur solche Informationen und oftmals auch Nachrichten ein, die zum Benutzer passen. Was Pariser so plastisch beschreibt, realisiert sich mit Riesenschritten.

Drittens ist das Internet, von Technooptimisten als Beginn einer neuen Ära der Informationsfreiheit gefeiert, wie kein anderes Medium geeignet, veröffentlichte Meinung zu kontrollieren und zu steuern. Persönlich wurde ich vor einigen Jahren damit konfrontiert, als in einem Internetforum sehr negative Aussagen zu meiner Person gemacht wurden. Die nachfolgende Diskussion im Forum entlastete mich jedoch. Ich dachte, man könne es dabei bewenden lassen. Immer wieder wurde ich aber auf die herabwürdigenden Kommentare angesprochen. Es wurde eben nur die erste Seite der Diskussion gelesen. Schließlich rief ich beim Forenbetreiber an. Innerhalb kürzester Zeit waren die belastenden Seiten vom Netz genommen worden. So schnell verändert sich veröffentlichte Meinung im Internetzeitalter.

Gleichzeitig werden immer mehr Inhalte von Google & Co. in einer fast piratenartigen Landnahme appropriiert, gekapert. So droht das Wissen der Menschheit schrittweise der Logik der Klicks ein- und untergeordnet zu werden, statt als freier Fundus zur Verfügung zu stehen. Information wird zunehmend zu einem privaten Gut. Produktion und Distribution werden streng kontrolliert. Bibliotheken schrumpfen, und immer mehr Inhalte müssen über Datenservices mit restriktiven Nutzungsbedingungen bezogen werden. Inhalte öffentlich-rechtlicher Anbieter müssen nach kurzer Zeit aus dem Netz genommen werden.

Das ist kein singuläres Phänomen. Saatgut, Bildung, Medizin – alle Bereiche des Lebens werden zunehmend privatisiert. Der methodologische Individualismus ist omnipräsent und hat den Status einer alles beherrschenden Ideologie erreicht. Zehntausende von Ökonomen werden jedes Jahr damit indoktriniert. Nur die wenigsten haben die Gelegenheit, in Exotenveranstaltungen Gesellschaftsstrukturen zu reflektieren. Das Studium formal schwieriger Modelle der Mikro- und Makroökonomik schafft scholastische Exegeten der bestehenden Zustände und potentielle Propagandisten für das weitere Vordringen von

Überwachungsstaat, Finanzkapitalismus und Netzwirtschaft. Und das unter dem Deckmantel des Individuums.

Martin Schulz hat eine längst überfällige Debatte angestoßen: Die freiheitlichen Werte Europas, in mehr als zwei Jahrtausenden unter unsäglichen Mühen errungen, sind gefährdet. Das Ideal des selbstbestimmten Individuums – ein fester Bestandteil des europäischen Wertekanons – droht, in den digitalen Mühlen zerrieben zu werden. Europa muss aufwachen und sich seiner selbst besinnen. Man kann wie Christian Heller darauf hinweisen, dass der Schutz der Privatsphäre ein in der Menschheitsgeschichte eher seltenes Phänomen war. Aber wollen wir das?

Nicht, dass Europa das erste Mal herausgefordert wäre. Überwachungsstaat und Zensur haben periodisch immer wieder ihr hässliches Haupt erhoben. Bislang hat Europa es jedes Mal geschafft, die Bedrohung abzuschütteln und besser und freier dazustehen als zuvor. Aber dieses Mal?

Demokratie und Rechtsstaat haben zwei Aufgaben zu lösen: zum einen den Schutz des Individuums, zum anderen den Schutz öffentlicher Räume für Meinung und Journalismus. Denn das Netz ist ein öffentliches Gut. Gerade hat Tim Berners-Lee zum 25-jährigen Bestehen des Internets einen digitalen Grundrechtekatalog gefordert.

Dazu muss Europa die Hegemonie der methodologischen Individualisten abschütteln und sich seiner großartigen Tradition öffentlicher Güter bewusst werden. Dies ist die genuine Aufgabe europäischer Politik. Der Weg ist weit.

Türhüter des Netzes
Von Monique Goyens (23. Mai 2014)

Google-Nutzer befinden sich in einer Situation, die man mit dem Leben in einer virtuellen geschlossenen Wohnanlage vergleichen kann, etwa mit Firmenstädten des 19. Jahrhunderts. Die Bewohner dieser Anlagen konnten sich frei bewegen, solange sie das Gelände des Unternehmens nicht verließen. Außerdem konnte man einkaufen, was man wollte – vorausgesetzt, die gewünschten Waren wurden in den Geschäften der Firmenbesitzer gekauft. Damals wie heute fehlte es den Menschen, objektiv betrachtet, an nichts, allerdings um den Preis eines gewaltigen Abhängigkeitsverhältnisses.

Aufgrund der Vielfältigkeit des World Wide Web sind Suchmaschinen unentbehrlich für Verbraucher, um passende Antworten auf ihre Suchanfragen zu bekommen. Internetnutzer sind täglich auf Suchmaschinen angewiesen, um sich relevante Informationen und Inhalte zu beschaffen. Google ist Europas unangefochtene Nummer eins; seine Dienstleistungen finden Anwendung in Schulen, unserem Berufsleben und unserer Freizeit.

Der Erfolg von Google fußt unter anderem auf den mantrahaften Aussagen des Unternehmens, dass die Suchergebnisse neutral und objektiv zustande kommen. Verbraucher vertrauen darauf, dass Suchergebnisse unabhängig sind und nur auf ihrer Relevanz für die Suchanfrage basieren, ohne dass die Rangfolge der Ergebnisse manipuliert wird. Im Jahr 2009 hat der damalige Google-CEO

Eric Schmidt sich dahingehend geäußert, dass »wir sehr, sehr hart daran arbeiten, die Antworten, die Suchantworten vollständig unverfälscht zu gestalten. Wir verfälschen niemals die Rangfolge, um unseren Partnerunternehmen einen besseren Platz in unseren Suchergebnissen zu verschaffen.«

Google weitet kontinuierlich seine Aktivitäten aus und entwickelt eigene Dienstleistungen und Produkte – Gmail, Youtube, Maps, Google Calendar sind einige der bekanntesten. Aufgrund seiner Rolle als Türhüter des Internets hat das Unternehmen eine einzigartige Position erlangt, wo es darum geht, den Zugang der Verbraucher zu Informationen zu steuern und sich gleichzeitig persönliche Daten der Verbraucher zu beschaffen. Google links liegen zu lassen und auf andere Anbieter umzusteigen ist keine wirkliche Option, wenn man bedenkt, dass die Nutzung der weltweiten Nummer zwei, der chinesischen Suchmaschine Baidu, für die meisten europäischen Verbraucher auf absehbare Zeit mit sehr hohen sprachlichen Hürden verbunden sein wird.

Google hat seine Suchmaschine um eine »Universal Search«-Funktion ergänzt, die es dem Konzern erlaubt, seine eigenen spezialisierten (vertikalen) Dienstleistungen im Suchergebnis bevorzugt darzustellen und den Nutzer dementsprechend auf diese Ergebnisse aufmerksam zu machen. Links zu gesponserten Inhalten und eigenen Produkten werden so im Bildschirm untergebracht, dass sie die Aufmerksamkeit des Surfers erregen. Die Positionierung dieser Google-internen Produkte ist nicht die Konsequenz angeblicher neutraler Algorithmen, sondern die Folge einer bewussten Geschäftspraxis – einer Praxis, die dem Verbraucher schadet.

Erstens grenzt Googles absichtliche bevorzugte Darstellung seiner vertikalen, also »hauseigenen« Produkte an Verbrauchertäuschung, da der Nutzer nicht darüber informiert wird, dass diese nicht aufgrund ihrer Relevanz für den Suchbegriff hervorgehoben worden sind. Verbraucher gehen, gerade auch aufgrund Googles eigener Aussagen, davon aus, dass Suchergebnisse auf natürliche Art und Weise zustande kommen und hinsichtlich ihrer Relevanz angeordnet werden. Dieses Vertrauen wird durch Googles Praxis missbraucht.

Zweitens bedroht Google das Überleben konkurrierender Produkte, beschränkt Innovation und reduziert die Auswahl für die Verbraucher, indem es Internetverkehr zu seinen eigenen Dienstleistungen lenkt.

Die Kommission als europäische Kartellbehörde hat angekündigt, nach einem jahrelangen Verfahren und langwierigen Verhandlungen einen Vergleich mit Google abschließen zu wollen. Obwohl der Vergleich bei Verbraucherverbänden und anderen Marktteilnehmern auf einstimmige Ablehnung stößt, sieht es danach aus, dass Europas oberster Wettbewerbshüter Joaquín Almunia sich darauf einlassen wird, den Verhandlungstisch mit leeren Händen zu verlassen.[1]

Für Google gilt das nicht. Die Verpflichtungen, die Google bereit ist einzugehen, sind nicht nur unzureichend, um die Missstände zu beseitigen; sie scheinen zudem so auf Google zugeschnitten worden zu sein, dass sie Googles Unternehmensinteresse sogar noch befördern. Die Kommission gibt Google sozusagen einen Freifahrtschein, Suchergebnisse weiterhin zu manipulieren und Wettbewerber

---

[1] Vgl. dazu die Fußnote auf S. 60 (Anm. d. V.).

der hauseigenen Produkte von der Online-Suche auszuschließen. Die Bedeutung dieser Entscheidung für die Wahlfreiheit der Verbraucher und Innovationen im Netz darf nicht unterschätzt werden.

Der Vorschlag von Google – und das offensichtliche Einverständnis der Kommission – geht von der fehlgeleiteten Annahme aus, dass eine bevorzugte, kostenpflichtige Darstellung einiger von Googles Wettbewerbern die geeignetste Gegenmaßnahme gegen, im rechtlichen Sinne, missbräuchliches und diskriminierendes Verhalten von Google ist. Google und, was nicht verwunderlich ist, die Kommission übergehen die Sicht der Mehrheit der Kläger, des Europäischen Parlaments und beteiligter Dritter, laut der die einzige richtige Entscheidung darin bestehen kann, die Praxis der Suchmanipulation einzustellen.

Anstatt angesichts der dominanten Marktposition von Google und der Tatsache, dass der kalifornische Internetriese alternative Angebote von Wettbewerbern benachteiligt, Abhilfe zu schaffen, würde eine Annahme des Vergleichs dazu führen, dass Googles Position eher noch weiter gefestigt wird. Die Tatsache, dass die Kommission jetzt mit leeren Händen dasteht, wird Google noch stärken und etwaige zukünftige Maßnahmen erschweren. Die EU-Exekutive würde sich damit in eine schlechtere Ausgangslage manövrieren, als wenn sie gar nichts unternommen hätte.

Sollte die Kommission die Einigung annehmen, wäre es Google weiterhin erlaubt, Suchergebnisse zu manipulieren und Links zu eigenen Produkten gegenüber den Produkten der Konkurrenz hervorzuheben, auch wenn diese relevanter für die Verbraucher wären. Es gibt keine Anhaltspunkte dafür, dass Googles eigene Produkte besser sind, was ihre Relevanz für die Nutzer angeht. Auch wenn Google verspricht, Links zu Diensten dreier Wettbewerber auf ähnliche Weise hervorzuheben wie eigene Produkte, ist dieses Verhalten weiterhin diskriminierend, da es die besten »Plätze« für sich reserviert hat, nämlich dort, wo Verbraucher am ehesten hinklicken (links im Bildschirm für PCs und rechts für Smartphones). Dieses Klick-Verhalten haben sogenannte Eye-Tracking-Studien zur Genüge belegt.

Das vorgeschlagene Auktionsverfahren, um konkurrierenden Dienstleistungen einen Platz am Anfang der Suchliste einzuräumen, ist aus Verbrauchersicht keine akzeptable Methode zur Anordnung von Suchergebnissen, weil nicht Leistung oder Verbraucherrelevanz darüber entscheiden, wie das Ergebnis dargestellt wird, sondern nur die Finanzkraft der Unternehmen.

Es besteht ein reelles Risiko, dass das Auktionsverfahren zu höheren Preisen führen wird. Wenn spezialisierte Suchdienstleister für bessere Sichtbarkeit zahlen müssen, ist es wahrscheinlich, dass sie darauf setzen werden, die Angebote mit der höchsten Marge hervorzuheben. Verbraucher würden in Zukunft, wenn sie nach einer bestimmten Kamera googeln, die teuersten Angebote an erster Stelle sehen. Treffer mit einem Preisschild zu versehen, birgt generell die Gefahr, dass zahlungsschwache Anbieter ausgegrenzt werden.

Außerdem wird es für innovative Anbieter in Zukunft schwerer, auf ihre Produkte aufmerksam zu machen, da es gleichsam Google überlassen sein wird, seinen Wettbewerberkreis zu bestimmen und von den handverlesenen Unternehmen nachher eine Gebühr dafür zu verlangen, mit Google zu konkurrieren. Egal wie gut und relevant solche neuen Angebote sein werden: Um mit Google und den großen Wettbewerbern zu rivalisieren, müssen sie erst einmal die finanziellen Mittel haben, um bei der Auktion um die besten Suchplätze bestehen zu können.

Herr Almunia schreibt in seiner Antwort an Springer-Chef Mathias Döpfner, dass es Aufgabe der europäischen Wettbewerbshüter sei, »Marktmachtmissbrauch im besten Interesse der Verbraucher zu bekämpfen und nicht im Interesse der Wettbewerber«. Ob die anstehende Entscheidung der Kommission im Kartellverfahren gegen den Suchgiganten den Wettbewerbern die »Furcht« vor Google nimmt und somit in ihrem Interesse ist, müssen die betroffenen Unternehmen für sich ausmachen. Bekämpfung von Marktmissbrauch im besten Interesse der Verbraucher sieht jedenfalls anders aus.

Diese traurige Feststellung trifft umso mehr zu, als Herr Almunia sich auch dagegen ausgesprochen hat, den Zusammenhang zwischen Googles Marktmacht und dem Umgang mit unseren persönlichen Daten zu untersuchen. Eine entscheidende Komponente im Bemühen Googles, seine Dominanz bei der Online-Suche zu behaupten, ist es, die Reichweite der Datenanhäufung über konzerneigene Angebote wie Gmail oder Youtube zu erweitern. Suchmaschinen können die Effektivität ihrer Ergebnisse verbessern, wenn Umfang und Reichweite der Nutzerdaten, auf welche sie Zugriff haben, zunehmen. Aufgrund der enormen Spannbreite an Google-Produkten kann das Unternehmen die Online-Handlungen der Nutzer in einer kontinuierlicheren, umfassenderen Art und Weise aufzeichnen als je zuvor. Durch dieses beispiellose Wissen über das Verhalten der Verbraucher kann Google fast lückenlose Nutzerprofile erstellen – und entsprechende

Suchergebnisse präsentieren. Googles umstrittene und zu Recht beanstandete Datenschutzbestimmung, welche diese Kombination von Nutzerdaten seiner verschiedenen Produkte zementiert hat, steht somit in einem direkten kausalen Zusammenhang mit seiner marktbeherrschenden Position und sollte von der Kommission als erschwerender Umstand in Betracht gezogen werden.

Vor einigen Jahren hat die Kommission ein Verfahren gegen den Internetriesen Microsoft eingeleitet, weil er den Nutzern seines Windows-Betriebssystems nur den hauseigenen Browser Internet Explorer angeboten hat. Die Ähnlichkeiten zwischen den beiden Fällen sind bemerkenswert: Microsoft missbrauchte seine Dominanz im Bereich der Betriebssysteme, um die Nutzung des firmeneigenen Browsers anzuschieben; Googles Marktmacht im Bereich Online-Suche soll andere Firmendienstleistungen unterstützen. Hiermit hören die Ähnlichkeiten auf. Der Umgang der europäischen Kartellwächter mit Google ist der Strategie im Fall Microsoft diametral entgegengesetzt; anders als im Fall Google verpflichtete die Kommission Microsoft dazu, sein Geschäftsmodell zu ändern und konkurrierende Browser fair zu behandeln. Die Begründung dieser Ungleichbehandlung ist schleierhaft.

Die Machtfülle der Kommission als Wettbewerbshüter ist umfassend. Diese nicht im Sinne der Verbraucher anzuwenden wäre fahrlässig.

Der Wettbewerbskommissar irrt
Von Francisco Pinto Balsemão (12. Juni 2014)

In seinem Brief rechtfertigt EU-Wettbewerbskommissar Joaquín Almunia den mit Google ausgehandelten Vergleich, der von der Kommission allerdings noch abgesegnet werden muss. Sein Beitrag war eine Antwort auf den offenen Brief von Springer-Chef Mathias Döpfner an Eric Schmidt, den Verwaltungsratsvorsitzenden von Google. Döpfner übt scharfe Kritik an der Art und Weise, wie Almunia das jahrelange kartellrechtliche Verfahren gegen den IT-Giganten zu lösen gedenkt.[1]

Ich melde mich in dieser Debatte über die Geschäftspraktiken von Google als Verleger zu Wort, als Unternehmer und Vorsitzender des Europäischen Verlegerrats (EPC), der die führenden europäischen Medienunternehmen vertritt, und im Namen der meisten, wenn nicht aller Mitglieder unseres Verbands. Wir EPC-Mitglieder sind digitale Unternehmen, wir schaffen Arbeitsplätze, wir praktizieren Qualitätsjournalismus in allen möglichen Formaten und stehen bei der Transformation der Pressemedien im digitalen Zeitalter an vorderster Front. Wir beanspruchen keine Sonderregelung, im Gegenteil, wir wissen Wettbewerb sehr wohl zu schätzen.

Meine Kritik richtet sich an den EU-Wettbewerbskommissar, nicht an Joaquín Almunia persönlich, dem ich seit

---

1 Die EU-Kommission hat den Vorschlag Googles letztendlich nicht angenommen; vgl. dazu die Fußnote auf S. 60 (Anm. d. V.).

vielen Jahren freundschaftlich verbunden bin. Er ist ein Mitstreiter in unserem Kampf für Informationsfreiheit, der weit über Googles Macht und Machtmissbrauch hinausgeht.

Almunia räumt in seinem offenen Brief ein, dass Googles Marktdominanz unsere Wirtschaft und unsere Gesellschaft vor zahlreiche Herausforderungen stellt. Er spricht von Googles großem Marktanteil und davon, dass das Unternehmen faktisch der »Torhüter des Internets« sei. Am 23. Mai berichtete die *New York Times*, dass er möglicherweise schärfer gegen Google vorgehen werde.

In seiner Antwort an Döpfner umgeht der oberste europäische Wettbewerbshüter jedoch die wesentlichen Probleme, stellt andere falsch dar und schweigt zu der Frage, wie auf den wichtigen Märkten für Suchmaschinen und Suchmaschinenwerbung ein funktionierender Wettbewerb wiederherzustellen wäre. Weiterhin behauptet er, die Vereinbarung mit Google werde den Verbrauchern nützen, obwohl der Europäische Verbraucherverband (BEUC) in einem offenen Brief (vgl. dazu den Beitrag von Monique Goyens in diesem Band) nachdrücklich gegen den vorgeschlagenen Deal protestiert hat.

Die Ermittlungen der Kommission zu Googles Geschäftsgebaren wurden 2008 aufgrund von Beschwerden Dritter aufgenommen und nicht, wie Almunia behauptet, auf seine eigene Initiative hin. Die Hauptsorge war, dass Google seine marktbeherrschende Stellung dazu benutzt, die Konkurrenz auf dem Suchmaschinenmarkt zu verdrängen und seine Macht auf benachbarte Märkte auszudehnen.

Inzwischen sind sechs Jahre nutzlos verstrichen, und die negativen Auswirkungen von Googles Geschäftspraktiken bestehen fort, haben sich sogar noch verstärkt. Googles Macht und Ambitionen sind noch größer geworden (von der Übernahme des Drohnenherstellers Titan Aerospace bis zu dem Traum von Larry Page, einem der beiden Unternehmensgründer: »Es gibt viele Dinge, die wir gern machen würden, aber leider nicht tun können, weil sie illegal sind.«).

Dieses Problem verlangt eine couragierte politische Vision. Almunia erkennt das selbst an, wenn er erklärt: »Es ist keine Frage, dass die Marktmacht von Google in vielerlei Hinsicht eine Herausforderung für unsere Wirtschaft und unsere Gesellschaft darstellt.« Er benennt sogar einige dieser Probleme: »das Android-›Ökosystem‹, das Sammeln und Nutzen einer enormen Masse persönlicher Daten, die Nutzung von Inhalten dritter Anbieter« sowie den Umgang mit dem Urheberrecht und steuerrechtlichen Bestimmungen. All das verdiene die Aufmerksamkeit der staatlichen Behörden. Das sehe ich auch so, aber Almunia befasst sich nur mit seinem eigenen »Teil dieses Puzzles«, in der Hoffnung, dass die anderen »mit dem richtigen politischen Instrument angegangen werden«. So wird das Puzzle ganz sicher nie fertig.

Almunia spricht davon, dass mit der Annahme von Googles Vorschlägen der Wettbewerb wiederhergestellt werde und Nutzer informierte Entscheidungen treffen können, wenn sie Googles Suchmaschine nutzen. Es wird also nicht einmal versucht, gegen die gesetzwidrigen Praktiken vorzugehen, durch die Google de facto zum Beherrscher des Internets wurde. Mit der vorgeschlagenen Lösung will man lediglich künftigen Missbrauch verhindern, die unlauteren Praktiken der Vergangenheit stehen nicht zur Debatte. Almunia sagt, die Kommission habe nicht die

Macht, sich mit diesen Dingen zu befassen, was im Licht früherer Entscheidungen der Kommission wenig überzeugend klingt und ein großer Rückschritt in der Anwendung des europäischen Kartellrechts wäre. Almunia erklärt nicht, warum die jüngsten Vorschläge von Google inhaltlich besser sind als die beiden vorangegangenen, die rundweg abgelehnt wurden, auch von ihm selbst.

Mit dem vorgeschlagenen Deal dürfte nämlich alles noch viel schlimmer werden. Google wird weiterhin die Möglichkeit haben, Suchergebnisse zu manipulieren und auf diese Weise seine eigenen Suchdienste zu bevorzugen und Konkurrenten zu benachteiligen. Statt zu einer Beendigung dieser missbräuchlichen Praxis verpflichtet zu werden, wird Google den Wettbewerbern Platz bei den Suchergebnissen zur Verfügung stellen und dafür kassieren. Für den Wettbewerb ist das schlechter und nicht besser, und Googles monopolistischer Zugriff auf das Internet wird sich weiter verfestigen.

Almunia rechtfertigt die Vereinbarung mit dem Argument, die Kommission könne Google nicht vorschreiben, wie es seine Seite zu gestalten habe. Richtig, aber die Kommission sollte Google klarmachen, dass es seine Seite nicht länger in einer Weise gestalten kann, dass Wettbewerber, deren Inhalte für Nutzer relevanter sind, benachteiligt werden. Das Diskriminierungsverbot ist ein fester Bestandteil des EU-Rechts, es hier anzuwenden, wäre ein viel geeigneterer Weg, um den Wettbewerb wiederherzustellen, und es wäre eine direkte Antwort auf Googles Geschäftspraxis.

Die Vereinbarung ist auch hinsichtlich des vorgeschlagenen Auktionsverfahrens bedenklich. Almunia sagt, Google würde dadurch keine zusätzlichen Erlöse generieren.

Das stimmt nicht. Wenn Wettbewerber gezwungen werden, sich an dem Auktionsverfahren zu beteiligen, würde Google seine Wettbewerber zur Kasse bitten und auf diese Weise ihre Konkurrenzfähigkeit schwächen. Dieser Teufelskreis wird Google darin bestärken, weiter in die natürlichen Ergebnisse seiner Algorithmen einzugreifen, und am Ende werden die Nutzer für weniger mehr bezahlen müssen – ein klarer Fall von Machtmissbrauch durch einen Monopolisten.

Auch in puncto Datenschutz und Urheberrecht vertreten beteiligte Dritte, Beschwerdeführer und Verbraucher, eine andere Haltung als Almunia. Es geht uns, wie wir wiederholt erklärt haben, nicht darum, dass Almunia die Datenschutzbestimmungen anwendet oder bei Urheberrechtsverletzungen eingreift. Wir wollen vielmehr, in Übereinstimmung mit früheren und auch jüngsten Entscheidungen der Kommission, dass diese Dinge berücksichtigt werden, insoweit sie relevant sind für die Beurteilung von Marktdominanz oder für die Analyse missbräuchlicher Geschäftspraktiken.

Wenn über Medieninhalte gesprochen wird, ist das Urheberrecht sehr wohl relevant. Google verwendet Inhalte, die ohne Genehmigung von unseren Websites übernommen werden. Google News ist ein computerisierter Dienst, der seit 2007 Traffic auf Googles Suchmaschine umleitet (und schon ein Jahr später einen Wert von hundert Millionen Dollar darstellte), wobei Textauszüge und Fotos von Pressewebsites ohne Genehmigung oder Bezahlung übernommen werden.

Seit 1994 können Websitebetreiber über das sogenannte »Robots Exclusion Protocol« ihre Websites für Suchmaschinen sperren. Das von Google vorgeschlagene Opt-out-Verfahren ist jedoch nur sinnvoll, wenn es vernünftige Alternativen gibt. Da Google faktisch ein Torhüter des Internets ist, sind Anbieter darauf angewiesen, dass Google ihre Inhalte verlinkt – weshalb viele zögern, ihre schwerwiegenden Bedenken gegen Googles Geschäftspraxis publik zu machen. Und Google erklärt, man höre und staune, dass selbst bei einem Opt-out bereits übernommene Inhalte anderweitig genutzt oder verarbeitet werden und man auch weiterhin Inhalte anzeigen könne, die auf Websites gefunden wurden, die Inhalte von einer Website (legal oder illegal) kopiert haben, die sich für Opt-out entschieden hat – ein lächerlicher Vorbehalt.

Das Urheberrecht ist seit dem 18. Jahrhundert das Fundament freier und pluralistischer Medien, doch die von Google vorgeschlagenen Opt-out-Möglichkeiten stellen das Urheberrecht auf den Kopf, wenn Rechteinhaber aktiv werden müssen, anstatt dass Google Genehmigungen einholen oder gegebenenfalls automatisierte Verfahren befolgen muss. Natürlich verlangen wir von Google nichts Unmögliches. Google hat in seinen Vorschlägen an die Kommission eine »HTML-Komponente« für Suchseiten angeboten, mit der Daten markiert werden, die aus Googles Suchmaschinenindex gestrichen werden sollen. Diese technische Fähigkeit könnte man doch auch den Presseverlagen anbieten, so dass sie ihre Inhalte entsprechend markieren könnten, aber das ist nicht geschehen. Das ist charakteristisch für Googles übermächtige Verhandlungsposition, nicht nur Verlagen gegenüber, sondern auch gegenüber der Europäischen Kommission, den Aufsichtsbehörden und Regierungen.

In Deutschland wurde ein Gesetz verabschiedet, das Medienunternehmen, die Presseauszüge lizenzieren wollen, eine gewisse Verhandlungsmacht gibt. Andere europäische Regierungen erwägen ähnliche Maßnahmen. Als die französische Regierung ein Gesetz einführen wollte, dem zufolge Google für die Nutzung von Inhalten Dritter bezahlen müsste, drohte das Unternehmen damit, Verlage komplett aus seinen Trefferlisten zu streichen. Diese Friss-oder-stirb-Politik ist völlig inakzeptabel.

Mit Blick auf die Bedenken der Kommission – die nie restlos öffentlich gemacht wurden – wären solche gesetzlichen Bestimmungen völlig ausreichend, sie sind einfach zu verstehen und leicht anzuwenden. Sie müssen eindeutig sein, wenn sie praktikabel sein sollen. Die vorgeschlagene Vereinbarung ist das alles nicht, ihre Komplexität und Unklarheit werden dafür sorgen, dass ihre Einhaltung kompliziert und außerordentlich aufwendig sein wird.

Ich appelliere an Joaquín Almunia, sich dieses »Puzzle« zu eigen zu machen. Er könnte uns – gewissermaßen als sein Vermächtnis – ein uneingeschränkt faires und konkurrenzfähiges globales Internet hinterlassen. Es steht viel auf dem Spiel, aber es liegt in seiner Macht, die Zukunft der europäischen digitalen Ökonomie zu stärken. Als sein alter Freund rufe ich ihm zu: Tu das Richtige!

Aus dem Englischen von Matthias Fienbork

Unsere Waffen im digitalen Freiheitskampf
Von Gabor Steingart (23. Juni 2014)

Mathias Döpfner hat eine Angstbeichte abgelegt. In seinem Beitrag zu dieser Debatte schrieb der Vorstandschef der Axel Springer AG: »Wir haben Angst vor Google. Ich muss das einmal so klar und ehrlich sagen, denn das traut sich kaum einer meiner Kollegen.« Der Mann sprach, wenn nicht im Auftrag, so doch im Namen der anonymen Ängstlichen, von denen es mehr gibt, als man gemein annimmt. Das Suchbegriffspaar »Google & Angst« ergibt zwanzig Millionen Treffer allein in deutscher Sprache; das Zehnfache der Paarung »Putin & Angst«.

Soll das Angstvirus sich nicht ins Epidemische ausbreiten, sind therapeutische Sofortmaßnahmen erforderlich. Deshalb rufen wir hier den französischen Humanisten Étienne de La Boétie zu Hilfe, dessen Traktat *Von der freiwilligen Knechtschaft* seine Mut fördernde Wirkung historisch bewiesen hat. Das vor knapp 500 Jahren, in tiefster Feudalzeit, erschienene Werk rief die Männer der Aufklärung zum Losschlagen auf. Boétie hatte nichts Geringeres vorgelegt als ein Manifest gegen das Verzagtsein im Angesicht großer Mächte: »Der Mensch, welcher euch bändigt und überwältigt, hat nur zwei Augen, hat nur zwei Hände, hat nur einen Leib und hat nichts anderes an sich als der geringste Mann aus der ungezählten Masse eurer Städte; alles, was er vor euch allen voraus hat, ist der Vorteil, den ihr ihm gönnet, damit er euch verderbe.«

Jeder Willkürherrscher, so das Argument, könne nur

deshalb Herrscher sein, weil eine verängstigte Gesellschaft ihm folge – der Despot als die Summe aller Verzagten: »Woher nimmt er so viele Augen, euch zu bewachen, wenn ihr sie ihm nicht leiht? Wieso hat er so viele Hände, euch zu schlagen, wenn er sie nicht von euch bekommt?« Boéties Schlussfolgerung: »Die Völker lassen sich selbst hunzen und schurigeln; das Volk schneidet sich selbst die Gurgel ab.«

Womit wir wieder bei Google, Döpfner und den deutschen Verlagshäusern wären. Denn die Macht von Google, die keiner mehr bestreiten sollte, ist eine Macht, die von den traditionellen Verlagen ausgeht, auch wenn sie nicht dorthin zurückkehrt. Von den vielen Millionen deutschen Dokumenten, die das Google-Archiv auf seinen Servern bereithält, stammt kein einziger Text von einem Google-Mitarbeiter, sondern alles, was da an Artikeln begeistert, polarisiert, langweilt oder einfach nur informiert, ist von den Autoren deutscher Verlage in deutscher Sprache erstellt worden und – Vorsicht: jetzt kommt die Täterbiografie des späteren Opfers zum Vorschein – den Google-Suchmaschinen freiwillig überreicht worden.

Die Inhalte werden sogar für Google optimiert, auf dass sie sich geschmeidig in die Algorithmenparade einfügen. Wir haben Google nicht nur unsere Augen und Hände, sondern auch unsere Autorenhirne und Leserherzen zur Verfügung gestellt; so dass dem Vorgang der Google-Ermächtigung zunächst alles Zwanghafte fehlt.

Ja, Google hat im Königreich des Digitalen ein neofeudales Machtmonopol errichtet; aber nein, nicht anonyme Helfer, sondern wir selbst halfen, es gegen uns zu errichten. Wir sind dümmer als die Mäuse, denn wir haben den Speck, mit dem man uns fängt, selbst in die Falle gelegt.

Jedwede Angstbeichte muss daher als Selbstbezichtigung gelesen werden.

Natürlich lässt Google die Zutaten, die wir so geflissentlich anliefern, nicht unbearbeitet. Aus Informationspartikeln erwachsen Datenraster, welche wiederum zu Netzen versponnen werden mit dem Ziel, aus Lesern Käufer zu machen, die Welt der Lektüre in den Orbit des Konsums zu transformieren, das Idealistische in das Materialistische zu verwandeln. Wer liest, wird gelesen, wer kauft, wird selbst zum Produkt, so hat Frank Schirrmacher den Kern von Googles Geschäftsidee freigelegt. Fast 14 Milliarden Dollar verdiente das Unternehmen im vergangenen Jahr, vor allem durch das Verfügbarmachen von Lesestoff und Leserdaten gegenüber der Werbewirtschaft.

Wobei auf Seiten der Werbewirtschaft, spiegelverkehrt zu Döpfners Ängsten, eine Euphorie herrscht, die ebenfalls nur sehr lose mit der Wirklichkeit verbunden ist. Dem mündigen Internetbürger entgeht nicht, welche Anzeige ihm da von Seite zu Seite nachstiefelt; er ist dabei, Allergien zu entwickeln. Der Leser will, darf und wird sich nicht zur willenlosen Kauf- und Konsummaschine reduzieren lassen. Der Freiheitsdrang mag degeneriert sein, verschwunden ist er nicht. Stalking bildet auch im wahren Leben nicht das Vorspiel zur Eheschließung.

Die datengesteuerte Werbung im Internet erinnert mittlerweile auf fatale Weise an die Drückerkolonnen der frühen Nachkriegsjahre, als man Kosmetika, Plastikschüsseln, Zeitschriften und Lebensversicherungen an der Haustür vertrieb, ach was – verhökerte, verkloppte, aufschwatzte, nur dass die Avatare der damaligen Drücker heute englisch mit uns reden. Ihre Haustür ist unser Computerbildschirm, auf dem die Abgesandten aus der Welt der künstlich erzeugten Bedürfnisse mit Push-Mails, Overlayern und Pop-up-Windows unentwegt auf- und abmarschieren.

Selbst das Ignorieren der Anzeigenformate trägt noch zum Aufwachsen jener Datenprofile bei, die sich an der Entschlüsselung der menschlichen Begierden und Sehnsüchte versuchen. Google stellt jährlich einen Forschungsetat von rund acht Milliarden Dollar bereit – eine Summe, die dem Sechsfachen der addierten Jahresgewinne von Springer, Burda, Bertelsmann und Holtzbrinck entspricht –, um aus diesem Datenuniversum heraus neue Produkte zu entwickeln: die Datenbrille, das selbstfahrende Auto, den Haushaltsroboter, die Drohne.

Das Projekt Google Brain, bei dem versucht wird, das menschliche Gehirn nachzuahmen und, wenn möglich, zu übertreffen, zeugt nicht, wie vielfach behauptet, vom Größenwahn der Google-Mitarbeiter, sondern von ihrer realistischen Selbstsicht. Wenn es derzeit eine Firma gibt, die sich mit Aussicht auf Erfolg in diese Gotteszone begeben kann, dann ist es Google.

Politik und Medienhäuser haben diese Ungeheuerlichkeit in der Morgenröte des frühen Internet möglich gemacht, nicht ahnend, dass es sich um eine Ungeheuerlichkeit handeln könnte. In der Bewusstwerdung unserer Mittäterschaft aber liegt, in dialektischer Verkehrung der bisherigen Geschichte, das Zentralmoment unserer Befreiung. Denn Problem und Lösung, das ist die Erkenntnis, auf die es hier ankommt, wohnen unter einem Dach, dem unsrigen, weshalb wir auf dem Höhepunkt der Google-Macht unverhofft die Waffen der Entthronung in Händen halten. Die neue, aufgeklärte Sicht auf Googles Macht ist dafür die wichtigste Voraussetzung.

Google weiß das. Im Börsenprospekt des Unternehmens, also dem vom Staat verlangten Dokument zur Risikoeinschätzung, gibt die Firma Auskunft über die eigenen Ängste. Das klingt dann so: »Wir sind konfrontiert mit Risiken, die sich aus dem internationalen Datenschutz ergeben. Es ist möglich, dass diese Gesetze in einer Art interpretiert und angewandt werden, die nicht mit unserer Praxis im Umgang mit Daten übereinstimmt. Wenn dem so ist, müssten wir unsere Praxis verändern, was wiederum einen materiellen Effekt für unser Geschäft bedeutet.«

Googles Angst vor dem »materiellen Effekt« ist unsere Hoffnung. Im Grunde liefert das Unternehmen damit selbst eine Handlungsanleitung für die europäische Politik, die allzu freizügigen Datenschutzgesetze und die daraus erwachsene Google-Praxis, vom kostenlosen Absaugen der Daten bis zum Manipulieren von Suchergebnissen, zu beenden. Unsere Souveränitätsverluste, das ist die fröhliche Botschaft des Börsenprospekts, sind umkehrbar.

Die Gegenwehr beginnt am besten damit, dass wir aufhören, die Texte unserer Journalisten kostenfrei an Google auszuliefern. Dieser Jahrhundertfehler der Verleger muss korrigiert werden. Wobei nicht die Texte selbst aus der Suchmaschine verschwinden sollten, denn wir wollen ja weiter gefunden und gelesen werden; lediglich ihrem Gratischarakter muss ein Ende gesetzt werden. Das würde dann so aussehen: Die Suchmaschine liefert weiterhin den Hinweis auf den Artikel, der Vorspann bietet wie gehabt die Produktbeschreibung, aber der eigentliche Inhalt wird das, was er immer war: kostenpflichtig. Gutes Geld für gute Arbeit.

Wir sollten uns nicht länger einreden lassen, dass Sprache und Information im Internetzeitalter Wert und Preis verloren hätten. Die benachbarten Gewerbe, die Filmemacher, Buchautoren und Musiker, belehren uns täglich eines anderen. Steven Spielberg, Joanne K. Rowling und Mick Jagger würden niemals auf die Idee kommen, ihre Arbeiten kostenfrei ins Netz zu stellen, weil sie um das Selbstzerstörerische des Vorgangs wissen. Ein einziger Sommer der Gratisfilmkultur würde den Hollywood-Studios erst einen Zuschauerrekord und anschließend die Pleite bescheren.

Auch Google folgt keineswegs dem Altruismus, den man uns nahelegt. An die eigenen Aktionäre werden nicht Pageviews und Unique Visitors ausgeschüttet – das ist nur die Glasmurmelwährung für unser verwirrtes Gewerbe –, sondern Dollar und Euro. In Mountain View predigt man Wasser und hat den Keller voller Wein.

Bei den eigenen Produkten tritt Google die Nutzungsrechte an niemanden ab, schon gar nicht an die Netzgemeinde. Warum auch? Das Verbum *to share* taucht in den Nutzungsbedingungen für die Browser-Software Google Chrome nicht auf. Vielmehr wird allen Kunden folgende Erklärung abverlangt: »Sie erklären, dass Sie die Services zu keinem Zweck reproduzieren, duplizieren, kopieren, verkaufen, weiterverkaufen oder mit ihnen handeln werden, es sei denn, Ihnen wurde in einer separaten Vereinbarung mit Google eine ausdrückliche Erlaubnis hierfür erteilt.«

Wir sollten mit gleichem Selbstbewusstsein zur Tat schreiten. Alle Autoren haben ein Recht auf eine ähnlich präzise Erklärung: Denn sie erstellen eine Ware, in diesem Fall Journalismus genannt, die nicht gegen ihren Willen und ohne ihre finanzielle Beteiligung reproduziert, dupliziert, kopiert, verkauft und gehandelt werden sollte. Bio-Journalismus, wie Miriam Meckel das nennt, ist gedankliche Manufakturarbeit und sollte, wissend um das Unikathafte seines Wesens, sich dem Wegschenken verweigern. Zumal diese Opfergabe Google nur weiter in den Olymp hebt.

Étienne de La Boétie sagt: »Je mehr man den Tyrannen gibt, je mehr man ihnen dient, umso stärker und kecker werden sie; und wenn man ihnen nicht mehr gibt, wenn man ihnen nicht mehr gehorcht, stehen sie ohne Kampf und ohne Schlag nackt und entblößt da und sind nichts mehr, wie eine Wurzel, die keine Feuchtigkeit und keine Nahrung mehr findet, ein dürres und totes Stück Holz wird.«

Es geht hier nicht nur um uns Journalisten. Auch den Lesern ist die neue Zeit nicht gut bekommen. Ihre Datensätze wurden zur Goldmine, in der Google ungeniert Data-Mining betreibt. Je weiter das Unternehmen die Exploration der Kundendaten vorantreibt, je deutlicher die Siebmaschinen im Gewesenen das Künftige entdecken, desto wertvoller werden die Datensätze.

Doch dieser Raubbau ist im deutschen Grundgesetz nicht vorgesehen. In den Artikeln 14 und 15 des Grundgesetzes wird das Eigentum sogar als unverrückbarer Grundpfeiler einer freiheitlichen Ordnung gekennzeichnet, wobei eine zeitgemäße Interpretation sicher nötig wäre. Der Eigentumsbegriff des Grundgesetzes nennt »Grund, Boden, Naturschätze und Produktionsmittel« als jene schützenswerten Güter, die nur im Interesse des Allgemeinwohls und auch dann nur gegen Entschädigung enteignet werden dürfen.

Die Männer des Verfassungskonvents von Herrenchiemsee konnten, Jahrzehnte vor Erfindung des Internetprotokolls, nicht ahnen, dass die Bodenschätze der Moderne in den Datensätzen des Menschen verborgen sind. Google hat das schneller als andere erkannt und für sich genutzt. Aber das begründet keinen Datendiebstahl.

Viele Medienhäuser klagen heute über die Datenkrake Google, allerdings nicht in emanzipatorischer Absicht, sondern mit dem Vorsatz, selbst in den Besitz der Kundendaten zu gelangen. Dabei bleibt die Ausbeutung der Datenminen auch dann Ausbeutung, wenn Döpfner und andere die Schaufel führen. Die Kundendaten gehören dem Kunden, Persönlichkeitsschutz und Eigentumsbegriff des Grundgesetzes gebieten die Rückübertragung der Souveränität. In einer großen Koalition von Autoren und Lesern, von Verlagen und ihren Kunden läge die Stärke der Google-kritischen Bewegung.

Die Politik hat, und das gehört zu den erfreulichen Befunden dieser Debatte, ihren Dämmerschlaf beendet. Wirtschaftsminister Sigmar Gabriel führt gegen die »neue Monopolmacht« von Google die vielleicht schärfste Waffe ins Feld: die Ordnungspolitik. Denn im Land Ludwig Erhards ist eine solche Machtkonzentration, wie sie Google mit seinem Marktanteil von neunzig Prozent unter den Suchmaschinen verkörpert, nicht vorgesehen, und wenn doch, dann nur als Korrekturtatbestand.

Der gemütliche Erhard konnte in diesen Dingen streng sein: »Nicht die freie Marktwirtschaft des liberalen Freibeutertums einer vergangenen Ära, auch nicht das freie Spiel der Kräfte und dergleichen Phrasen, mit denen man hausieren geht, sondern die sozial verpflichtete Marktwirtschaft, die das einzelne Individuum wieder zur Geltung kommen lässt, die den Wert der Persönlichkeit obenan stellt, das ist die Marktwirtschaft moderner Prägung.« Gabriel greift diesen Traditionsbestand der Sozialen

Marktwirtschaft auf, wenn er in seinem Debattenbeitrag die von Erhard geschmiedeten Waffen – Kartellverfahren und Entflechtungsdrohung – in die Hand nimmt. Sie wiegen schwer. Sie sind scharf. Die Historie hat sie gehärtet.

Die Zeit zum Losschlagen ist gekommen. Die Politik vibriert, der Europäische Gerichtshof ist willig, die Verlage haben die Phase ihrer Verwirrung überwunden. Durch die Jahrhunderte hindurch hören wir, wie der damals erst 25-jährige Étienne de La Boétie uns auffordert, erst die eigene Angst und dann den nur scheinbar übermächtigen Gegner zu besiegen: »Seid entschlossen, keine Knechte mehr zu sein, und ihr seid frei.«

Kunde oder Terrorist?

Von Wolfgang Streeck (2. Juli 2014)

Es steht nicht gut um die Demokratie. Die Wahlbeteiligung in den Ländern des Hochkapitalismus geht seit Jahrzehnten zurück; die Parteien verlieren Mitglieder und überaltern; den Gewerkschaften geht es genauso; fiskalische Konsolidierung und sklerotische öffentliche Haushalte treiben den politischen Handlungsspielraum gegen null; die »Märkte« disziplinieren die Staaten, nicht umgekehrt; Sozial- und Wirtschaftspolitik sind längst in die Hände von Zentralbanken, Ministerräten und internationalen Organisationen übergegangen, wo sie vor dem Volkswillen sicher sind; in der Mitte der »marktkonformen Demokratie« (Merkel) gibt es zum Neoliberalismus »keine Alternative« (Thatcher); als Folge haben Rechts- und Protestparteien Zulauf wie nie zuvor seit dem Krieg; und was an Wahlprogrammen in Umlauf gebracht wird, wird für teures Spenden- oder Steuergeld von Marketingspezialisten hergestellt, denen egal ist, dass die Pakete, die sie verpacken, alle gleich leer sind. »Postdemokratie«, so weit das Auge reicht.

Welchen Schaden können da NSA, GSHQ, BND und Konsorten, mitsamt ihren freiwilligen oder – genau kann man das nicht wissen – unfreiwilligen Zulieferern im Silicon Valley, der Demokratie noch antun? So gut wie keinen; der Rückbau der Demokratie läuft ohne sie. »Haltet den Dieb!«-Aufrufe wie die von Martin Schulz mögen echter Verzweiflung darüber entspringen, dass die Politik ihr demokratisches Geschäft selber hat verkommen lassen. Wahrscheinlich aber probiert der Polit-Profi nur ein neues Thema aus, das der politischen Klasse für ein paar Monate verlorenes Vertrauen zurückbringen soll. Dazu allerdings müsste sie vergessen machen, dass sie selber es war, die die Datenaustauschvereinbarungen mit den Vereinigten Staaten ausgehandelt und ratifiziert hat, die alle Nichtbesitzer von Diplomatenpässen dazu zwingen, der amerikanischen Regierung für jeden Transatlantikflug ihre Lebens- und Reisegeschichte mitsamt Biodaten zu ewiger Aufbewahrung zu übergeben.

Dass die digitale Vollüberwachung, der wir längst alle unterliegen – und jeder Politiker, der sie hätte zum Thema machen wollen, hätte schon Jahre vor Snowden nur in Wikipedia nachzuschauen brauchen, Stichwort »NSA« –, der Demokratie schaden soll, weil wir ihretwegen zögern könnten, unsere subversiven Gedanken per E-Mail zu verbreiten, ist ein beliebter Mythos unter denen, die die Engländer als die »chattering classes« bezeichnen. Keine Seminarsitzung über Kapitalismus, Lohndrückerei, Arbeitslosigkeit, Entgewerkschaftung, Ungleichheit und so weiter, ohne dass jemand mit wohligem Entsetzen daran erinnert, dass die NSA das jetzt alles aufgezeichnet habe. Man fühlt sich dann wichtiger, obwohl man doch aus eigener Erfahrung weiß, dass es zur Domestizierung von Dissens im Konsum- und Karrierekapitalismus effektivere Methoden gibt als die einer algorithmisch aufgerüsteten Stasi. Dass die Rundumüberwachung dazu gedacht ist, die freie Meinungs- und Theorieäußerung zu ersticken, kann schon deshalb nicht stimmen, weil sie ja eigentlich im Geheimen stattfinden sollte; oder muss man sich die snowdenschen Enthüllungen als besonders raffiniertes Manöver zur Einschüchterung potentieller Dissidenten vorstellen?

Interessant ist, dass die Digitalisierung des Lebens noch vor ganz kurzem, also in fernster Vergangenheit, nicht als Gefahr für die Demokratie gehandelt wurde, sondern im Gegenteil als Vehikel ihrer bevorstehenden Renaissance. Erinnert sich noch jemand an die »Piraten« – an die Digital Natives und ihre von den Medien zelebrierte Utopie laufender politischer Entscheidungsbeteiligung für jeden per Internet? Seit aufgefallen ist, dass alles, was da zur Sprache käme, mitgeschnitten und aufbewahrt werden könnte, und zwar von den staatlichsten aller staatlichen Institutionen, den Geheimdiensten, hat sich der Traum von »liquid democracy« verflüssigt. Mit ihm zusammen gescheitert ist die Vorstellung von Demokratie als einem Entscheidungsreglement, das jeden jederzeit mitreden lässt, notfalls aus dem hohlen Bauch, sofern es nur öffentlich geschieht – eine Vorstellung übrigens, die diejenigen, die an sie geglaubt haben, mit einem Gutteil der akademischen Demokratietheorie gemeinsam hatten.

Wie abwegig diese ist, hatte sich schon vor Snowden gezeigt, als der allgemein zugänglich gemachte interne Bewusstseinsstrom der Piratenpartei eine Bizarrerie nach der anderen ans Licht brachte. Das eigentliche Problem mit »digitaler Demokratie« ist aber nicht einmal, dass dann Figuren wie linuxpinguin, leberwurst, checker777, brbrbr, brandwolf und andere, die laufend anonym die Kommentarspalten der Online-Zeitungen verstopfen, die »öffentliche Meinung« bilden könnten.

Demokratie, die eine solche sein soll, muss Themen behandeln und entscheiden können, die wichtiger wären als beispielsweise die Frage, wer unter der EZB, dem EuGH und dem Europäischen Rat Kommissionspräsident werden darf. Auch »Schwarmintelligenz« ist nichts wert, wenn sie nicht mit Entscheidungsmacht ausgestattet ist. Wenn Fragen wie etwa die, auf welche Weise ein Land die wachsende wirtschaftliche Ungleichheit zwischen seinen Bürgern bekämpfen will, dem Zugriff der Demokratie, digital oder nicht, durch internationale Verträge, Europarecht, Gipfelabsprachen, Twopacks, Sixpacks, ESM und so weiter entzogen sind – was nützte es dann, wenn bei den noch übrigen Entscheidungen jeder mitmachen dürfte?

Wenn aber die elektronische Rundumerfassung aller wichtigen menschlichen Lebensäußerungen zur Ausschaltung der Demokratie gar nicht gebraucht wird, wozu wird sie dann gebraucht, und was hat das mit Kapitalismus zu tun?

Ich behaupte, sie wird gebraucht, um neuartige Steuerungsprobleme des wirtschaftlichen und politischen Lebens durch einen Wechsel von kollektiven zu individualisierten Formen sozialer Kontrolle in den Griff zu bekommen. Was den Kommerz betrifft, so dient die grenzenlose Datensammlung über jeden Einzelnen der Steigerung der Effizienz der Produktwerbung. Das ist keine Kleinigkeit. Der Konsumkapitalismus kann nur funktionieren, wenn seine Marktteilnehmer willens sind, immer länger und härter zu arbeiten, um sich immer neue und immer unnützere schöne Dinge leisten zu können. Damit sie sich diese auf hohem Sättigungsniveau auch leisten wollen, müssen ihre Vertreiber durch immer feinere Differenzierung ihrer Produkte immer näher an das individuelle Wunschpotential jedes möglichen Kunden herankommen. Hierzu bedarf es eines aufwendigen, ständig teurer werdenden Marketings, wobei mit der Vielfalt der Produkte und der Vielzahl immer enger werdender Marktnischen die Gefahr von Streuverlusten zunimmt. Big Data ermöglicht es, die wahrscheinlichsten Abnehmer jedes neuen Produkts und seiner Aura persönlich zu identifizieren und die werbliche Ansprache individuell auf sie zuzuschneiden – wobei ein Teil des so gesparten Geldes die für den Nutzer kostenfreie globale Infrastruktur der »sozialen Netzwerke« finanziert, deren Verfügbarkeit die Individualisierung der sozialen Beziehungen weiter vorantreibt.

Aber werden die Kunden nicht irgendwann erschrecken, wenn ihnen klar wird, was ihre Lieferanten alles über sie speichern, und sich aus ihrer Verstrickung in das Netz zu befreien versuchen? Wohl kaum. Amazon und seine Wettbewerber, mit ihren maßgeschneiderten Einkaufslisten, lösen ein Grundproblem des Lebens im Kapitalismus von heute: das der Vereinbarkeit von Konsum und Beruf beziehungsweise der Kollision von Konsum- und Produktionspflichten. Woher sollen wir die Zeit nehmen, uns mit der erforderlichen Gewissenhaftigkeit mit einem ins Unendliche gewachsenen Angebot von Zeug jeder Art vertraut zu machen, wenn wir immer mehr Zeit brauchen, um das Geld zu verdienen, das wir brauchen, um es zu bezahlen? Die individualisierten Konsumaufträge der neuen Versandhäuser ersparen uns nicht nur die Lektüre unzähliger Lebensstilkataloge, sondern gleich auch noch den Weg ins Warenhaus, und ermöglichen uns dadurch, im Erwerbs- und Konsumwettbewerb gleichermaßen mitzuhalten. Daniel Bells pessimistische Vorhersage, dass der konsumeristische Hedonismus der postindustriellen Gesellschaft auf Kosten von Arbeitszeit und Arbeitsdisziplin gehen und damit den Kapitalismus auf Dauer untergraben werde, wird so durch die Digitalisierung des Kapitalismus falsifiziert.

Die flächendeckende Datensammelei durch die Geheimdienste folgt einer ähnlichen Logik insofern, als auch sie vom Kollektiv zum Individuum vorstößt. Ihr Ziel ist, da soll man sich nicht täuschen, irgendwann einmal alles Wissbare über jeden einzelnen lebenden Menschen in riesigen Speichern in irgendwelchen Wüsten des amerikanischen Westens vorrätig zu halten. Dabei geht es nicht darum, Abgeordnete oder Regierungsmitglieder mit Sexgeschichten zu erpressen; dafür würde die preiswertere Mata-Hari-Technologie von früher völlig ausreichen. Auch für Wirtschafts- und Kanzlerhandyspionage muss man nicht erst einen Heuhaufen ansammeln, um ihn dann nach einer Nadel durchsuchen zu können. Verständlich wird das Projekt erst, wenn man seine offizielle Rechtfertigung ernst nimmt und es in dem Zusammenhang betrachtet, in den es gehört: dem des »Kriegs gegen den Terror«.

Dieser ist, wie man weiß, ein »asymmetrischer«. In ihm hat man es als Imperium nicht mit Staaten als Gegnern zu tun, sondern mit Individuen, die man erst einmal identifizieren muss, bevor man sie vor oder nach der Tat gezielt exekutieren kann. Dazu braucht man Daten, und zwar möglichst viele über möglichst alle, weil niemand von vornherein als unverdächtig gelten kann.

Dass dafür nicht allein die NSA zuständig ist, kann jeder Reisende an dem monströsen, laufend verschärften amerikanischen Ein- und Durchreiseregime beobachten. Früher galt es, gesichertes Wissen über höchstens 150 Staaten vorzuhalten, die ihre Bürger unter Kontrolle hatten und mit denen man Krieg führen, Frieden schließen und Abkommen aushandeln konnte. Zuständig dafür war die Diplomatie. Heute dagegen ist das Staatensystem als kontrollfähige Mittelinstanz der Weltordnung in Erosion begriffen. Immer mehr Staaten verschwinden von der Landkarte, andere bestehen nur noch auf dem Papier und haben die Gewalt über ihr Territorium und ihre Bürger verloren, zum Teil als Folge militärischer Domestizierungsanstrengungen des Imperiums und anschließend gescheiterten »Nation-Buildings«. In diesen Gegenden vor allem, grundsätzlich aber überall, befinden sich die »Rückzugsräume« der »Terroristen«.

Im asymmetrischen Krieg braucht das Zentrum nicht mehr nur 150 Datensätze, sondern im Prinzip sechs Milliarden – ein Weltpersonenregister, gepflegt von der NSA als Einwohnermeldeamt der in Washington D.C. ansässigen virtuellen Weltregierung. Nur mit seiner Hilfe lässt sich der fließende Wechsel zwischen Völkerrecht, Kriegsrecht, Strafrecht und überhaupt keinem Recht bewerkstelligen, der die Sicherheitspolitik des Imperiums heute ausmacht, und nur so wird es möglich, von obsolet gewordener Massenvernichtung in konventionellen oder atomaren Land- und Luftkriegen auf personalisierte Liquidierung umzuschalten. Instrumente der Wahl für die asymmetrische Kriegführung des Zentrums sind dementsprechend nicht mehr die herkömmlichen Panzerarmeen, sondern Special Operations Forces, die dem persönlichen Kommando des Präsidenten unterstehen: in völliger Geheimhaltung operierende Eliteeinheiten.

Auch die Drohnenkriegführung, als Modus sozialer Kontrolle ebenso individualisiert wie die gezielten Tötungsaktionen der »Special Ops«, wäre ohne Big Data unmöglich; schließlich muss man wissen, wo die Todeskandidaten gerade sind. Zurzeit kann ein in Pakistan versteckter amerikanischer Bürger muslimischen Glaubens und mutmaßlich terroristischer Überzeugung über das Internet Zeitungsberichte darüber verfolgen, wie CIA und Armee sich streiten, wer von beiden ihn mittels Drohnenangriff vom Leben zum Tode befördern darf; der Präsident, heißt es, hält sich bedeckt. Dafür genehmigt er laufend personalisierte Abschusslisten, auf höchster Geheimhaltungsstufe – Kriegserklärungen an Individuen statt an Staaten –, und lässt sich als Commander in Chief bei der Betrachtung der am Bildschirm übertragenen Liquidierung des Staatsfeindes Nummer eins durch die Navy Seals fotografieren.

Bemerkenswert und erklärungsbedürftig ist der fanatische Perfektionismus des imperialen Sicherheitsapparats. Kein einziger Anschlag des Gegners darf stattfinden, geschweige denn gelingen, jeder Terrorist muss ausgeschaltet werden und mit ihm jeder mögliche Terrorist, auch wenn er hinterher gar keiner geworden wäre. Kein Einreiseformular ist zu lang, kein Algorithmus zu weit hergeholt, und Geld spielt keine Rolle: Die Fehlertoleranz liegt bei null. Nach außen, an der Peripherie, sind Verbündete zu schützen, die ihrer Bevölkerung und ihrem Sicherheitsapparat nicht trauen können. Individualüberwachung und Individualexekution ihrer Feinde mit fortgeschrittener Daten- und Drohnentechnologie sind für sie lebenswichtig. Versagt die Technik, sinkt das Vertrauen, und bald denken die Freunde darüber nach, ob sie nicht besser die Seiten wechseln sollen. Immerhin hat das Imperium zwei Landkriege nacheinander verloren; jetzt muss jeder Schuss sitzen.

Ähnlich verhält es sich an der Heimatfront: Kein einziger Anschlag darf Erfolg haben oder auch nur stattfinden. Nicht weil, wie manchmal behauptet wird, in einer »postheroischen« Gesellschaft jedes Menschenleben heilig wäre. 2013 starben in den Vereinigten Staaten 11400

Personen an Gewehr- und Pistolenschüssen, 31 pro Tag, davon mehr als tausend Kinder und Jugendliche unter 18. Dennoch ist die Einrichtung eines zentralen Waffenregisters politisch ausgeschlossen, auch wenn dieses hundertmal billiger wäre als die Rechner der NSA und hundertmal weniger in die Privatsphäre der Bürger eindringen würde als die Rundumüberwachung im Namen der nationalen Sicherheit: illegal durch die NSA, halb legal durch das FBI und legal durch das GSHQ, die faktische Auslandsniederlassung der NSA in Cheltenham bei London. Dass im Zentrum des Imperiums Ruhe herrschen muss, ergibt sich unter anderem daraus, dass es als letzte sichere Zuflucht für die verbündeten politischen und wirtschaftlichen Oligarchen der Peripherie gebraucht wird, für ihr Vermögen und ihre Familien, einschließlich ihrer in Harvard, Columbia und Stanford studierenden Kinder. Auch kann dem imperialen Willen der eigenen Bevölkerung nicht getraut werden, trotz aller fest im Alltag verankerten militaristischen Rituale. Jeder Anschlag, gelungen oder nicht, würde heraufbeschwören, was in der Sprache der politischen Klasse »Isolationismus« heißt. Niemand kann garantieren, dass die Bevölkerung sich nach einem Terrorangriff nicht die Frage stellt, die sie sich nach dem Willen der Terroristen stellen soll: Warum sie mit Geld, Leib und Leben mithelfen soll, in Saudi-Arabien oder Afghanistan oder sonst wo am Ende der Welt irgendeine korrupte Clique, über die man mit Sicherheit nur wissen kann, dass sie korrupt ist, an der Macht zu halten oder an diese zu bringen.

Individualisierung der sozialen Kontrolle durch flächendeckende Einzelerfassung letztendlich aller lebenden Personen ist als technologisches Projekt nicht weniger monströs als das gesellschaftliche Projekt, dem es zuarbeitet:

die erdumspannende Organisation der Menschheit mittels Durchkapitalisierung ihrer Lebenswelt.

In den riesigen Datenspeichern des digitalen Kapitalismus erscheint das Individuum vor allem in seiner zu steuernden Potentialität: als Konsument oder als Terrorist. Seine im erdumspannenden Netz der digitalisierten Sozialbeziehungen hinterlassenen Spuren bilden das Rohmaterial einer neuartigen Vorwärtskontrolle menschlichen Handelns: Der Terrorist soll gefunden werden, bevor er zu einem wird; über den Konsumenten will man wissen, was er konsumieren will, bevor er selber es weiß. So werden beide, jeder auf seine Art, aus dem Reich derer, die etwas zu sagen haben, ausgebürgert.

Mehr Mut, Europa!
Von John Kornblum (8. Juli 2014)

Die Europäer, besonders die Deutschen, fühlen sich in
jüngster Zeit zunehmend von zwei Russen bedroht, und
es ist nicht ganz klar, vor wem sie am meisten Angst haben.
Der eine, Wladimir Putin, hat durch seine Annexion der
Ukraine die europäische Ordnung auf den Kopf gestellt.
Der andere, Sergey Brin, Miterfinder von Google, geht
noch einen Schritt weiter. Einige deutsche Verleger glauben, Googles unerbittlicher Aufstieg bedrohe das Fundament der europäischen Zivilisation.

Wie zu hören ist, wollen 400 europäische Unternehmen
eine gemeinsame Kartellklage bei der Europäischen Kommission einreichen. Vor kurzem wurde Google vom Europäischen Gerichtshof dazu verurteilt, auf Antrag persönliche Daten von Nutzern zu löschen. Und kein anderer
als Mathias Döpfner, der Vorstandsvorsitzende der Springer AG, eines der führenden europäischen Medienunternehmen, erklärte unlängst: »Wir haben Angst vor Google.«

Ich persönlich habe keine Veranlassung, Google zu verteidigen. Ich bin dem Unternehmen nicht verbunden, finde sein aggressives Vorgehen oft frustrierend. Seine Gründer sind mittlerweile so mächtig geworden, dass sie sich
immer wieder ihr Firmenmotto »Tu nichts Böses« in Erinnerung rufen sollten.

Das europäische Vorgehen gegen Google ist meines Er-
achtens aber falsch und letztes Endes gefährlich, vor allem
für Europa. Die Pannen bei Microsoft in den letzten Jahren

dürften jedermann klargemacht haben, dass ein guter Ruf in der IT-Branche schnell dahin sein kann. In ein paar Jahren hat sich die Bedrohung durch Google womöglich von selbst erledigt.

Doch bis dahin könnte die aggressive Rhetorik Europas wirtschaftliche Zukunft untergraben. Kartellbeschwerden verraten beklagenswerte Selbstzweifel, die die breite Öffentlichkeit womöglich anstecken. Eine Wirtschaftsunion mit über vierzig Prozent Jugendarbeitslosigkeit in einigen Ländern kann es sich nicht leisten, derart negative Botschaften an die eigene Bevölkerung auszusenden.

Die aktuelle Google-Debatte erinnert mich an die Zeit, als meine Heimatstadt Detroit das Silicon Valley des frühen 20. Jahrhunderts war. Unser großer Held Henry Ford hatte die Welt motorisiert, indem er ein billiges Automobil auf den Markt brachte, das man in jeder Farbe erwerben konnte, »solange sie Schwarz ist«, wie Ford sich ausdrückte. Denken wir ihn uns als die Axel Springer AG von Detroit. Das »Model T« war die *Bild*-Zeitung der damaligen Epoche.

Bald tauchte jedoch ein Konkurrent auf: General Motors, das Google jener Zeit. Und GM dachte sich damals, so wie Google heute, dass die Kunden seine Produkte in vielen bunten Farben haben wollten. 1928 überholte man Ford nach Verkaufszahlen, und in den fünfziger Jahren entfielen bereits sechzig Prozent des amerikanischen Marktes auf GM.

Angesichts der wachsenden Macht von General Motors wurde die amerikanische Regierung nervös. Obwohl Ford, wie Axel Springer, wegen monopolistischen Geschäftsgebarens in die Kritik geraten war, sah die Regierung in GM die wahre Bedrohung. Bis in die Mitte der sechziger Jahre wurde eine ganze Reihe von erfolglosen Prozessen geführt. Die Dominanz von GM wurde schließlich auf dem Markt gebrochen, aber nicht von Ford, sondern durch innovative deutsche und japanische Importe.

Diese Geschichte hält eine wichtige Lektion bereit. Juristische Angriffe gegen einen starken Konkurrenten sind fast immer erfolglos. Die aktuelle Kritik wird den unerbittlichen Fortschritt der globalen Digitalisierung ganz bestimmt nicht aufhalten. Europa könnte allerdings der Ford des digitalen Zeitalters werden. Ford beklagte sich nach dem Zweiten Weltkrieg so sehr über die Dominanz von General Motors, dass man am Ende den eigenen Argumenten glaubte. Man führte jahrelange Kämpfe und verlor dabei sein Selbstbewusstsein.

Europa glaubt offenbar auch, es sei gegenüber Google ohnmächtig. Vielleicht ist das der Grund, warum Deutschland den Anschluss an die digitale Welt verpasst hat, wie der Telekom-Chef Tim Höttges unlängst feststellte. Europäische Unternehmen können noch so viele Kartellklagen gewinnen, sie werden dadurch nicht stärker oder konkurrenzfähiger. Sie erreichen damit nur, dass Google sich noch mehr ins Zeug legt. Und sie schrecken Investoren ab. Vielleicht wird deswegen kaum amerikanisches Risikokapital in Europa investiert.

Eine Passage in Döpfners offenem Brief erscheint mir besonders interessant. Er schreibt: »Da folgt auf Macht schnell Ohnmacht. Und genau deshalb müssen wir diese Diskussion [...] jetzt führen. Das betrifft den Wettbewerb. Aber nicht nur den ökonomischen, sondern auch den politischen. Es betrifft unsere Werte, unser Menschenbild und unsere Gesellschaftsordnung weltweit und – aus unserer Perspektive – vor allem die Zukunft Europas.«

Das ist eine sehr düstere Prognose. Google bedroht also nicht bloß die Medienbranche. Das IT-Unternehmen hätte demnach sogar die Macht, die Zukunft Europas zu untergraben.

Die Menschheit und die Gesellschaftsordnung zu schützen heißt aber auch, das Internet vor staatlichen Eingriffen zu schützen. Mit der Entscheidung des Europäischen Gerichtshofs hat ein westliches Gericht zum ersten Mal versucht, Einfluss darauf zu nehmen, welche Inhalte im Netz zugänglich sind. Was genau wird hier eigentlich geschützt? Die Privatsphäre des Einzelnen oder die Interessen bestimmter Leute, die nicht wollen, dass die Wahrheit über ihre geschäftlichen oder politischen Aktivitäten verbreitet wird? Wenn historische Erfahrungen als Wegweiser taugen, dann werden das organisierte Verbrechen, Terroristen sowie russische und chinesische Geheimdienste sehr viel stärker von der Entscheidung des EuGH profitieren als Individuen, die ihre Privatsphäre schützen wollen.

Ein selbstbewusstes Europa sollte angesichts der Konkurrenz von Google einen gesunden Ehrgeiz entwickeln. Die Gründe für Googles Marktanteil von 92 Prozent in Deutschland lassen sich auch nicht mit Milliarden, die für Prozesskosten ausgegeben werden, aus der Welt schaffen. Es ist die Begeisterung für ein Ziel und nicht Hilflosigkeit, die Google, Facebook und Amazon so erfolgreich auf dem deutschen Markt gemacht hat.

Europa wird der Abhängigkeit nur dann entgehen, wenn es jene zündende Energie aufbringt, die zur Gründung von Google führte. Entschlossene, visionäre Unternehmer sind, genau wie General Motors, das beste Rezept gegen die Gefahren von Marktdominanz.

Diese Energie gibt es überall in Deutschland, aber sie

wird gehemmt durch Bürokratie und Defätismus. Das John F. Kennedy Atlantic Forum, das ich gemeinsam mit einigen anderen Leuten gegründet habe, will Unternehmer ermutigen, die Risiken und Chancen der digitalen Welt als lohnende Herausforderung zu betrachten. In Deutschland gibt es viele selbstbewusste Leute, die sich nicht von den Befürchtungen bremsen lassen, auf denen die Angriffe gegen Google beruhen. Aber vielleicht ist es bezeichnend, dass unsere Gelder ausschließlich aus Amerika kommen. Von den Dutzenden deutscher Unternehmen, die ich angesprochen habe, darunter auch die Axel Springer AG, ist keines daran interessiert, unsere Ziele zu unterstützen.

Aus dem Englischen von Matthias Fienbork

Der menschliche Faktor
Von Shoshana Zuboff (17. Juli 2014)

Nach der Legende soll Newton gesehen haben, wie der Apfel vom Baum fiel. Tatsächlich hat er etwas ganz anderes gesehen: eine unsichtbare Kraft, die den Apfel anzog. Wäre er ein Ingenieur von Silicon Valley oder ein Ökonom gewesen, hätte ihn das fallende Objekt vermutlich fasziniert: »Schau mal, der Apfel dort, cool!« Er hätte ein Traktat über die aerodynamischen Eigenschaften fester Körper geschrieben, einen Algorithmus entwickelt, der die Bewegung simuliert, oder die günstigste Flugbahn berechnet. Stattdessen formulierte er, allen Vorwürfen mittelalterlichen Aberglaubens zum Trotz, das allgemeine Gravitationsgesetz. Er hatte eine unsichtbare Kraft entdeckt, die über Abermillionen Kilometer auf jeden Körper einwirkt, ohne sichtbare Mechanismen oder Übertragungswege.

Wer die digitale Welt verstehen will, sollte es wie Newton machen – zumal es hier um Ökonomie und unsere Zukunft geht. Unsichtbare Kräfte wirken auch auf digitale Technologien ein und bestimmen, wie sie in unsere Volkswirtschaften und in unsere Jobs »fallen«. Wir müssen diese Kräfte analysieren und benennen, wenn wir ihnen nicht ausgeliefert sein wollen.

Fatalismus und Hilflosigkeit haben sich in die Debatte eingeschlichen. Ökonomen, IT-Experten und Unternehmer schwärmen von den neuen digitalen Möglichkeiten. Die Maschinen, sagen sie, können fast alle Arbeiten erledigen – was zu massenhafter Arbeitslosigkeit und noch mehr sozialer Ungleichheit führen wird. Die objektiven Gesetze eines rationalen Marktes, sagen sie, machen es notwendig, dass Menschen durch immer billigere digitale Arbeitskräfte in Form von Robotern und Algorithmen verdrängt werden. Selbst Spitzenverdiener machen sich Sorgen. Diesem Narrativ zufolge treten Menschen gegen Maschinen an – in einem tödlichen Wettlauf. Wie Bill Gates kürzlich sagte: »In zwanzig Jahren wird der Bedarf an qualifizierten Arbeitskräften erheblich gesunken sein.« Manche Leute fragen sich verunsichert, welche Rolle der Mensch in dieser automatisierten Zukunft überhaupt noch spielen wird.

Es gibt jedoch ein Problem: Dieses Narrativ ist ein Zaubertrick. Die Art und Weise, wie digitale Technologien eingesetzt werden, ist nicht zwingend notwendig. Wie ein guter Zauberer lenkt dieses Narrativ unsere Aufmerksamkeit dergestalt auf den digitalen Apfel, dass die realen Kräfte, die die Flugbahn des Apfels bestimmen, unsichtbar bleiben. Wer sind diese verborgenen Kräfte? Es sind borniert Geschäftsmodelle und ökonomische Thesen, die Kostensenkungen propagieren, vor allem im unteren Lohnbereich. In vielen Situationen sind diese Rezepte nicht mehr als ein Aberglaube, der von den Mächtigen verbreitet wird, weil sie ein Interesse an der Aufrechterhaltung des Status quo haben. Es gibt nicht die eine Weise, in der Märkte und Technologien funktionieren. Es spricht sogar einiges für die Annahme, dass diese Zukunftsvision, vergleichbar dem prähistorischen Vogel mit Zähnen, eine evolutionsgeschichtliche Sackgasse ist. Statt in der Apokalypse zu enden, könnten digitale Technologien eine neue, humanere Wendung in der Geschichte des Kapitalismus einläuten.

Betrachten wir zunächst die Rhetorik von Zwangsläufigkeit und digitalem Determinismus, um zu erkennen, welche Kräfte sich dahinter verbergen. Die Macht der Irreführung offenbart sich schon in den Überschriften und Kernaussagen vieler Artikel, die auf meinem Schreibtisch liegen. Beispielsweise haben Wirtschaftswissenschaftler der Universität Chicago anhand von Daten aus 15 Jahren und 56 Ländern festgestellt, dass die Lohnquote (mit Ausnahme von neun Ländern) überall gesunken ist. Die Ergebnisse ihrer Studie, schreiben die Autoren, bekräftigten die Annahme, dass der technologische Wandel, der mit der Computer- und Informationstechnologie einhergeht, ein wichtiger Faktor bei den langfristigen Veränderungen der Lohnquote sei.

In einer Studie von zwei Wissenschaftlern der Universität Oxford heißt es, dass Computer bei einer Reihe von kognitiven Aufgaben den Menschen ersetzen werden. Die Überschrift eines Artikels in der *MIT Technology Review* lautet: »Wie Arbeitsplätze durch Technologie vernichtet werden«. Zwei MIT-Professoren prognostizieren in *The Second Machine Age* eine neue Ökonomie von Gewinnern und Verlierern: »Durch den technologischen Fortschritt werden einige Leute, vielleicht sogar viele Leute abgehängt. Gewinner werden zunehmend von digitalen Technologien profitieren, andere werden verdrängt und folglich schlechter bezahlt.«

In einem vielbeachteten Artikel des *Economist* heißt es, eine neue Ära der Automatisierung, gestützt auf immer leistungsstärkere Computer, werde zu massenhafter Arbeitslosigkeit führen. »Die Kombination von Big Data und intelligenten Maschinen wird ganze Berufszweige komplett erobern, anderswo werden Unternehmen mit weniger Beschäftigten immer mehr produzieren.« Ein anderes Beispiel lieferte Google-Chef Eric Schmidt, als er auf dem Weltwirtschaftsforum fünfzig Prominente zum Kamingespräch bat. Seine Botschaft war, dass die technologiebedingte Jobvernichtung erst am Anfang stehe, die Ungleichheit sich noch verschärfen werde und die Lösung darin liege, dass wir alle Unternehmer werden müssen, wenn wir in dieser neuen Ära überleben wollen. Zwischen Computern und Menschen finde ein Wettlauf statt, und der Mensch müsse ihn gewinnen: »In diesem Kampf ist es sehr wichtig, dass wir herausfinden, worin der Mensch besonders gut ist.«

Man könnte fast vermuten, Schmidt habe die CIA-Handbücher von John Mulholland gelesen, jenem Mann, der zu seiner Zeit als Starmagier galt. Obschon nicht so berühmt wie Houdini, wurde er von seinen Kollegen für die große Präzision und Überzeugungskraft seiner Darbietungen bewundert, vor allem für das Geschick, mit dem er sein Publikum täuschte. »Für einen Trickbetrüger«, schrieb Mulholland, »ist es wichtig, dass er nicht als solcher bekannt ist oder auch nur verdächtigt wird. Er muss so normal auftreten und so natürlich agieren, dass nichts an ihm Verdacht erregt. Der Trick findet im Kopf statt. Es ist eine inszenierte Lüge. Der Trickbetrüger soll nicht das Auge, sondern die Phantasie täuschen.«

Die CIA hatte Mulholland in den fünfziger Jahren für ein streng geheimes Projekt angeworben, bei dem eine einschüssige Kleinkaliberwaffe entwickelt wurde, die in einer Zahnpastatube versteckt war, eine Zigarettenschachtel, aus der Zyankalikügelchen abgefeuert werden konnten, eine Injektionsspritze, die in einem Kugelschreiber versteckt war, eine mit Enthaarungsmittel getränkte Zigarre, die bei Fidel Castro zum Ausfall der Barthaare führen sollte, explodierende Muscheln oder, mein persönlicher Favorit, ein »Flucht-und-Ausbruchs-Zäpfchen«, ein Multifunktionsgerät mit Drahtschere, Brechstange, Sägeblatt, Bohrer und Reibahle. Autsch!

Eric Schmidts gekonnt inszeniertes Kamingespräch, das vermutlich Assoziationen an Roosevelts wöchentliche Radioansprachen wecken sollte, macht deutlich, dass er das Zauberhandwerk meisterhaft beherrscht. Was verbirgt sich hinter seinem Magierumhang? Zunächst einmal die Sprache, die unsere Aufmerksamkeit auf den Computer lenkt, um von den versteckten Geschäftsmodellen und unternehmerischen Entscheidungen hinsichtlich des Einsatzes dieser Computer abzulenken. Das zweite Täuschungsmanöver ist die Aufforderung, wir sollten herausfinden, »worin die Menschen wirklich gut sind«. Unausgesprochen heißt das, dass die Menschen viel zu chaotisch, dumm, eigensinnig und unplanbar sind, als dass sie eine wesentliche Rolle in der Zukunft spielen könnten. Unsere Talente existieren für Eric Schmidt offenbar nicht. Und schließlich fordert er die Eliten auf herauszufinden, womit man die Massen beschäftigen, unterhalten und vor allem ablenken kann von dem Geheimnis seines Zaubertricks. Seine Stellungnahmen sorgen für eine Verunsicherung, die von Empörung ablenken soll. Statt den Trick zu durchschauen, überlegen wir, wie wir uns und unsere Kinder vor dieser unausweichlichen Welle von Vertreibung und Exil schützen können.

Zaubertricks funktionieren nur, wenn der Blick des Zuschauers manipuliert wird. Was aber wird aus all diesen schönen Thesen, wenn wir ein wenig zurücktreten und die Zyankalikügelchen und die vergifteten Kugelschreiber sehen, die uns doch verborgen sein sollten? Welche Geheimnisse stecken in dem digitalen Zylinder? Richtet man den Blick auf das große Ganze, stellt sich sofort die Frage: Wer profitiert von den vermeintlich unausweichlichen digitalen Kräften, die unsere Arbeitsplätze bedrohen?

Die Unternehmensgewinne bewegen sich auf einem Rekordniveau, während die Lohnquote sinkt und die ungleiche Verteilung der Einkommen zunimmt. Aber seit Henry Ford, der den Lohn seiner Arbeiter auf fünf Dollar anhob, gehen Wirtschaftsmodelle davon aus, dass Unternehmer eine starke Nachfrage präferieren, selbst wenn das bedeutet, dass sie höhere Löhne zahlen müssen. Aus dieser Perspektive ist die Technologie der Bösewicht. Niedrige Löhne, so die Überlegung, können unmöglich das Ergebnis unternehmerischer Entscheidung sein. Der Wirtschaftswissenschaftler Paul Krugman fragt jedoch, ob Unternehmen vielleicht gar nichts gegen eine moderate Konjunkturkrise einzuwenden haben. Er sagt, jeder einzelne Unternehmer versuche, durch Lohnsenkungen oder Entlassungen möglichst hohe Gewinne zu erzielen. In der Summe führen diese individuellen Entscheidungen zu mehr Arbeitslosigkeit, wenn Unternehmen lieber in abschreibungsfähige Maschinen investieren, statt Arbeitskräfte einzustellen.

Krugmans These leuchtet ein, wenn man weiß, dass es nach den Gesetzen des modernen finanzkapitalistischen Geschäftsmodells sinnvoll für Unternehmen ist, die Kosten zu senken, besonders bei den Löhnen. Dies ist eine der unsichtbaren Kräfte. Man denke auch an die geheime Absprache zwischen dem verstorbenen Apple-Chef Steve Jobs und Eric Schmidt, die 2010 bei Kartellermittlungen des amerikanischen Justizministeriums herauskam. Um die Gehälter künstlich niedrig zu halten, war vereinbart worden, Mitarbeiter nicht abzuwerben und Gehaltsinformationen auszutauschen. Dieser illegale Deal, laut Bloomberg »unkalkulierbare Hybris«, bezog sich am Ende auch auf Adobe, Pixar, Intel und Intuit und führte zu Gehaltseinsparungen von mehr als neun Milliarden Dollar.

Und hier ist noch eine andere explodierende Muschel: Die Vergütungen von Vorstandsvorsitzenden sind oft an den Aktienkurs ihres Unternehmens gekoppelt, und Analysten empfehlen vor allem solche Unternehmen, die Kosten senken. Das Institute of Policy Studies weist denn auch darauf hin, dass 2009 die Einkommen amerikanischer CEOs, in deren Unternehmen »die Lohnkosten besonders stark gesenkt wurden«, 42 Prozent über dem durchschnittlichen Einkommen von CEOs im S&P-500-Index lagen, das in dem Jahr ohnehin schon astronomisch hoch war.

NBC News berichtete darüber und merkte an: »Man darf nicht vergessen, dass der Vorstandsvorsitzende eines börsennotierten Unternehmens gegenüber den Eigentümern, also den Aktionären, verpflichtet ist, den Unternehmenswert zu steigern.« Heute mag das übliche Praxis sein, in der Geschichte des Kapitalismus ist das neu. Für den Wirtschaftshistoriker Alfred Chandler hat sich dieser neue Finanzkapitalismus von dem alten Verständnis von wirtschaftlichem Erfolg weit entfernt. Aus seiner Sicht ist die angebliche Unvermeidlichkeit massenhafter Arbeitsplatzvernichtung das Ergebnis einer neuen Entwicklung, die sich deutlich von der früheren Praxis unterscheidet. Geschäftsmodelle, die auf Kostensenkung und kurzfristige Erfolge setzen, seien eine hohle Karikatur dessen, was Unternehmen früher erfolgreich gemacht habe.

Das alles legt nahe, dass Arbeitsplätze nicht durch Technologie vernichtet werden, sondern durch Menschen und Geschäftsmodelle. Gier spielt eine Rolle. Automatisierung muss nicht zwangsläufig heißen, dass die Menschen mit ihren Problemlösungsfähigkeiten nicht mehr gebraucht werden. Automatisierung muss auch nicht zwangsläufig die Gewinner belohnen und die angeblichen Verlierer überflüssig machen. Man muss sich nur anschauen, welche Folgen das Geschäftsmodell der Fluggesellschaften hat.

Diese führen anschaulich vor, was passiert, wenn Arbeit im Interesse von Kostensenkungen automatisiert wird und geschlossene Regelkreise entstehen. Ob beim Ticketkauf, bei der Ankunft oder beim Abflug – Reisende haben es nicht mehr mit Angestellten von Fluggesellschaften zu tun, sondern mit einem gigantischen Computersystem und seinen unpersönlichen Schnittstellen. Reisende sind mit einem anonymen Apparat konfrontiert, in dem jeder menschliche Kontakt eliminiert wurde, abgesehen von ein paar Leuten, deren Aufgabe die Aufrechterhaltung der sozialen Ordnung ist. Die Kostensenkungen werden auf die Reisenden abgewälzt. Man kauft sein Ticket online, informiert sich online, muss erhebliche Zusatzgebühren bezahlen für alles, was von der Norm abweicht, und hat permanent Stress, weil es bei Problemen, Störungen oder Fragen keinen Ansprechpartner mehr gibt.

Der Flughafen von Atlanta mit seinen täglich 225 000 Reisenden, die sich an niemanden mehr wenden können, führt exemplarisch vor, welche Welt sich einige CEOs, Ökonomen und Börsenanalysten für unsere Zukunft erträumen. In einer solchen Welt sind wir Flüchtlinge in unserem eigenen Land, abgeschnitten von den Aktivitäten, die die Qualität und Sinnhaftigkeit unseres Lebens ausmachen. Etwas Vergleichbares zeichnet sich im Bildungssektor ab, wo Online-Unterricht als Chance gesehen wird, die Kosten zu senken. Lehrer werden einfach eingespart. Mit vernetzten Technologien können wir zwar sehr viel mehr Menschen in jedem Winkel der Welt wesentlich kostengünstiger ausbilden, aber wir sollten nicht glauben, dass dies mit immer weniger Lehrern zu erreichen ist.

Einer jüngst erschienenen Studie von Gallup-Purdue ist zu entnehmen, welche Faktoren für ein gelungenes Studium und beruflichen Erfolg offenbar besonders wichtig sind: Lehrer, die Begeisterung für den Unterrichtsstoff wecken; Lehrer, die sich für die Studenten interessieren; und Lehrer, die die Studenten ermuntern, ihren Träumen zu folgen. Das alles kann automatisierter Unterricht nicht leisten. Es wird viele neue Formen von Unterricht geben, aber immer wird man dafür Menschen brauchen – Lehrer, Förderer, Koordinatoren, Visionäre, Unterstützer, Ermutiger, Gleichgesinnte. Es wird keine Roboterwelt von Gewinnern und Verlierern sein, wie die Modelle uns das einreden wollen, sondern eine differenzierte menschliche Welt mit vielen Gewinnern.

Und es gibt noch eine weitere Lüge: Intelligente Maschinen verlangen nicht weniger, sondern mehr menschliche Kompetenz. Ob es um computerisierte Finanzprodukte oder militärische Drohnen geht – hochkomplexe Systeme brauchen Menschen mit kritischer Intelligenz und strategischem Überblick. Dies ist eine der ernüchternden Lehren der Finanzkrise. Im Abschlussbericht der amerikanischen Untersuchungskommission zu den Ursachen der Finanz- und Wirtschaftskrise wird das brüchige Fundament des Subprime-Markts beschrieben: »Der gesamte Markt beruhte auf komplizierten Computermodellen, die sich als völlig realitätsfern erwiesen. Als die Blase platzte, platzte auch die ganze Komplexitätsblase: Die Wertpapiere, die praktisch niemand verstand, waren die ersten Dominosteine, die fielen.«

An der Wall Street arbeitete man mit »Quants«, jenen Mathematikern, die komplexe Finanzprodukte und Algorithmen für den automatisierten Handel entwickelten. Selbst Manager verstanden ihre eigenen Produkte nicht mehr, und das galt auch für die Aufsichtsbehörden, die »die Kontrolle der operationellen Risiken zunehmend den Banken überließen«.

Aufgrund dieses vielfachen menschlichen Versagens stürzte die Welt in einen Albtraum, von dem wir uns noch nicht völlig erholt haben. Als der Umhang des Zauberers weggerissen wurde, sahen wir nur leere Blicke und Fragezeichen. Die Wall Street hatte ihren Algorithmen vertraut, die das menschliche System in eine verstörende Passivität und Abhängigkeit brachten. Vermögenswerte wurden vernichtet, die Menschen bezahlten mit Chaos und Leid.

Was bleibt am Ende hinter dem Umhang des Zauberers? Ein machtvoller Gedanke: Dieselben Technologien, mit denen sie uns ins Exil schicken wollen, können uns in die Lage versetzen, die alten Geschäftsmodelle über Bord zu werfen. »Alles Erworbne bedroht die Maschine, solange sie sich erdreistet, im Geist, statt im Gehorchen, zu sein«, schrieb Rilke. Die vielbeschworene Roboterinvasion gründet auf einer Ökonomie der Verachtung, die zu Exklusion und Stagnation führt. Wir können an ihrer Stelle eine neue Ökonomie der Menschlichkeit entwickeln, auf die verschiedene Kraftfelder einwirken. Sie wird neue Jobs hervorbringen, neue Beziehungen schaffen und für neue Formen von Teilhabe sorgen. Hinter dem Umhang des Zauberers löst sich die falsche Dichotomie von Gewinnern und Verlierern auf. Wir können es uns nicht leisten, umfassende Bildung auf eine Elite zu beschränken. Wir alle können von Technologie profitieren.

Neuere Studien über »neuronale Plastizität« zeigen, dass wir alle sehr viel mehr verstehen, empfinden und leisten können, als je von uns verlangt oder erwartet wurde. Aber noch immer machen wir uns zu Gefangenen unserer Arbeitsplätze, Schulen und Krankenhäuser, deren Organisationsprinzipien sich in Jahrhunderten kaum verändert haben. Ich glaube, dass unser aller Potential nur oberflächlich genutzt wird. Mit Hilfe der IT-Technologien können wir eine Wende in der Wirtschaftsgeschichte anstoßen, indem wir in allen Bereichen – Klima, Bildung, Gesundheit – die dringlichsten Probleme angehen. Dazu braucht man Menschen, die auf neue Weise kooperieren.

Es gibt, abgesehen von Gewohnheit, keinen Grund zu der Annahme, dass Marktwirtschaft nur in einer ganz bestimmten Weise funktioniert. Das Gegenteil ist der Fall. Ein brüchiger Kapitalismus übt seine Gravitationskraft auf die digitale Welt aus. Aber die Erfolge des alten Kapitalismus beruhten auf seiner Plastizität, seiner Fähigkeit, sich immer neu anzupassen an die sich wandelnden Bedürfnisse der Menschen. Die Gesetze der heutigen Marktwirtschaft oder der von ihr inthronisierten Politik sind nicht unabänderlich oder zwangsläufig. Es wäre unrealistisch, zu glauben, wir könnten und dürften die heutigen Verhältnisse nicht in Frage stellen.

Wir müssen nicht herausfinden, »worin der Mensch richtig gut ist«. Wir wissen es schon. Wir gestalten die Welt, und wir gestalten sie besser, wenn wir die Chance haben, zu lernen und uns einzubringen. Wir lieben, und wir können besser lieben, wenn wir wissen, dass wir ebenfalls geliebt und geschätzt werden. In Rilkes Sonett heißt es weiter: »Aber noch ist uns das Dasein verzaubert; an hundert Stellen ist es noch Ursprung.« Könnte das nicht unsere digitale Welt sein? »Ich singe den Leib, den elektrischen«, schrieb Walt Whitman, »die Heerscharen, die ich liebe, umgürten mich, und ich umgürte sie.« Auch das könnte unsere digitale Welt sein.

Aus dem Englischen von Matthias Fienbork

Die Rückkehr der Eindimensionalität
Von Markus Engels

Als ich kürzlich von einem erfahrenen Programmierer aus dem Silicon Valley wissen wollte, wie man seiner Meinung nach mit dem Recht auf Vergessen im Internet umgehen solle, antwortete er überraschend schnell: Er werde diese Frage seinem Team von Ingenieuren vorlegen, und schon bald könne ich mit einer Antwort rechnen. Ich hakte kritisch nach, ob nicht auch Juristen, Politologen, Soziologen, Künstler und Vertreter anderer gesellschaftlicher Gruppen einbezogen werden sollten, doch er wischte diesen Einwand kurzerhand vom Tisch. All diesen Menschen fehle das notwendige Verständnis für die technischen Zusammenhänge.

Wäre das eine beliebige Einzelmeinung zu irgendeinem Thema, man müsste die Anekdote nicht groß erwähnen. Der Erfolg des Silicon Valley beflügelt jedoch weltweit die Phantasie vieler Menschen; der spezifische Ansatz, mit dem man dort an Probleme herangeht, wird so zu einer Universallehre. Silicon Valley ist Popkultur, Synonym für Reichtum, Erfolg und Coolness. Die Silicon-Valley-Ideologie wird übergriffig, beeinflusst Politik, Ökonomie und unsere Art zu denken. Dadurch werden globale Regeln verändert. Der erste Schritt: Man bleibt unter sich; wer kein Digital Native ist, dem wird die Kompetenz abgesprochen, sich an der Debatte über das Digitale zu beteiligen. Nur wer twittert, einen Blog und viele Follower in den sozialen Netzwerken hat, gilt als auskunftsberechtigter Experte. Es scheint, als wollten Ingenieure, Netzaktivisten und Netzpolitiker im Alleingang all die Dinge regeln, die tatsächlich die Gesellschaft als Ganzes angehen. Es gibt nämlich keine genuinen Netzthemen mehr, sondern nur gesellschaftspolitische Themen, die im Zusammenhang mit dem digitalen Umbruch stehen und die für uns alle invasiv sind oder in absehbarer Zeit invasiv werden könnten. Deshalb weist ein vermeintlicher Expertendiskurs in die völlig falsche Richtung. Wenn die Expertokratie verhindert werden soll, ist ein Mehr an Beteiligung entscheidend.

Das digitale Narrativ lockt mit dem Versprechen, man könne gesellschaftliche Probleme technisch lösen. Wäre das nicht wunderschön? Spätestens seit Adams Fehlentscheidung im Zusammenhang mit dem Baum der Erkenntnis sollte uns jedoch bekannt sein, dass die ganz einfachen Lösungen oft bittere Konsequenzen haben. Der großartige Evgeny Morozov spricht von »Solutionismus«: kein Problem, das nicht mit einem Mausklick, mit dem schnellen Herunterladen einer App gelöst werden könnte. Freunde findet man bei Facebook; Bildung liefert Wikipedia frei Haus; Google lässt uns an den Erfahrungen der Schwarmintelligenz teilhaben; Youtube verwöhnt uns mit Kultur. Und Amazon verführt uns dazu, als Self-Publisher unsere eigenen Bücher zu schreiben, die dann für 99 Cent verramscht werden. Dass das nicht funktionieren kann, weiß jeder, der echte Freunde hat, der sich bildet, eigene Erfahrungen sammelt und sich für Kultur interessiert. Denn bei den genannten Beispielen ist es in der Regel der Prozess, der den eigentlichen Wert darstellt. Ein gutes und bleibendes Resultat entsteht erst aus der Interaktion von Menschen, durch die Aneignung in der Auseinandersetzung und durch die Kenntnis von Alternativen, das Vorhandensein von Pluralität.

Es gibt da aber eine diffuse Angst vor dem Prozesshaften, dem Diskursiven, dem im Entstehen Begriffenen, dem Spielerischen, die schon sehr alt ist. So brandmarkte beispielsweise Carl Schmitt, der sprachgewaltige Jurist der Nazis, der später auch unter Linken viele Anhänger fand, Parlamente als »Schwatzbuden«; im Bereich des Politischen stellte er gesellschaftlichen Aushandlungsprozessen und Kompromissen die klare Unterscheidung zwischen Freund und Feind gegenüber. Ein ähnliches Unbehagen gegenüber dem Spielerischen beschreibt Umberto Eco virtuos in seinem Weltbestseller *Der Name der Rose*: Darin lässt er den blinden Mönch Jorge von Burgos zahlreiche Morde begehen, weil er befürchtet, dass die Menschen die Ehrfurcht vor Gott verlieren, wenn sie das Lachen entdecken. Eine solche Haltung der vermeintlichen Klarheit ist aber nicht produktiv, sondern vielmehr geprägt von einer tiefen Verunsicherung angesichts gesellschaftlicher Komplexität. In ihr steckt die Angst vor dem Sozialen, also davor, dass gesellschaftliche Probleme nur durch Aushandlungsprozesse befriedigend, nachhaltig und auf legitime Weise gelöst werden können. In diesem Sinne bedeutet die technologische Eindimensionalität des Silicon Valley eine zivilisatorische Regression, weil sie die soziale Natur des Menschen negiert.

Selbstverständlich würden die Apologeten der allumfassenden Netzideologie dies alles empört zurückweisen. Sie würden lautstark auf die großartigen Ergebnisse verweisen, die die Digitalisierung uns gebracht hat, und diese wird ja auch niemand ernsthaft in Abrede stellen wollen. Aber man ist kein kulturpessimistischer Technikfeind, wenn man darauf verweist, dass Informationen und Vernetzung *a priori* noch nichts Gutes bedeuten. Sie haben das Potential, aber was daraus wird, hängt von uns ab.

Probleme entstehen zwangsläufig dann, wenn die Qualitätskriterien der digitalen Internetwelt so ausgedehnt werden, dass sie in allen gesellschaftlichen und sozialen Bereichen Geltung beanspruchen. Allein durch die digitale Technologie wird aber – entgegen den Verlautbarungen der kalifornischen CEOs – kein Mehr an Freiheit und keine effektivere Demokratie für die Menschen entstehen. Vielmehr ist spätestens seit Edward Snowden offensichtlich, dass durch die Digitalisierung aller Lebensbereiche die große Gefahr neuer Abhängigkeiten, totaler Kontrolle und einer Einschränkung unserer Freiheit nicht nur droht, sondern längst Realität geworden ist. Angesichts all dieser und anderer Enthüllungen ist es vielmehr überraschend, dass es bisher nicht zu einem globalen Aufschrei und massiven Verhaltensveränderungen im Hinblick auf die Art und Weise gekommen ist, wie wir kommunizieren.

Welche clevere Marketingstrategie schafft es eigentlich, die vielen Unwuchten dieser neuen Welt zu verschleiern? Eine Methode: Die neuen Prediger denken niemals klein, sondern immer im großen und historischen Weltmaßstab; bekannt gewordene Skandale werden rhetorisch zu Missgeschicken heruntergespielt, die spätestens in der Serie 2.0. ausgebessert sein werden. Es geht mindestens um die Befreiung ganzer Völker von Diktatoren (etwa wenn der arabische Frühling als Internetrevolution bezeichnet wird) oder um die neue Unabhängigkeit des arbeitenden Menschen, weil Smartphones die familienfeindliche Anwesenheit im Büro überflüssig machen. Nur wenn dann diese Revolutionen scheitern, spricht niemand von der Kläglichkeit des digitalen arabischen Frühlings. Und wenn Smartphones sich durch die totale Entgrenzung der Arbeit als trojanische Pferde der ständigen Verfügbarkeit erweisen, hört man wenig über eine brutale Iphone-Versklavung.

Bemerkenswert: Durch eine popkulturelle Umdeutung ist es gelungen, eine Sichtweise durchzusetzen, in der die Silicon-Valley-Ideologie gleichgesetzt wird mit gesellschaftlicher Innovation, neuer Freiheit und finanziellem Erfolg. Dabei stellt sie im Kern vor allem eine Revitalisierung der neoliberalen Ideologie dar: Wenn das Silicon Valley »Freiheit« sagt, meint es den ständig verfügbaren Menschen, die Ablehnung staatlicher und gesellschaftlicher Regeln und die Dominanz des Ökonomischen über das Politische. Bleibt es bei dieser ideologischen Festlegung, wird der digitale Umbruch nicht für die Mehrheit zu einem Gewinn an Wohlstand führen. Wenn aus der technischen eine gesellschaftliche Innovation werden soll, müssen wir uns an eine Erfahrung erinnern, die schon viele Generationen vor uns gemacht haben: Damit aus technischem Fortschritt gesellschaftlicher Fortschritt wird, benötigen wir Prozesse der kollektiven Aneignung und der sozialen Interaktion; wir brauchen Regeln, (das Wissen um) Alternativen und Pluralität. Vor allem werden wir zu einem gesellschaftlichen Fortschritt nur dann gelangen, wenn wir die Mehrdimensionalität in allen politischen, kulturellen und wirtschaftlichen Bereichen anerkennen.

Die Autorinnen und Autoren

Joaquín Almunia, geboren 1948 in Bilbao, war von 2004 bis 2014 Mitglied der Europäischen Kommission, bis 2010 als Kommissar für Wirtschaft und Währung zuständig, anschließend für Wettbewerb.

Francisco Pinto Balsemão, geboren 1937, ist Vorstandsvorsitzender der portugiesischen Medienholding Impresa und seit 2005 Vorsitzender des European Publishers Council (EPC). Von 1981 bis 1983 war er portugiesischer Premierminister.

Gerhart Baum, geboren 1932, ist seit sechzig Jahren Mitglied der FDP. Von 1978 bis 1982 war er im Kabinett Schmidt Bundesinnenminister. Seine politischen Lebensthemen sind seit den siebziger Jahren Bürgerrechte und Datenschutz.

Christiane Benner, geboren 1968, ist geschäftsführendes Vorstandsmitglied der IG Metall.

Mathias Döpfner, geboren 1963, ist Vorstandsvorsitzender von Axel Springer SE.

Markus Engels, geboren 1967, arbeitet seit zwanzig Jahren im Bereich der politischen Kommunikation und ist zurzeit Mitarbeiter von Martin Schulz.

Hans Magnus Enzensberger, geboren 1929 in Kaufbeuren, lebt in München. Im Suhrkamp Verlag erschienen zuletzt *Tumult* und *Gedichte 1950-2015* (2014).

Sigmar Gabriel, geboren 1959, ist Bundesminister für Wirtschaft und Energie sowie Vorsitzender der SPD.

Katrin Göring-Eckardt, geboren 1966, ist Fraktionsvorsitzende der Grünen im Bundestag.

Monique Goyens, geboren 1959 im belgischen Verviers, ist seit 2007 Generaldirektorin des Europäischen Verbraucherverbandes (Bureau Européen des Unions de Consommateurs, kurz BEUC).

Michael Ignatieff, geboren 1947 in Toronto, hat sowohl historische und soziologische Studien als auch Romane geschrieben. Seit 2014 hat er den Edward R. Murrow Lehrstuhl an der Harvard Kennedy School inne.

John C. Kornblum, geboren 1943, von 1997 bis 2001 Botschafter der Vereinigten Staaten in Berlin.

Neelie Kroes, geboren 1941 in Rotterdam, war von 2010 bis 2014 EU-Kommissarin für die digitale Agenda.

Jaron Lanier, geboren 1960 in New York, ist Informatiker, Erfinder, Komponist, bildender Künstler und Autor. In Deutschland erschienen zuletzt *Wem gehört die Zukunft? Du bist nicht der Kunde der Internetkonzerne. Du bist ihr Produkt* (2014) und *Gadget. Warum die Zukunft uns noch braucht* (2010). 2014 wurde Lanier mit dem Friedenspreis des Deutschen Buchhandels ausgezeichnet.

Christian Lindner, geboren 1979, ist Bundesvorsitzender der FDP.

Sascha Lobo, Jahrgang 1975, ist einer der bekanntesten Internetexperten Deutschlands. Zuletzt erschien sein zusammen mit Christopher Lauer verfasstes Buch *Aufstieg und Niedergang der Piratenpartei* (2014).

Robert M. Maier, geboren 1980, ist Mitbegründer und geschäftsführender Gesellschafter der Visual Meta GmbH, eines mittelständischen Internetunternehmens, das in 16 Ländern Shopping-Portale betreibt. Es wurde im Dezember 2009 gegründet und im Dezember 2011 mehrheitlich vom Axel-Springer-Konzern übernommen. Die Visual Meta GmbH ist einer der Beschwerdeführer bei der EU-Kartelluntersuchung gegen Google.

Evgeny Morozov, geboren 1984 im weißrussischen Salihorsk, forscht an amerikanischen Eliteuniversitäten über die Gesellschaft und das Internet. Auf Deutsch erschien zuletzt *Smarte neue Welt: Digitale Technik und die Freiheit des Menschen* (2013).

Max Otte, geboren 1964, ist Ökonom mit dem Schwerpunkt Finanzmarktordnung und lehrt in Worms und Graz.

Eric Schmidt, geboren 1955 in Washington D.C., ist Vorsitzender des Verwaltungsrats von Google Inc. 2013 erschien in Deutschland sein gemeinsam mit Jared Cohen verfasstes Buch *Die Vernetzung der Welt. Ein Blick in unsere Zukunft*.

Martin Schulz, geboren 1955, ist seit 2012 Präsident des Europäischen Parlaments. 2014 trat der gelernte Buchhändler bei der Europawahl als gemeinsamer Spitzenkandidat der Europäischen Sozialisten an.

Gabor Steingart, geboren 1962, ist Vorsitzender der Geschäftsführung der Verlagsgruppe Handelsblatt und Herausgeber des *Handelsblatts*.

Wolfgang Streeck, geboren 1946, ist Direktor emeritus am Max-Planck-Institut für Gesellschaftsforschung in Köln. Zuletzt erschien sein Buch *Gekaufte Zeit. Die vertagte Krise des demokratischen Kapitalismus.*

Guy Verhofstadt, geboren 1953, war von 1999 bis 2008 Premierminister Belgiens; seit 2009 ist er Mitglied des Europäischen Parlaments und Vorsitzender der liberalen Fraktion »Alde«. 2012 erschien sein gemeinsam mit Daniel Cohn-Bendit verfasstes Buch *Für Europa. Ein Manifest.*

Ranga Yogeshwar, geboren 1959 in Luxemburg, ist Wissenschaftsjournalist und Fernsehmoderator.

Juli Zeh, geboren 1974, initiierte zusammen mit Ilija Trojanow den in der *Frankfurter Allgemeinen Zeitung* veröffentlichten internationalen Aufruf gegen die Massenüberwachung (10. Dezember 2013) und veröffentlichte, ebenfalls mit Trojanow, 2009 das Buch *Angriff auf die Freiheit – Sicherheitswahn, Überwachungsstaat und der Abbau bürgerlicher Rechte.*

Shoshana Zuboff, geboren 1951, war Charles Edward Wilson Professor of Business Administration in Harvard. In ihrem Buch *In the Age of the Smart Machine* sagte sie 1988 die politischen und sozialen Dimensionen der digitalen Lebenswelten voraus.

edition suhrkamp
Eine Auswahl

Giorgio Agamben. Herrschaft und Herrlichkeit. Zur theologischen Genealogie von Ökonomie und Regierung. Übersetzt von Andreas Hiepko. es 2520. 360 Seiten

Giorgio Agamben et al. Demokratie? Eine Debatte. Übersetzt von Tilman Vogt u. a. es 2611. 137 Seiten

Jakob Arnoldi. Alles Geld verdampft. Finanzkrise in der Weltrisikogesellschaft. es 2590. 92 Seiten

Wolfgang Bauer. Über das Meer. Mit Syrern auf der Flucht nach Europa. es-Sonderdruck. 133 Seiten

Zygmunt Bauman, David Lyon. Daten, Drohnen, Disziplin. Ein Gespräch über flüchtige Überwachung. Übersetzt von Frank Jakubzik. es 2667. 204 Seiten

Ingolfur Blühdorn. Simulative Demokratie. Neue Politik nach der postdemokratischen Wende. es 2634. 304 Seiten

Hauke Brunkhorst. Das doppelte Gesicht Europas. Zwischen Kapitalismus und Demokratie. es 2676. 212 Seiten

Susan Buck-Morss. Hegel und Haiti. Für eine neue Universalgeschichte. Übersetzt von Laurent Faasch-Ibrahim. es 2623. 221 Seiten

Colin Crouch
- Postdemokratie. Übersetzt von Nikolaus Gramm. es 2540. 159 Seiten

- Das befremdliche Überleben des Neoliberalismus. Postdemokratie II. Übersetzt von Frank Jakubzik. es-Sonderdruck. 247 Seiten

Matthias Dusini, Thomas Edlinger. In Anführungszeichen. Glanz und Elend der Political Correctness. es 2645. 297 Seiten

Heiner Flassbeck. Zehn Mythen der Krise. edition suhrkamp digital. 59 Seiten

Mischa Gabowitsch. Putin kaputt!? Russlands neue Protestkultur. es 2661. 438 Seiten

Mark Greif. Bluescreen. Essays. Herausgegeben und übersetzt von Kevin Vennemann. es 2629. 231 Seiten

Jürgen Habermas. Im Sog der Technokratie. Kleine politische Schriften XII. es 2671. 193 Seiten

David Harvey. Rebellische Städte. Übersetzt von Yasemin Dincer. es 2657. 283 Seiten

Wilhelm Heitmeyer (Hg.). Deutsche Zustände. Folge 10. es 2647. 335 Seiten

Claudia Honegger / Sighard Neckel / Chantal Magnin (Hg.). Strukturierte Verantwortungslosigkeit. Berichte aus der Bankenwelt. es 2607. 395 Seiten

Axel Honneth. Vivisektionen eines Zeitalters. Porträts zur Ideengeschichte des 20. Jahrhunderts. es 2678. 307 Seiten

Thomas Kapielski
- Je dickens, destojewski. Ein Volumenroman. es 2694.
455 Seiten
- Mischwald. es 2597. 347 Seiten
- Sezessionistische Heizkörperverkleidungen. es 2680.
214 Seiten

Benjamin Kunkel. Utopie oder Untergang. Ein Wegweiser
für die gegenwärtige Krise. Übersetzt von Richard Barth.
es 2687. 245 Seiten

Philipp Lepenies. Die Macht der einen Zahl. Eine politische
Geschichte des Bruttoinlandsprodukts. es 2673. 186 Seiten

Oliver Lepsius / Reinhart Meyer-Kalkus (Hg.). Inszenierung
als Beruf. Der Fall Guttenberg. es-Sonderdruck. 215 Seiten

Markus Metz / Georg Seeßlen
- Blödmaschinen. Die Fabrikation der Stupidität. es 2609.
780 Seiten
- Geld frisst Kunst – Kunst frisst Geld. Ein Pamphlet.
es 2675. 496 Seiten

Danny Michelsen / Franz Walter. Unpolitische Demokratie.
Zur Krise der Repräsentation. es 2668. 411 Seiten

Stephan Moebius / Markus Schroer (Hg.). Diven, Hacker,
Spekulanten. Sozialfiguren der Gegenwart. es 2573. 473 Seiten

Chantal Mouffe. Agonistik. Die Welt politisch denken.
Übersetzt von Richard Barth. es 2677. 214 Seiten

Franco Moretti. Kurven, Karten, Stammbäume. Abstrakte
Modelle für die Literaturgeschichte. Übersetzt von Florian
Kessler. es 2564. 138 Seiten

Sighard Neckel / Greta Wagner (Hg.). Leistung und Erschöpfung. Burnout in der Wettbewerbsgesellschaft. es 2666. 219 Seiten

Barbara Nolte, Jan Heidtmann. Die da oben. Innenansichten aus deutschen Chefetagen. es 2599. 202 Seiten

Katharina Raabe/Manfred Sapper (Hg.). Testfall Ukraine. Europa und seine Werte. es-Sonderdruck. 256 Seiten

Hanno Rauterberg. Wir sind die Stadt! Urbanes Leben in der Digitalmoderne. es 2674. 156 Seiten

Frank Schirrmacher, Thomas Strobl. Die Zukunft des Kapitalismus. es 2603. 198 Seiten

Michel Serres. Erfindet euch neu! Eine Liebeserklärung an die vernetzte Generation. Übersetzt von Stefan Lorenzer. es-Sonderdruck. 76 Seiten

Carlo Strenger. Zivilisierte Verachtung. Eine Anleitung zur Verteidigung unserer Freiheit. es-Sonderdruck. 103 Seiten

Mark Terkessidis. Interkultur. es 2589. 220 Seiten

Kevin Vennemann. Sunset Boulevard. Vom Filmen, Bauen und Sterben in Los Angeles. es 2646. 184 Seiten

Raul Zelik. Der Eindringling. Roman. es 2658. 288 Seiten

Slavoj Žižek. Auf verlorenem Posten. es 2562. 319 Seiten

Gabriel Zucman. Steueroasen. Wo der Wohlstand der Nationen versteckt wird. Übersetzt von Ulrike Bischoff. es-Sonderdruck. 118 Seiten